Direito Civil – Lei de Introdução ao Código Civil, Parte Geral e Direitos Reais
Luís Paulo Cotrim Guimarães

Direito Civil – Obrigações
André Ricardo Cruz Fontes

Direito Civil – Responsabilidade Civil
André Ricardo Cruz Fontes

Direito Civil – Família
José Luiz Gavião de Almeida

Direito Civil – Sucessões
José Luiz Gavião de Almeida

Direito Imobiliário
Washington Carlos de Almeida

Direito Processual Civil – Processo de Conhecimento e Execução – Tomos I e II
Márcia Conceição Alves Dinamarco

Direito Processual Civil – Processo Cautelar
Nelton Agnaldo Moraes dos Santos

Direito Processual Civil Procedimentos Especiais
Alexandre David Malfatti

Direito Empresarial
Armando Luiz Rovai

Direito do Consumidor
Maria Eugênia Reis Finkelstein
Paulo Sérgio Feuz

Direito Constitucional – Tomos I e II
Luis Carlos Hiroki Muta

Direito Administrativo
Márcia Walquiria Batista dos Santos
João Eduardo Lopes Queiroz

Direito da Seguridade Social
Direito Previdenciário, Infortunística, Assistência Social e Saúde
Jediael Galvão Miranda

Direito do Trabalho
Rodrigo Garcia Schwarz

Direito Processual do Trabalho – Processo de Conhecimento e Tutelas de Urgência (antecipada e cautelar) Tomo I
Thereza Nahas

Direito Processual do Trabalho – Execução e Procedimentos Especiais – Tomo II
Yone Frediani

Direito Penal – Parte Geral
Christiano Jorge Santos

Direito Penal – Parte Especial
José Américo Penteado de Carvalho

Legislação Penal Especial
Dagmar Nunes Gaio

Direito Processual Penal
Gustavo Henrique Righi Ivahy Badaró

Direito Econômico
Fabiano Del Masso

Direito Tributário
Guilherme de Carvalho Jr.

Direito Internacional
Friedmann Wendpap
Rosane Kolotelo

Ética Profissional
Ernesto Lopes Ramos

Direito Constitucional

Tomo I

Preencha a **ficha de cadastro** no final deste livro
e receba gratuitamente informações
sobre os lançamentos e as promoções da
Editora Campus/Elsevier.

Consulte também nosso catálogo
completo e últimos lançamentos em
www.campus.com.br

Luis Carlos Hiroki Muta

Direito Constitucional

Tomo I

© 2007, Elsevier Editora Ltda.

Todos os direitos reservados e protegidos pela Lei 9.610 de 19/02/1998.
Nenhuma parte deste livro, sem autorização prévia por escrito da editora, poderá ser reproduzida ou transmitida sejam quais forem os meios empregados: eletrônicos, mecânicos, fotográficos, gravação ou quaisquer outros.

Copidesque: Maria da Gloria Silva de Carvalho
Projeto Gráfico: Interface Designers
Editoração Eletrônica: Estúdio Castellani
Revisão Gráfica: Mariflor Brenlla Rial Rocha e Edna Rocha
Coordenação Acadêmica: Thereza Nahas e Márcia Conceição Alves Dinamarco

Elsevier Editora Ltda.
A Qualidade da Informação.
Rua Sete de Setembro, 111 – 16º andar
20050-006 Rio de Janeiro RJ Brasil
Telefone: (21) 3970-9300 FAX: (21) 2507-1991
E-mail: *info@elsevier.com.br*
Escritório São Paulo:
Rua Quintana, 753/8º andar
04569-011 Brooklin São Paulo SP
Tel.: (11) 5105-8555

ISBN 978-85-352-2396-5

Nota: Muito zelo e técnica foram empregados na edição desta obra. No entanto, podem ocorrer erros de digitação, impressão ou dúvida conceitual. Em qualquer das hipóteses, solicitamos a comunicação à nossa Central de Atendimento, para que possamos esclarecer ou encaminhar a questão.

Nem a editora nem o autor assumem qualquer responsabilidade por eventuais danos ou perdas a pessoas ou bens, originados do uso desta publicação.

Central de atendimento
Tel.: 0800-265340
Rua Sete de Setembro, 111, 16º andar – Centro – Rio de Janeiro
e-mail: info@elsevier.com.br
site: www.campus.com.br

CIP-Brasil. Catalogação-na-fonte.
Sindicato Nacional dos Editores de Livros, RJ

M985d   Muta, Luiz Carlos Hiroki
t.1   Direito constitucional, tomo 1/Luiz Carlos Hiroki Muta. – Rio de Janeiro: Elsevier, 2007.
       256p. – (Direito ponto a ponto)

       Inclui bibliografia
       ISBN 978-85-352-2396-5

       1. Direito constitucional – Brasil. 2. Serviço público – Brasil – Concursos. I. Título. II. Série.

07-1333.   CDU: 342(81)

Dedicatória

Dedico esta obra a meus pais, Francisco e Rosa, que cultivam, por décadas, o amor de que nasci, na companhia de meus irmãos, Marcos e Kátia.

Mas, especialmente e sempre, à minha esposa Sarita, presente de Deus, dado para ensinar-me a compreender e viver o sentido do amor, por infinito multiplicado, sem condições nem limites, que inunda de vida, alegria, esperança e fé todos os dias de minha existência.

O Autor

LUIS CARLOS HIROKI MUTA

Desembargador Federal do Tribunal Regional Federal da 3ª Região (SP/MS). Mestre em Direito pela Universidade de Brasília. Professor universitário. Ex-assessor de Ministro do Supremo Tribunal Federal e do Vice-Procurador-Geral da República, e membro efetivo da Comissão do XIII Concurso Público de Ingresso na Magistratura Federal da 3ª Região.

Série *Direito Ponto a Ponto*

A crescente competitividade no mercado profissional e a demanda de um público cada vez mais exigente motivaram a Editora Campus/Elsevier a conceber a série *Direito Ponto a Ponto*.

O Direito, em essência, desafia para uma trajetória profissional que se inicia em um complexo curso de graduação e segue pelo exame da OAB, a advocacia, a preparação para concursos públicos e, ainda, as constantes alterações legislativas, que mudam sistemas, conceitos e procedimentos.

Os personagens do Direito precisam, portanto, absorver diariamente cada vez mais informações em um curto período de tempo. O desafio é aprender e compreender, pensar e raciocinar, crescer e amadurecer intelectualmente.

A necessidade premente de livros que atinjam o ponto de equilíbrio necessário para obter conhecimento direto sem prejuízo do aprofundamento doutrinário, da interpretação jurisprudencial, da discussão atual de assuntos polêmicos é o fundamento da série *Direito Ponto a Ponto*.

Composta de 26 volumes, alguns divididos em tomos, a série é escrita por autores de intensa atuação profissional e acadêmica, imbuídos do espírito de renovação e do compromisso de manter excelência do conteúdo doutrinário e aprimoramento contínuo das novas edições. Os autores são advogados, juízes, promotores, especialistas, mestres, doutores e professores, todos comprometidos com o ensino jurídico.

Pontos polêmicos e de interesses profissionais, pontos de concursos e pontos de graduação são tratados em cada um dos volumes. É o Direito *ponto a ponto* que oferecemos a nossos leitores.

Editora Campus/Elsevier

Apresentação

Este volume da Série "Direito Ponto a Ponto" trata do Direito Constitucional, em dois tomos, com a proposta de uma abordagem diferenciada dos complexos temas da disciplina, contendo, o primeiro, ora oferecido ao leitor, nove capítulos, divididos na exposição e análise das Noções Fundamentais (Direito Constitucional, Constituição, Estado, Constitucionalismo e Poder Constituinte), da Constituição e Normas Constitucionais, da Interpretação da Constituição, do Controle de Constitucionalidade, dos Direitos e Garantias Individuais e Coletivos, das Garantias Processuais – Remédios Constitucionais, dos Direitos Sociais, dos Direitos de Nacionalidade, e da Cidadania e Direitos Políticos.

Sem pretender esgotar a matéria, mas longe de apenas resumi-la, buscou-se a fixação dos marcos teóricos fundamentais, extraídos não apenas do Direito Constitucional, mas com o auxílio da Teoria Geral do Direito, Teoria Geral do Estado, Ciência Política, História, entre outras ciências, para uma fecunda discussão, com o leitor, das grandes questões da disciplina, inclusive sob a perspectiva da jurisprudência, especialmente do Supremo Tribunal Federal.

O leitor poderá constatar que foram eliminadas notas de rodapé, assim como limitado ao essencial o número de citações, adotando-se uma linguagem direta na exposição, a fim de permitir um texto fluente, que sirva de instrumento de trabalho para as mais diversas finalidades. Para o estudante, que necessita das bases teóricas fundamentais, e para o profissional do Direito, que procura pela jurisprudência atualizada sobre temas constitucionais, a presente obra oferece uma alternativa de consulta e estudo, fruto da experiência do autor como professor universitário e magistrado federal.

Em breve, teremos o lançamento do tomo 2, completando os pontos do programa da disciplina, mas, desde logo, firma-se a expectativa de que possa a obra contribuir para a formação técnico-jurídica, mas, sobretudo, para despertar o interesse permanente do leitor pelo Direito Constitucional, e consolidar, definitivamente, a consciência necessária à prática, urgente, constante e vigilante, rumo à construção de uma sociedade mais justa, fundada sob as bases de um Estado Democrático de Direito e de uma Constituição Social, em que seja pleno e eficaz o regime de direitos, garantias e liberdades para o bem estar individual e social, sem distinção entre iguais.

Que a leitura do texto possa ser agradável e proveitosa, tal como, certamente, foi, para o autor, a sua elaboração: é o que se deseja, sinceramente.

Sumário

Capítulo 1 - Noções Fundamentais 1
    1.1. Direito Constitucional 1
    1.2. Constituição 2
    1.3. Estado 4
    1.4. Constitucionalismo 6
    1.5. Poder Constituinte 9

Capítulo 2 - Constituição e Normas Constitucionais 11
    2.1. Elementos da Constituição 11
    2.2. Classificação das Constituições 12
        2.2.1. Constituições Materiais e Formais 12
        2.2.2. Constituições Escritas e Não-Escritas 13
        2.2.3. Constituições Dogmáticas e Históricas 13
        2.2.4. Constituições Promulgadas e Outorgadas 14
        2.2.5. Constituições Rígidas, Flexíveis e Semi-Rígidas 14
        2.2.6. Constituições Simples e Pluralistas 15
        2.2.7. Constituições-Garantia, Balanço e Dirigente 15
    2.3. Normas Constitucionais 16
        2.3.1. Vigência, *"Vacatio Constitutionis"*, Recepção, Desconstitucionalização e Repristinação 16
        2.3.2. Normas-Princípio e Normas-Regra 19
        2.3.3. Eficácia das Normas Constitucionais 19
            2.3.3.1. Normas de Eficácia Plena 20
            2.3.3.2. Normas de Eficácia Absoluta 20
            2.3.3.3. Normas de Eficácia Contida 20
            2.3.3.4. Normas de Eficácia Limitada 21
            2.3.3.5. Normas Programáticas 21
            2.3.3.6. Normas de Eficácia Exaurida 22

Capítulo 3 - Interpretação da Constituição 23
    3.1. Interpretação e Hermenêutica 23
    3.2. Classificação da Interpretação 24

  3.2.1. Segundo as Fontes ou Agentes 24
  3.2.2. Segundo os Meios ou Natureza 25
  3.2.3. Segundo os Resultados ou Extensão 26
 3.3. Métodos de Interpretação Constitucional 27
  3.3.1. Método Jurídico ou Clássico 28
  3.3.2. Método Tópico-Problemático 28
  3.3.3. Método Hermenêutico-Concretizador 29
  3.3.4. Método Científico-Espiritual 29
  3.3.5. Método Normativo-Estruturante 30
 3.4. Princípios de Interpretação Constitucional 30
  3.4.1. Princípio da Supremacia da Constituição 31
  3.4.2. Princípio da Força Normativa da Constituição 32
  3.4.3. Princípio da Máxima Efetividade da Constituição 32
  3.4.4. Princípio da Unidade da Constituição 32
  3.4.5. Princípio da Eficácia Integradora da Constituição 33
  3.4.6. Princípio da Concordância Prática 33
  3.4.7. Princípio da Conformidade Funcional 33
  3.4.8. Princípio da Linguagem Coloquial e Sintética da Constituição 34
  3.4.9. Princípio da Interpretação Intrínseca 34
  3.4.10. Princípio da Proporcionalidade 34
  3.4.11. Princípio da Interpretação Conforme a Constituição 35
 3.5. Limites da Interpretação Constitucional 35

Capítulo 4 – Controle de Constitucionalidade 39
 4.1. Controle de Constitucionalidade: Conceito e Fundamentos 39
 4.2. Inconstitucionalidade: Conceito e Tipos 41
  4.2.1. Formal e Material 42
  4.2.2. Ação e Omissão 43
  4.2.3. Integral e Parcial 44

4.3. Modalidades de Controle de Constitucionalidade   45
    4.3.1. Controle Político: Preventivo e Repressivo   45
    4.3.2. Controle Judicial: Preventivo e Repressivo   48
4.4. Sistema Brasileiro de Controle Judicial de Constitucionalidade   49
    4.4.1. Controle Difuso e Concreto   50
        4.4.1.1. Finalidade, Objeto, Competência, Legitimidade, Interesse e Adequação   50
        4.4.1.2. Efeitos da Decisão e Procedimento no Âmbito dos Tribunais   50
        4.4.1.3. Recurso Extraordinário   51
        4.4.1.4. Suspensão da Execução pelo Senado Federal   55
        4.4.1.5. Controle de Constitucionalidade na Ação Civil Pública   56
    4.4.2. Controle Concentrado e Abstrato   57
    4.4.2.1. Ação Direta de Inconstitucionalidade Genérica (ADI)   57
        4.4.2.2. Ação Declaratória de Constitucionalidade (ADC)   67
        4.4.2.3. Ação Direta de Inconstitucionalidade Interventiva (ADI-I)   70
        4.4.2.4. Ação Direta de Inconstitucionalidade por Omissão (ADI-O)   71
        4.4.2.5. Argüição de Descumprimento de Preceito Fundamental (ADPF)   72

Capítulo 5 – Direitos e Garantias Individuais e Coletivos   78
    5.1. Histórico   78
    5.2. Classificação   79
    5.3. Características   81
    5.4. Destinatários   83
    5.5. Aplicabilidade   84
    5.6. Conceituação de Direitos e Garantias Fundamentais   85
    5.7. Direitos e Garantias Individuais   88

5.7.1. Direito à Vida, Integridade Física e Psíquica e Vedação à Tortura   88
5.7.2. Princípio da Isonomia   91
5.7.3. Princípio da Legalidade e Reserva Legal   94
5.7.4. Direito à Liberdade de Locomoção, Circulação e Segurança Pessoal   96
5.7.5. Direito à Privacidade, Intimidade, Inviolabilidade do Domicílio, Sigilo de Correspondência, Comunicações e Dados, Honra e Imagem   98
5.7.6. Direito à Liberdade de Pensamento, Opinião, Crença, Consciência, Informação e Comunicação   102
5.7.7. Liberdade de Ação Profissional   105
5.7.8. Direito de Propriedade   106
5.7.9. Direito de Petição e Certidão   111
5.7.10. Princípios Constitucionais Gerais da Jurisdição   113
    5.7.10.1. Princípio da Universalidade da Jurisdição   113
    5.7.10.2. Princípio do Juiz Natural   116
    5.7.10.3. Princípio do Devido Processo Legal, Contraditório e Ampla Defesa   119
    5.7.10.4. Princípio da Licitude das Provas   120
    5.7.10.5. Princípio da Celeridade e Eficiência na Prestação Jurisdicional   122
5.7.11. Princípios Constitucionais da Jurisdição Penal   124
    5.7.11.1. Princípios da Anterioridade, Irretroatividade Gravosa e Reserva da Lei Penal   124
    5.7.11.2. Direito e Garantia ao Júri Popular   125
    5.7.11.3. Princípio da Presunção de Inocência ou de Não-Culpabilidade   *128*
    5.7.11.4. Princípios da Excepcionalidade da Prisão, Comunicabilidade e Integridade do Preso, Vedação à

Auto-Incriminação, Identificação da Autoridade Policial e Vedação à Prisão Civil   130

5.7.11.5. Princípio da Personalização e Individualização da Pena, e da Vedação a Penas Capitais, Cruéis e Degradantes   133

5.7.11.6. Princípios da Adequação do Estabelecimento Penal e Proteção ao Aleitamento Materno   137

5.7.11.7. Princípio da Suficiência da Identificação Civil para Fins Criminais   137

5.7.11.8. Princípio de Vedação à Extradição de Nacionais   139

5.7.12. Princípio da Segurança Jurídica   141

5.7.12.1. Direito Adquirido e Ato Jurídico Perfeito   142

5.7.12.2. Coisa Julgada   146

5.8. Direitos Coletivos ou de Expressão Coletiva   147

5.8.1. Direito de Reunião   147

5.8.2. Direito de Associação   149

5.8.3. Direito de Representação   152

5.8.4. Direitos dos Consumidores   153

Capítulo 6 – Garantias Processuais: Remédios Constitucionais   156

6.1. Generalidades   156

6.2. Habeas Corpus   156

6.3. Mandado de Segurança   160

6.3.1. Mandado de Segurança Individual   160

6.3.2. Mandado de Segurança Coletivo   164

6.4. Habeas Data   166

6.5. Mandado de Injunção   169

6.6. Ação Popular   173

Capítulo 7 – Direitos Sociais   177

    7.1. Direitos Sociais   177

        7.1.1. Direitos Sociais Individuais   178

        7.1.2. Direitos Sociais Coletivos   180

Capítulo 8 – Direitos de Nacionalidade   183

    8.1. Nacionalidade: Generalidades   183

    8.2. Nacionalidade Brasileira   184

        8.2.1. Hipóteses de Atribuição: Nacionalidade Originária   184

        8.2.2. Hipóteses de Aquisição: Naturalização   186

        8.2.3. Hipóteses de Perda   188

        8.2.4. Hipótese de Reaquisição   190

    8.3. Regime Jurídico dos Brasileiros Natos, Naturalizados e Portugueses Equiparados   191

Capítulo 9 – Cidadania e Direitos Políticos   193

    9.1. Cidadania e Direitos Políticos   193

        9.1.1. Aquisição da Cidadania   194

        9.1.2. Capacidade Eleitoral Ativa   195

        9.1.3. Capacidade Eleitoral Passiva   196

            9.1.3.1. Condições de Elegibilidade   196

            9.1.3.2. Causas de Inelegibilidade   197

        9.1.4. Suspensão, Perda e Reaquisição de Direitos Políticos   199

        9.1.5. Sistema Eleitoral e Partidos Políticos   201

Bibliografia   206

Capítulo 1
Noções Fundamentais

1.1. DIREITO CONSTITUCIONAL

O Direito Constitucional tem como objeto específico o estudo da Constituição, enquanto sistema de normas jurídicas, cujo conteúdo material condiz com a estruturação do essencial à organização do Estado e Sociedade. Como ciência jurídica, o Direito Constitucional, fundado em construções normativas, adota técnicas, critérios e elementos normativos, mas não pura e positivamente normativos, o que significa que tem relevância, e deve ser considerado, o vínculo de origem e sentido, que a Constituição possui, com a vontade política e social, vivida por determinada sociedade politicamente organizada.

Embora o Direito Constitucional possa ser particularizado em cada Estado a partir do exame da Constituição vigente, erigida como objeto imediato de estudo (Direito Positivo), é certo que o fenômeno científico abrange muito mais do que apenas a análise isolada do texto constitucional em vigor.

Como ensina José Afonso da Silva (Curso, 2006, p. 35/6), além das Constituições anteriores de cada Estado, que integram o estudo do **Direito Constitucional Positivo** (que não se limita, pois, ao Direito vigente) e permitem traçar uma linha histórica de evolução ou involução, consideradas as premissas de valor (axiológicas) do Estado Democrático e Social de Direito; existem, por outro lado, as experiências constitucionais históricas e paralelas de outros Estados, integrando o **Direito Constitucional Comparado**, subsídio ou método essencial à compreensão da própria Constituição particular do Estado, especialmente na atualidade, em que o modelo territorial e nacionalista de Direito, mesmo no altiplano da Constituição, crescentemente cede espaço, explicitamente ou não, às exigências da globalização (uniformidade em padrões mínimos de segurança jurídica, e competitividade inovadora na ampliação de dirietos e garantias para o livre trânsito de pessoas e de capitais).

As Constituições, analisadas segundo a experiência de cada Estado ou de forma comparada, e associadas a concepções doutrinárias, que determinaram ou foram influenciadas pela eclosão de fatos históricos marcantes da civilização, especialmente ocidental, colaboram na formulação de uma Teoria Geral (**Direito Constitucional Geral**), destinadas a compreender e a influenciar a evolução do Direito Positivo.

Neste ponto é que o Direito Constitucional interage com História, Ciência Política e Teoria Geral do Estado, Economia e Filosofia Política, dentre outras ciências, permitindo a inserção, como tópicos essenciais do Direito Constitucional, de conceitos como Constitucionalismo, Poder Constituinte, Estado de Direito, e Liberdades Públicas. É ainda no âmbito da Teoria Geral ou do Direito Constitucional Geral que a ciência estrutura os critérios objetivos de análise do seu objeto (a Constituição), modelando as classificações e os métodos de aplicação e de interpretação de seu texto, visando à garantia de sua supremacia.

Em suma, o Direito Constitucional é o ramo do Direito Público, cujo objeto é o **estudo sistemático, objetivo e científico da Constituição**, especialmente da vigente, sem, porém, perder de vista o contexto histórico e comparado, a partir de outras Constituições do mesmo e de outros Estados, e a **essência decorrente dos princípios fundamentais** que formam e estruturam a própria criação e a existência das Constituições, derivadas da concepção de **Estado Democrático e Social de Direito**.

1.2. CONSTITUIÇÃO

O conceito de Constituição é **histórico-evolutivo**, pois na sua etimologia essencial significa nada mais do que a estrutura, a configuração, o conteúdo e as características definidoras de um ser ou entidade. Aplicado o conceito à disciplina da vida social, por mais remota e rudimentar que seja, adquire o sentido de **organização do poder político**, que ampara a tese de que a Constituição, assim compreendida, não é um fenômeno próprio, exclusivo e associado, necessariamente, à figura do Estado, e menos ainda ao Estado de Direito.

Embora a Constituição, como organização do poder político, existisse mesmo ao tempo das sociedades pré-estatais (clãs, tribos, cidades-Estado etc.), foi apenas com o surgimento do **Estado Nacional Moderno**, que adquiriu um conceito técnico-normativo, embora marcado por uma conotação inicialmente **formal, meramente descritiva e exterior de Constituição, enquanto disciplina, por meio de uma lei superior, de toda e qualquer forma de organização do poder político**, porém sem compromisso com um conteúdo ideológico, capaz de influir nas relações político-sociais entre Estado e Sociedade. Neste período, a Constituição serviu de meio de legitimação dos regimes absolutos, como instrumento de garantia da dominação política do soberano sobre os súditos.

Na linha de evolução conceitual, a visão meramente descritiva é denominada de **Constituição antiga** em contraposição à Constituição moderna, resultante de uma revolução de idéias, segundo as quais **o conceito de Constituição pressupõe, material e substancialmente, a adoção de um modelo político fundado na declaração e defesa de direitos e garantias do Estado de Direito**, exigindo que a disciplina do poder político estatal não se destine apenas à legitimação de um novo governo ou titular, mas à definição do conteúdo e limite de seu poder (atribuição ou competência, e não poder absoluto e soberano) para **controle social, em favor da coletividade e, sobretudo, da individualidade, para a afirmação de direitos fundamentais**, sob o pressuposto ideológico de que o indivíduo não é mais súdito ou vassalo, mas cidadão, titular de direitos e garantias fundamentais oponíveis ao próprio Estado.

O conceito moderno de Constituição é a **síntese complexa** de modelos parciais, associando **conceitos jurídico-normativos a elementos sociológicos e políticos**, aproximando ciências e valores distintos (**Direito, Estado e Sociedade**) para a formação do sentido e conteúdo axiológico do ordenamento jurídico fundamental.

Os modelos parciais viam a Constituição, segundo as seguintes perspectivas: (1) **sociológica**, pela qual a Constituição não possuía força normativa própria, era mera **folha de papel**, sujeita à ideologia e à vontade das classes sociais dominantes, enquanto **fatores reais de poder** (Ferdinand Lassalle); (2) **política**, em que a Constituição é **decisão política fundamental** (e não norma hipotética fundamental), reguladora da forma de organização da unidade política, envolvendo um núcleo temático essencial, como a organização do Estado e a declaração dos direitos fundamentais, em posição superior às matérias distintas, que apenas configurariam **leis constitucionais** (Carl Schmitt); e (3) **normativista**, pela qual a Constituição é a lei fundamental do Estado, na condição de pressuposto lógico do sistema formal, escalonado e hierárquico do Direito (*"Grundnorm"*), e lei em sentido jurídico-positivo, cujo conteúdo ideológico e axiológico não caberia, porém, discutir nos domínios do Direito, enquanto ciência pura (Hans Kelsen).

Como se observa, nenhum dos conceitos parciais pode ser adotado integralmente, fornecendo, cada qual, porém, elementos para a construção de uma **Teoria da Constituição**, complexa na medida em que não se restringe ao normativismo puro do Direito, mas funde-se a ideologias políticas (democracia e pluralismo) e aspirações sociais (justiça social e humanismo), construindo a interação no domínio de ciências dedicadas ao estudo do Direito, Estado e Sociedade.

Disso resulta, enfim, a possibilidade de conceituar-se a Constituição, em sentido moderno (forma normativa e conteúdo axiológico), como a **Lei Fundamental do Estado e da Sociedade**, expressão inequívoca da unidade política e manifestação concreta da soberania popular, dotada de supremacia, e destinada a estabelecer, através da organização do Estado e dos Poderes, e da criação e implementação de uma Declaração de Direitos e Garantias Fundamentais, as bases estruturais para, em sociedade, viabilizar os termos da convivência democrática, pluralista e socialmente justa em direção ao desenvolvimento das aspirações individuais, coletivas e nacionais, e a consecução do bem comum.

1.3. ESTADO

Estado e Constituição são conceitos integrados numa **relação indissociável**, de que deriva a própria concepção de que o Estado apenas surge, como uma identidade política e jurídica no plano das soberanias nacionais, com a Constituição. A **função constitutiva** da Constituição é relacionada exatamente com a estruturação de uma nova ordem política, dotada de soberania, e legitimada por um ordenamento jurídico criado para conferir identidade ao novo Estado.

A noção de Estado, adotada originariamente por MAQUIAVEL em *O Príncipe*, com o significado de unidade política plena (em contraste com a fragmentação política do Feudalismo) e, ainda aprimorada por JEAN BODIN em *Os Seis Livros da República*, com o desenvolvimento da idéia de **soberania política**, encontrou diversas formulações e justificativas políticas e filosóficas. Para THOMAS HOBBES, o Estado seria um LEVIATÃ, o ente soberano e o **mal necessário** em função do estado natural de guerra e conflito, próprio da condição do homem quando em existência dispersa. JEAN JACQUES ROUSSEAU concebe o Estado como uma **conveniência consentida** entre os homens, formado a partir de um CONTRATO SOCIAL destinado a permitir a consecução do bem comum e individual, sendo soberana a vontade popular, e não o Estado, que apenas a representa.

Os elementos de formação e integração do Estado Nacional Moderno são três: povo, território e governo.

O **povo** é o elemento humano da estrutura do Estado, pessoas que têm com uma soberania um **vínculo político e jurídico**, que lhes confere a **nacionalidade**, daí porque a Constituição é a sede própria para definir os critérios de aquisição e perda da nacionalidade. Não se confunde o conceito de povo com o de **Na-**

ção, que exige mais do que apenas um vínculo jurídico e político, mas uma identidade étnica, cultural, histórica, religiosa, lingüística etc. Os integrantes de uma mesma Nação podem possuir diversas nacionalidades, devido a fenômenos de dispersão relacionados, em geral, a guerras e crises econômicas, ou por não existir uma soberania política representativa daquela Nação. Também não se confunde o conceito de povo com o de **população**, que representa, para fins demográficos, o número de pessoas, nacionais ou não, que se encontram localizadas em determinado território.

O **território** equivale ao espaço geográfico territorial ou extraterritorial (solo, subsolo, espaço aéreo, mar territorial, plataforma continental, sede de representações diplomáticas no exterior, interior de navios ou naves nacionais em águas ou em espaço aéreo internacional etc.) sobre o qual se exerce o poder político soberano do Estado.

Finalmente, o **governo** consiste no elemento diretivo do Estado, composto de instituições, órgãos, cargos e funções, por meio dos quais se exerce, em nome do povo, o **poder político soberano**, de autodeterminação política no plano territorial interno e externo, segundo os mecanismos de **representação** estabelecidos pela Constituição.

Todos esses elementos constituem o Estado Nacional Moderno que, porém, não teve, ao longo da História, uma única identidade, e conteúdo ideológico. Cada etapa de evolução na formação do Estado correspondeu, ou foi mesmo precedida pelo surgimento de novos valores e princípios de organização e estruturação, capazes de alterar o próprio sentido do conceito de Constituição.

Nesta **escala evolutiva**, o primeiro modelo de Estado Nacional Moderno surgiu como **Estado Absoluto**, identificado como propriedade do rei, detentor, ele próprio, da soberania política, em que não tinha a Constituição outra função essencial que não a de **assegurar o *status quo*, a dominação política, a relação de vassalagem, em que os direitos individuais eram meras concessões** do rei ao povo em condição precária e, sempre, segundo a vontade exclusiva do soberano. A célebre frase de Louis XIV, Rei Sol, *"L'Etat c'est moi"* revela a essência do pensamento absoluto, que marcou a fase em que a Constituição era subordinada ao voluntarismo do titular e senhor do poder político, e não expressão de um poder soberano exercido pelo povo.

A transição do modelo de Estado Absoluto ao de Estado Liberal e, depois, ao de Social e Democrático de Direito ocorreu por influência de idéias revolucionárias, congregadas no movimento político denominado Constitucionalismo.

1.4. CONSTITUCIONALISMO

O Constitucionalismo é identificado como a revolução de idéias que, associada ao **Liberalismo e Iluminismo**, disseminou e fundou, a partir do século XVII (Revolução Inglesa ou Gloriosa, de 1688-89), as bases do **Estado de Direito** (em contraposição e negação ao Estado Absoluto), compreendido como o regime político, fundado num contrato social (Rousseau), em que a **soberania pertence ao povo** que a exerce, de forma democrática e segundo regras de atribuição constitucional de competência, por meio de **representação política**, em nome e em favor da coletividade, especialmente para a promoção, proteção e garantia dos **direitos fundamentais**, indissociáveis e inerentes à condição humana, independentemente de outorga ou concessão do Estado.

Como revolução de idéias, o seu desenvolvimento ocorreu ao longo dos séculos, em que fatos históricos impulsionaram a mudança do regime político, consolidando a formação de um novo conceito de Estado, marcado pelo **primado do direito como expressão da vontade coletiva** (Estado de Direito, em que o Direito não é apenas forma, mas **conteúdo e valor**), e pela adoção de **instrumentos e técnicas de controle do poder estatal**, em favor da garantia dos direitos fundamentais da cidadania.

Não houve, necessariamente, a supressão da monarquia (ocorreu na França, mas não, por exemplo, na Inglaterra, ainda hoje sob tal forma de governo), mas a sua transformação de **absoluta** em constitucional, implicando a substituição da supremacia da vontade pessoal do monarca pela vontade coletiva do povo, representada pelo Parlamento, e consolidada numa Constituição concebida como mecanismo essencial de equilíbrio entre **poder e liberdade**.

São expressivas, cabe assinalar, as diferenças entre as **experiências histórico-constitucionais inglesa e francesa**, motivadas, em grande parte, pela peculiaridade do sistema político, social e jurídico de cada Estado, que permitiu uma transição do Absolutismo ao regime constitucional antes, e menos drasticamente, na Inglaterra do que na França, com o denominado **regime misto inglês**, em que a participação de **classes sociais emergentes** no processo político foi pactuada, com o fortalecimento do Parlamento, numa estrutura de **monarquia constitucional e parlamentar**, com a inserção no corpo político-parlamentar da Casa dos Comuns, ao lado da nobreza situada na Casa dos Lordes, consagrando, portanto, o **bicameralismo**.

Outro aspecto de influência, na orientação do processo de transição diferenciado, foi a tradição francesa do Direito escrito e estatal, pela qual o rei era o Estado (*L' Etat c'est moi*) e, portanto, o próprio Direito, o que tornava impermeável a

Monarquia, quando necessário, às influências do meio político-social; diferentemente do regime inglês do *common law*, que gerou o *rule of law*, em que o Direito era a consagração de práticas e costumes do meio político e social, capazes de sobrepor-se, em certa medida, ao poder e ao arbítrio do monarca, como revela a **tradição dos documentos libertários ingleses**, como a Magna Carta de 1215, reconhecendo direitos e garantias, em favor primeiramente da nobreza, em oposição e resistência à monarquia.

O Constitucionalismo **não cria o conceito formal** de Constituição, mas atribui-lhe uma exigência específica de forma (escrita, influência do racionalismo liberal, mas cuja principal exceção é a Constituição Inglesa) e, sobretudo, um pressuposto de conteúdo diametralmente oposto ao do Estado Absoluto, adotando valores e princípios que são erigidos como condição essencial à Constituição de um Estado de Direito, entre os quais se destacam a **separação dos Poderes** e a **Declaração Universal de Direitos**.

A mudança radical no conceito político de **soberania** (poder de autodeterminação derivado da liberdade e dignidade das pessoas, organizadas sobre um território, numa coesão política denominada de Estado), que **distingue a titularidade do exercício** do poder político, influencia diretamente no modo de ser da Constituição. A **separação dos Poderes** (Montesquieu) surge como **técnica de equilíbrio no exercício do poder político e garantia do compromisso** dos representantes com os direitos fundamentais dos próprios titulares da soberania. Mais do que a antiga distinção formal entre as funções políticas (legislar, administrar e julgar), a técnica moderna e constitucional da separação dos Poderes exige a sua **divisão orgânica** (cada função do Estado atribuída, preponderantemente, a um órgão distinto, que se denomina de Poder, embora tecnicamente o poder político seja uno e indivisível) e a **interação dos órgãos** não apenas no exercício como no controle do poder político (sistema de controle recíproco, pesos e contrapesos, *checks and balances*).

A separação dos Poderes não tem um fim em si mesma, sendo mero instrumento de **garantia dos cidadãos contra o arbítrio do próprio Estado**, por isso que, no Estado de Direito, tão importante quanto as diversas técnicas de controle do poder político (separação orgânica, regime representativo, responsabilidade política, eleições, voto, federalismo etc.) é o compromisso da Constituição, do Estado, do Governo e da Sociedade com a declaração, concretização e proteção dos **direitos fundamentais**, como reconhecido, desde a Declaração dos Direitos do Homem e do Cidadão de 1798, ao afirmar que *toda sociedade, em que não for assegurada a garantia dos direitos e determinada a separação dos poderes, não tem Constituição* (artigo 16).

O Constitucionalismo produziu modelos de Constituição e de Estado distintos, em primeiro lugar, historicamente, o **Estado Liberal**, em que predominou, na polaridade axiológica poder-liberdade, Estado-indivíduo, o individualismo associado à conquista, pretendida plena e universal, de **direitos negativos, de proteção ou resistência** (denominados de primeira geração: vida, liberdade, propriedade etc.), exigindo o absenteísmo estatal que, no plano econômico, foi expresso pelo liberalismo (*laissez faire, laissez passer*), em contraposição à prepotência e centralização político-social e econômica do Estado Absoluto.

O **liberalismo**, enquanto teoria da liberdade individual, sem qualquer controle, assistência ou intervenção do Estado, produziu **desigualdades sociais** e propiciou, diante da Revolução Industrial, a **concentração de riqueza** nas classes produtivas, gerando a tensão entre capital e força de trabalho, massificada e assalariada. Os movimentos sociais iniciados no século XIX, e a crise econômica de 1929 romperam, definitivamente, com a possibilidade da **estática** em que construído o modelo do Estado Liberal, cujo pecado estava em ser o **oposto radical** do Estado Absoluto: este representou a supressão, pelo Estado e pelo monarca, de toda e qualquer liberdade individual; ao passo que aquele foi o abandono, praticado pelo Estado, dos individuais à sua própria sorte, presumindo uma liberdade individual idêntica e plena para todos, inclusive econômica, segundo a teoria do **equilíbrio perfeito das regras de mercado** (Adam Smith), que, na prática, porém, acentuou a **desigualdade** e permitiu a **exploração** econômica, política e social do trabalho pelo capital.

O **Constitucionalismo social e democrático** (alternativa ao modelo de discurso social, mas politicamente autoritário: fascismo, nazismo e comunismo), em substituição ao Constitucionalismo do modelo liberal, preservou as liberdades individuais conquistadas, mas vinculou o seu exercício a projetos de **bem-estar social**, pelos quais estava particularmente obrigado o próprio Estado, por meio de **políticas de intervenção econômica e social na regulação das relações individuais**. As Constituições do México de 1917, da República de Weimar de 1919, e do Brasil de 1934 são exemplos históricos de modelos do Estado Social e Democrático de Direito, em que a organização do Estado e dos Poderes, segundo princípios democráticos de controle e limitação do poder político, destina-se a garantir não apenas os direitos individuais, como igualmente consagrar os direitos positivos, de proteção e **participação** de indivíduos e minorias no processo de desenvolvimento econômico-social e na distribuição da riqueza produzida, gerando para o Estado uma série de obrigações constitucionais, em especial no plano do legislar e do promover o bem-estar social.

Ao contrário das Constituições liberais, as atuais não se preocupam apenas com a organização do Estado e dos Poderes, e com a declaração de direitos e garantias individuais, mas tem como próprio de sua essência de modernidade, a definição de objetivos e projetos (e não meras promessas) de desenvolvimento econômico e de integração social, que estruturalmente justificam a inserção, no texto constitucional, de capítulos, títulos e seções dedicados a direitos, deveres e garantias sociais e econômicos, ao lado dos individuais, coletivos e políticos.

1.5. PODER CONSTITUINTE

O advento de um Estado, pelo surgimento originário de uma soberania, ou pela mudança estrutural nos valores existenciais (políticos, sociais, econômicos etc.) de uma soberania anteriormente existente, exige a criação de uma Constituição, cujo valor, hierarquia e supremacia decorrem não apenas do conteúdo e importância de suas normas, como igualmente da autoridade, própria e inerente à manifestação da vontade originária do poder soberano do povo, reunido em Assembléia Nacional Constituinte, pelo sistema de representação política.

O Poder Constituinte originário é a manifestação política, direta e imediata, da **vontade popular e soberana, pela qual se funda um novo Estado e se cria a Constituição** necessária à sua organização. A Teoria do Poder Constituinte, cujos fundamentos remontam à obra *Qu'est-ce que lê Tiers-État? Essai sur lês priviléges* de Emmanuel Sieyes, reconhece o povo como a autoridade política suprema, **titular** de um poder incontrastável, próprio e capaz de criar a Constituição (poder constituinte originário); concepção esta que colide frontalmente com a teoria absolutista de que o monarca, como pessoa sagrada e ungida, é a fonte originária de todo poder político e do Direito (*L'État c'est moi*).

A Teoria do Poder Constituinte fornece as bases para a democratização do poder político, a partir da premissa da soberania popular como elemento essencial do Estado Moderno, mas igualmente contribui, como teoria jurídica, para consolidar a idéia de Constituição, escrita e formal, como expressão originária da vontade popular e, assim, portanto, como fonte originária do Direito, base de todo o ordenamento jurídico, e de todas as instituições políticas. Afirma-se, com razão, que o Poder Constituinte é um poder **pré-jurídico**, **inicial** do ordenamento jurídico, pois a partir dele é que se estabelece a Constituição, tornando jurídicos todos os demais poderes e órgãos, denominados constituídos.

A distinção entre Poder Constituinte e poderes constituídos é, pois, de **conteúdo** e de **hierarquia**. O primeiro é essencialmente político, diretamente vinculado à vontade soberana do **povo** (**titular** do poder, exercido por delegação por uma autoridade constituinte, geralmente reunida em Assembléia Nacional Constituinte), sem limitações jurídicas (a teoria da vinculação do Poder Constituinte ao direito natural, conquista histórica de valores e direitos, ou consciência jurídica secular, é incapaz de prejudicar a sua natureza de poder pré-jurídico, ou seja, não-limitado por qualquer **direito positivo anterior**), bem ao contrário dos poderes constituídos, que são criados pela Constituição e, por conseqüência, limitados juridicamente pelas respectivas normas. A hierarquia entre Poder Constituinte e poderes constituídos decorre da condição, posição e função da Constituição: obra do Poder Constituinte e fonte originária dos poderes constituídos.

O Poder Constituinte caracteriza-se pela sua condição de: (1) **inicial:** é a partir dele que se origina a Constituição, fundamento e base do novo ordenamento jurídico, produzindo o efeito externo de revogar o Direito anterior, no que incompatível; (2) **autônomo:** é a própria autoridade constituinte quem define a condução do processo constituinte, sem sujeição a qualquer vontade política alheia, por isso que não cabe, por exemplo, ao Congresso Nacional, enquanto poder constituído e na hipótese de convocação do Poder Constituinte originário, para a criação de uma nova Constituição, pretender impor-lhe as regras de funcionamento, limites formais ou materiais de atuação; (3) **ilimitado:** as normas de conteúdo e de valor da Constituição ou do Direito anterior não limitam materialmente o trabalho constituinte, que pode conservar ou inovar, com liberdade, mas segundo a vontade originária do Povo e da Nação, as bases da organização política, social, econômica etc.; e (4) **incondicionado:** o processo de elaboração (normas de procedimento, forma e formalidades) da nova Constituição depende exclusivamente das diretrizes criadas pelo próprio Poder Constituinte, não lhe sendo impositivas as regras do sistema anterior, nem as eventualmente criadas por terceiros, que não a autoridade constituinte, para a respectiva atuação.

O Poder Constituinte é, em suma, a expressão da **soberania nacional e popular**, um poder político de autodeterminação, que se manifesta para especialmente consolidar, em bases jurídicas e através da criação de uma Constituição, os valores sociais, políticos, econômicos etc., essenciais à organização do Estado e da Sociedade, segundo o modelo do **Estado de Direito**.

Como espécies de Poder Constituinte, ao lado do originário, a doutrina indica o derivado e o decorrente, porém ambos são, verdadeira e essencialmente, apenas poderes constituídos, ou seja, criados pela Constituição, limitados juridicamente, segundo as regras de forma e conteúdo de um processo legislativo próprio, a ser examinado nos capítulos próprios.

Capítulo 2
Constituição e Normas Constitucionais

2.1. ELEMENTOS DA CONSTITUIÇÃO

A Constituição é um sistema orgânico e funcional de normas superiores da ordem jurídica, cuja estrutura revela, como **expressão de cada etapa histórico-evolutiva**, determinados **núcleos temáticos**, que identificam o sentido, conteúdo, finalidade e extensão, não apenas da própria Constituição, como, por reflexo, de todo o Direito subseqüente. Tais núcleos temáticos são denominados **elementos da Constituição**, que não se limitam, nem se confundem ou correspondem, necessariamente, às divisões formais adotadas (Títulos, Capítulos etc.) pelo constituinte.

A Constituição, em concepção antiga, era apenas a disciplina da consolidação do poder unipessoal do monarca, mera organização do Estado segundo a regra do *legibus solutus*, em que o direito existia para garantir a supremacia absoluta do rei, sem gerar, necessariamente, contrapartidas ou direitos individuais. Somente as Constituições modernas, sob a influência do Constitucionalismo, têm como integrantes de sua estrutura uma Carta de Direitos, ao lado da organização do Estado, conjugando a assim denominada técnica do poder à técnica da liberdade.

A estrutura tradicional das Constituições modernas foi sendo elaborada a partir da dicotomia entre **poder e liberdade**, Estado e cidadania, organização e dogmática, mas evoluiu, significativamente, para desdobrar ou mesmo ampliar o seu conteúdo material. As Constituições, próprias do Estado Democrático e Social de Direito, revelam a preocupação, não apenas com a divisão de competências e a declaração de direitos, mas com a **eficácia construtiva do regime democrático e social**.

Por isso, recorrendo à terminologia adotada por José Afonso da Silva (Curso, 2006, p. 44-5), é legítimo afirmar que, ao lado das normas tradicionais de organização do Estado e dos Poderes (**elementos orgânicos**: Organização do Estado, dos Poderes etc.) e da Declaração de Direitos Fundamentais, destinadas a limitar o exercício do poder político (**elementos limitativos**: Direitos e Garantias Fundamentais), coexistem, com importância fundamental, outros núcleos temáticos essenciais: as normas reveladoras do compromisso do Estado com a transformação e a evolução de toda a coletividade, segundo um pacto socioeconômico, fundado em valores e em metas (**elementos socioideológicos**: Direitos Sociais, Ordem Econômica e Social etc.); as de garantia da eficácia e aplicabilidade da Constituição (**elementos formais de aplicabilidade**: Preâmbulo, § 1º do artigo 5º, Ato das Disposições Constituições Transitórias etc.); e, enfim, as de proteção à existência do Estado, do regime democrático e da própria Constituição diante de situações de conflitos e crises institucionais (**elementos de estabilização constitucional**: normas concernentes ao Controle de Constitucionalidade, Intervenção Federal, Defesa do Estado e das Instituições Democráticas etc.).

2.2. CLASSIFICAÇÃO DAS CONSTITUIÇÕES

A classificação das Constituições tem importância como meio de identificação de suas **características essenciais**, a partir de **critérios** relacionados tanto a aspectos de técnica jurídica, como igualmente de fundo histórico e político-ideológico, permitindo a elaboração de uma análise, seja pela perspectiva da sua positividade e atualidade, seja pelo ângulo da evolução que representa, ou não, consideradas as Constituições que a precederam.

A doutrina consagrou critérios de classificação das Constituições e, segundo cada um deles, as seguintes derivações ou espécies respectivas: pelo **conteúdo** são materiais ou formais; pela **forma** são escritas ou não-escritas; pelo **modo de elaboração** são dogmáticas ou históricas; pela **origem** são promulgadas ou outorgadas; pela **estabilidade** são rígidas, flexíveis ou semi-rígidas; pela **ideologia** são simples ou pluralistas; e pelo **objetivo ou função** são do tipo garantia, balanço ou dirigente.

2.2.1. Constituições Materiais e Formais

São Constituições **materiais**, em sentido estrito, as que contêm apenas as normas essenciais à estrutura e organização do Estado e da Sociedade, revelando-se verdadeira síntese dos princípios fundamentais do pacto político (Constituições **sintéticas** ou **principiológicas**), sem a inserção de desdobramentos ou normas de conteúdo secundário. É mais comum, porém, que tal classificação seja aplicada em relação às **respectivas normas**, para identificar, dentro da Constituição, como materiais, ou seja, normas materialmente constitucionais, as que se referem a aspectos essenciais do pacto político (organização do Estado e dos Poderes, Direitos e Garantias Fundamentais etc.); diferentemente das demais que, embora não sejam estruturais, são também constitucionais, mas apenas formalmente, pelo mero fato de estarem na Constituição. As normas apenas formalmente constitucionais, conquanto formalmente rígidas, tendem a ser materialmente flexíveis porque, ao refletirem conteúdo normativo geralmente de conveniência, sofrem maior influência da realidade política, social, econômica etc., e, portanto, ficam mais susceptíveis à ação de reformas, emendas ou revisões, pelo poder constituinte derivado.

São Constituições em **sentido formal** todas as Constituições, enquanto tais, ou seja, desde que regulem, por manifestação do Poder Constituinte originário, os fundamentos da organização do Estado e da Sociedade, sem prejuízo da inclusão de disposições complementares, acessórias ou secundárias, segundo a conveniência ou necessidade vislumbrada pelo constituinte (gerando, assim, Constituições **analíticas ou prolixas**, extensas e complexas em seu conteúdo), e que, no plano hierárquico-normativo, sejam superiores, por conseqüência, às demais normas do ordenamento jurídico, independentemente do exame de outros aspectos relativos ao fenômeno constitucional, como, por exemplo, a sua origem democrática ou autoritária.

2.2.2. Constituições Escritas e Não-Escritas

Pelo critério de **forma**, as Constituições são **escritas ou não-escritas**. A maioria das Constituições é escrita, por influência do **Constitucionalismo e Racionalismo**, que viam no texto formal a garantia de **certeza, objetividade, previsibilidade e segurança do pacto social e político**, propiciando a difusão do teor das regras fundamentais, em favor e para a proteção do cidadão contra o próprio Estado. Por isso, as Constituições escritas tendem a consolidar-se por meio de documentos **unificados e sistematizados** (denominados, igualmente, de Constituições **orgânicas ou codificadas**), **formais e solenes**; diferentemente das Constituições não-escritas, cujo conteúdo material decorre da tradição, usos e costumes, ou da jurisprudência praticada, sem necessária **expressão ou identidade documental**.

2.2.3. Constituições Dogmáticas e Históricas

O **processo de elaboração** das Constituições escritas e não-escritas é diferente, e propicia a adoção de uma outra classificação, baseada em tal critério. São denominadas **dogmáticas** as Constituições formadas a partir de um **processo** político, conduzido pelo Poder Constituinte originário que, refletindo uma **decisão política fundamental, em dado tempo e lugar**, produz, ao final, um **texto for-**

mal e solene. Por outro lado, as **históricas** (ou costumeiras) estão associadas, não a um processo objetivo e formal de criação de normas, mas a uma **formação histórica, lenta e gradual**, que deriva da **realidade social**, no seio da comunidade ou dos corpos políticos, e que são reiterados e praticados sob a percepção de sua importância como **expressão coletiva de uma vivência e um modo histórico e particular de existir**.

2.2.4. Constituições Promulgadas e Outorgadas

De acordo com o critério de **origem**, as Constituições são **promulgadas**, quando resultam de um **processo democrático** de criação, em que representantes do povo, eleitos para o ofício constituinte, elaboram o texto constitucional, em sintonia com os desígnios da **soberania popular**, construindo, na medida do possível, a **concordância política** e o **consenso nacional** em torno das questões fundamentais, base para o desenvolvimento do novo Estado, sob uma nova Constituição.

Distintamente, as Constituições outorgadas são obra de uma **vontade unitária impositiva**, que não busca a convergência política, mas a **opressão e supressão da participação popular**, sem qualquer compromisso com o estabelecimento de um Estado Democrático de Direito. Não têm origem democrática, tampouco, as denominadas Constituições **cesaristas**, que conferem ao povo apenas o direito de aprovar o seu texto, por **plebiscito**, mas não o de efetivamente **participar do processo de elaboração**, através de representantes eleitos, manifestando a **soberania criadora do pacto político**.

2.2.5. Constituições Rígidas, Flexíveis e Semi-Rígidas

Considerado o critério de **estabilidade**, as Constituições são **rígidas**, como ocorre com a maioria na atualidade, quando o seu conteúdo material é dotado de **mecanismos especiais de proteção contra alterações**, conferindo às respectivas normas uma **rigidez formal**, tornando o **processo de reforma, emenda ou revisão, solene, complexo e diverso** do aplicável ao direito infraconstitucional. A rigidez formal da Constituição revela-se necessária como meio de garantir a sua **supremacia** no ordenamento jurídico, não levando, porém, à **imutabilidade absoluta de seu conteúdo** (salvo, quanto às cláusulas pétreas), mas apenas à criação de mecanismos especiais de controle do processo de alteração da vontade constituinte originária.

No extremo oposto, encontram-se as Constituições **flexíveis**, caracterizadas pela **inexistência** de qualquer mecanismo especial de proteção de seu conteúdo, admitindo a mudança de seu texto com a **mesma formalidade aplicável** ao restante do ordenamento jurídico. **A existência de uma flexibilidade formal não conduz, necessariamente, a uma flexibilidade material**, ou seja, apesar da possibilidade de alterações sem qualquer complexidade formal, é possível que jamais ocorram mudanças, em virtude do consenso político em torno do valor da norma ou do costume, como previstos, para a própria estabilidade e consistência do regime constitucional.

Numa situação intermediária, e pouco comum (no Brasil, apenas a Constituição Imperial de 1924), encontram-se as Constituições **semi-rígidas**, que resultam da **combinação de uma parcela rígida e outra flexível** do texto constitucional, geralmente segundo a **natureza da matéria**, considerada a sua importância no contexto constitucional.

2.2.6. Constituições Simples e Pluralistas

No exame do **conteúdo ideológico** das Constituições, é possível distingui-las em **simples (ortodoxas)** ou **pluralistas (ecléticas)**: as primeiras são aquelas cuja proposta ideológica (liberal, social democrata, socialista etc.) é **única e objetivamente definida**, com a exclusão de outras, facilitando, em princípio, a interpretação e integração de seus princípios e preceitos; ao passo que as últimas revelam a **complexidade e diversidade de ideologias** no seio da sociedade, tendente à criação de um **ambiente político de pluralismo democrático** (mosaico ideológico), com a busca da conciliação de diferenças, mas que nem sempre, porém, é capaz de produzir uma situação de consistência, coerência e plena, ou imediata, **eficácia normativa da vontade constituinte**.

2.2.7. Constituições-Garantia, Balanço e Dirigente

As **Constituições-garantia** refletem o objetivo político fundamental de assegurar as **liberdades individuais** diante do Estado, construindo um campo de proteção da cidadania em face dos abusos do Poder Público, e primando pela prevalência do princípio da **subsidiariedade** (atuação mínima, negativa, controlada e subsidiária do Estado, denominado Liberal, em respeito à liberdade inata do cidadão), e foram essenciais, historicamente, como modelos de superação do Estado Absoluto.

As **Constituições-balanço** são ligadas ao **projeto de Estado Socialista**, criadas para vencer as **etapas da evolução** (balanço histórico-evolutivo) rumo à consolidação de uma nova **superestrutura** (ordem política, filosófica, religiosa, moral etc.) a partir da **transformação da infraestrutura** (base econômica da sociedade), em que o Estado assume, positivamente, o compromisso de garantir a ascensão política e social da **classe trabalhadora**, com a supressão da propriedade privada sobre os **meios de produção econômica**.

As **Constituições-dirigentes** têm igualmente um **compromisso evolutivo**, mas não necessariamente no sentido da ideologia socialista, e sim com a transformação da sociedade, de acordo com uma proposta político-ideológica predefinida, e por meio da consecução **efetiva e obrigatória de projetos e objetivos** fixados pelo constituinte, criando para o Estado e, em especial, para o **legislador infraconstitucional** um programa de ação, em termos de **obrigação constitucionalmente positiva e vinculante de legislar** no sentido do implemento das mudanças de paradigma, exigidas pela Constituição.

As Constituições, mesmo programáticas, possuem, no entanto, **força normativa**, traduzida numa **eficácia mínima** capaz de incompatibilizar com o programa constitucional toda e qualquer legislação contrária (revogação, não-recepção ou declaração de inconstitucionalidade), e numa eficácia, **mais ampla**, no sentido de compelir, ainda que de forma indireta, o legislador a cumprir o dever constitucional de legislar (ação direta de inconstitucionalidade por omissão e mandado de injunção). Certo que, para conter ou limitar a transformação constitucional, não é raro que se invoque, em face de contingências materiais, a proteção da **"cláusula da reserva do possível"**, cuja constitucionalidade deve ser examinada, com cautela e critério, pelo Judiciário, a fim de coibir eventual pretensão no sentido de condicionar a força normativa da Constituição à conveniência do próprio Estado ou de setores poderosos da sociedade.

2.3. NORMAS CONSTITUCIONAIS

O advento de uma Constituição coloca em discussão, primeiramente, o tema da vigência da nova ordem, seus efeitos sobre todo o sistema normativo, inclusive e especialmente o direito precedente, e os instrumentos para garantir a coesão do regime jurídico e político, visando à efetividade dos valores e diretrizes fixadas pelo constituinte originário.

2.3.1. Vigência, *"Vacatio Constitutionis"*, Recepção, Desconstitucionalização e Repristinação

A força normativa da Constituição, enquanto fonte primária de novos princípios essenciais, decorre da vontade soberana do Povo de inovar os fundamentos do ordenamento do Estado e da Sociedade e, no plano da técnica jurídica, a **mudança de paradigma** ocorre a partir da **vigência** da nova ordem, tal como fixada pelo constituinte, direta ou indiretamente, e que, conceitualmente, corresponde ao **marco temporal e ao período**, em que, aperfeiçoada a sua **existência válida**, a Constituição tem capacidade de produzir a eficácia jurídica, nos termos e nos limites dos respectivos preceitos.

Como regra geral, a vigência de uma nova Constituição coincide com a data de sua publicação, de modo que somente a existência de regra específica distinta permite fixar um outro termo inicial. É essencial que não se confundam os **conceitos de vigência e de eficácia**, distintos embora conexos. O primeiro refere-se ao período de existência válida da Constituição, a partir, durante e até o qual os seus preceitos podem produzir efeitos jurídicos válidos; ao passo que o segundo condiz com a própria produção, imediata e plena, ou não, de efeitos jurídicos, conforme o teor de cada norma, na criação, extinção ou modificação de direitos, obrigações ou situações jurídicas.

A atual Constituição não estabeleceu regra específica de vigência, ao contrário da anterior que foi tanto promulgada, como publicada, em 24/01/1967, porém somente entrou em vigor, por força do seu artigo 189, em 15/03/1967. A EC nº 1/69, publicada em 20/10/1969, alterou profundamente a Constituição de 1967, sendo postergada a sua vigência para 30/10/1969.

A **vigência diferida da Constituição**, ou seja, a adoção pela Constituição de um termo inicial de vigência, que não coincida com a data de sua publicação, é o que se denomina *"vacatio constitutionis"*. A Constituição, sujeita a tal cláusula, conquanto publicada, não goza de vigência e, portanto, não serve de parâmetro para a análise da constitucionalidade, ou não, das leis editadas no período, as quais permanecem, por isso mesmo, vinculadas aos preceitos da Constituição ainda vigente, embora sob a iminência de revogação.

A vigência da nova Constituição **revoga não apenas a Constituição anterior, como toda a legislação infraconstitucional** fundada nesta, e **materialmente incompatível** com aquela. A revogação da legislação infraconstitucional, editada na vigência da Constituição anterior, não decorre exclusivamente da sucessão, no tempo, de Constituições, pois depende da efetiva existência de incompatibilidade **material** da legislação infraconstitucional com a nova Carta Política. Não é o caso, porém, de **inconstitucionalidade superveniente**, cuja declaração esteja reservada ao controle abstrato de constitucionalidade, pois este somente é exercido em relação a normas infraconstitucionais publicadas na vigência da Constituição atual, e sempre segundo este paradigma. Nesse sentido, a revogação é considerada automática, se presente o conflito material da legislação infraconstitucional anterior com a Constituição vigente.

Por outro lado, se a legislação infraconstitucional anterior for **compatível, formal e materialmente, ou mesmo incompatível, mas apenas formalmente** com a nova Constituição, não existe revogação, mas **recepção do direito anterior**. Tal técnica tem o evidente propósito de impedir o caos de um **vácuo legal** a partir do primeiro dia de vigência da nova Constituição, pois se toda a legislação infraconstitucional fosse incondicionalmente considerada revogada, nenhuma eficácia teria, enfim, a própria Constituição, diante da inexistência de direito aplicável para a disciplina da vida social.

A incompatibilidade formal de uma legislação infraconstitucional com uma nova Constituição ocorre quando esta exige um **procedimento legislativo especial** para a sua criação, cuja violação acarreta, no campo próprio, a denominada **inconstitucionalidade formal**. Se a lei anterior foi editada segundo as prescrições formais da Constituição então vigente (sem, portanto, **vício formal originário**), aplica-se o princípio do *"tempus regi actum"* para efeito de autorizar a sua recepção pela nova Constituição. A legislação infraconstitucional anterior, sem vício formal originário, é recepcionada, porém, com os **atributos formais** que a atual Constituição confere à espécie legislativa (se antes para regular dada matéria era exigida lei ordinária e, agora, pela nova Constituição, a exigência é de lei complementar, então a lei ordinária anteriormente promulgada é recepcionada, para os efeitos vindouros, como lei complementar), impondo-lhe, pois, os novos requisitos formais para o respectivo processo de revogação, integral ou parcial, cuja violação teria o efeito de produzir, então, uma inconstitucionalidade formal.

Pode ocorrer, ainda, que a nova Constituição não discipline certa matéria, objeto de tratamento na anterior, em cuja vigência, tenha sido editada legislação infraconstitucional própria e específica. Tal fenômeno é denominado de **desconstitucionalização**. A **norma constitucional anterior** que, por vontade do constituinte originário, não foi incorporada (simétrica ou mesmo assimetricamente) ao texto atual, não pode, **ela própria**, produzir, sob a nova ordem, qualquer eficácia, e menos ainda ser considerada recepcionada como legislação infraconstitucional, porque a sucessão temporal de Constituições resolve-se pela revogação plena e incondicional do regime precedente. Porém, se a legislação infraconstitucional, editada com base na norma constitucional anterior, não reproduzida na Constituição atual, for com esta genericamente compatível, embora sem um preceito equivalente de disciplina específica, devido à própria desconstitucionalização, a eficácia de tal norma infraconstitucional deve ser preservada com a mesma hierarquia normativa originária, seja a legislação complementar ou ordinária.

A **repristinação** é o fenômeno do direito intertemporal, segundo o qual a norma revogada readquire eficácia como efeito automático da revogação da norma revogadora; e, no plano constitucional, significaria restabelecer a eficácia de normas constitucionais ou mesmo infraconstitucionais revogadas por uma Constituição posterior, quando esta própria fosse objeto de revogação por outra, ainda mais recente. O instituto não tem aplicação no Direito brasileiro, como expressamente prescreve o artigo 6º da Lei de Introdução ao Código Civil, e menos ainda no Direito Constitucional, em que a tese da restauração do direito revogado é fundamentalmente incompatível com a premissa da plena eficácia revogadora de uma nova Constituição sobre a anterior e sobre todo o Direito antecedente, e igualmente lesivo ao princípio da segurança jurídica como expressão de valor estrutural do regime constitucional moderno.

2.3.2. Normas-Princípio e Normas-Regra

A Constituição é um sistema orgânico de normas, porém com uma diversidade de características que influenciam na sua estruturação. Em parte, tal diversidade decorre da natureza das normas e de sua eficácia, interna e externa, repercutindo diretamente na interpretação e na consecução material dos objetivos da proposta constituinte.

As normas integradas na Constituição pertencem, segundo a sua natureza, a duas espécies distintas: as **normas-regra**, que possuem **conteúdo preciso e definido, direcionados à disciplina de uma situação ou condição mais ou menos concreta e específica**; e as **normas-princípio**, dotadas de **abrangência abstrata, expressão de valores, idéias e concepções**, que não produzem um ambiente imediato de incidência, mas **que definem o alcance, o sentido e conteúdo normativo do sistema, buscando conferir-lhe uma identidade e unidade lógica**.

As normas-princípio, ou simplesmente princípios, explicam a existência, dentro do sistema, das normas-regra que, como derivações, concretizam, para situações mais ou menos particulares, dados valores e idéias orientadoras e dominantes no sistema normativo; e têm, por outro lado, a função de atuar como diretrizes na interpretação das normas-regra e na integração do sistema, em caso de aparente conflito ou de lacuna normativa.

2.3.3. Eficácia das Normas Constitucionais

A eficácia das normas-princípio é – particularmente, embora não exclusivamente –, interna ao sistema normativo, no sentido de direcionar, ainda numa primeira etapa da aplicação constitucional, a interpretação das normas-regra. A eficácia externa, como segunda etapa, relativa à aptidão de influir nas relações e situações jurídicas concretas, pertence, mais propriamente, ao domínio das normas-regra, sendo, porém, tal eficácia diferenciada segundo o teor das próprias normas-regra.

As normas, segundo tal critério – partindo, inicialmente, das classificações dos mestres José Afonso da Silva e Maria Helena Diniz, nos respectivos clássicos *Aplicabilidade das Normas Constitucionais* e *Norma Constitucional e seus Efeitos* –, podem ser **de eficácia: absoluta, plena, contida, limitada, programática e exaurida**. A eficácia, neste sentido, envolve a capacidade das normas de produzir efeitos jurídicos, imediatos ou não, e em que condições, conduzindo, igualmente, à discussão sobre o conteúdo da relação, existente ou possível, entre normas constitucionais e ação legislativa infraconstitucional.

2.3.3.1. Normas de Eficácia Plena

Se as normas contêm **todo o necessário** à sua implementação, sem necessidade de **intermediação legislativa**, ou quando **expressamente definidas** pelo constituinte como dotadas de tal capacidade, são consideradas, então, de **eficácia plena**, podendo o titular dos direitos ou vantagens, e dos deveres ou obrigações, invocar, de pronto, a sua aplicação, desde quando vigente a Constituição, inclusive por meio de tutela judicial.

2.3.3.2. Normas de Eficácia Absoluta

As normas de **eficácia absoluta** são como as de eficácia plena, mas se distinguem destas por um aspecto único e essencial: aquelas não podem jamais ser alteradas no seu conteúdo e na sua eficácia, tal como previstos pelo constituinte originário, sequer pelo constituinte derivado, e menos ainda pelo legislador infraconstitucional.

2.3.3.3. Normas de Eficácia Contida

Por sua vez, as normas de **eficácia contida** são igualmente eficazes de imediato, porém com uma outra **singularidade**, a de que seus efeitos, considerando a amplitude originária prevista ou inerente aos seus termos, são passíveis de contenção, objetiva ou subjetiva, por iniciativa do próprio legislador infraconstitucional, que, embora não possa ir ao limite de romper com a sua eficácia mínima, pode razoavelmente delimitar o seu alcance.

2.3.3.4. Normas de Eficácia Limitada
São de eficácia limitada as normas que, por vontade expressa do constituinte ou pela análise de seus termos, exigem ou facultam, conforme a natureza do mandamento ou da previsão, a **intervenção construtiva do legislador infraconstitucional na definição de seu conteúdo preciso**. Enquanto não exercida a competência para instituição ou criação concreta e específica da situação ou do direito, não se tem a possibilidade do respectivo exercício, ficando **paralisada a eficácia positiva** das normas, mas **não, porém, a negativa (ou mediata)**, que decorre do atributo, que possuem todas as normas constitucionais, de impedir que prevaleçam outras contrárias e incompatíveis com a essência do mínimo nelas estatuído. Tal **eficácia negativa** é exigência da concepção moderna de que **toda e qualquer norma constitucional, ainda que de eficácia limitada, tem alguma eficácia** e, portanto, de que **nenhuma delas é inteiramente ineficaz**.

2.3.3.5. Normas Programáticas
Na atualidade, encontra-se superada a concepção de que as normas constitucionais programáticas são meras **promessas políticas**, sem conteúdo ou eficácia normativa. Ao contrário disso, são consideradas, efetivamente, normas jurídicas, **dotadas de eficácia**, embora especial e diferente de todas as demais anteriormente analisadas.

Cumpre recordar, para efeito de distinção essencial, que nas normas de eficácia limitada, a Constituição fixa, de logo, um **conteúdo mínimo e imediato na disciplina de uma certa situação, condição ou interesse** a ser legislado infraconstitucionalmente, de modo que ao legislador cabe apenas detalhar e concretizar o comando normativo inicialmente delimitado pelo constituinte.

Ao contrário disso, nas normas programáticas o constituinte não se preocupa com a regulação específica de uma situação, condição ou interesse, mas apenas com a **elaboração de um programa de ação estatal**, enunciando **princípios, valores e metas**, em caráter obrigatório, na consecução das atividades públicas, particularmente as do legislador, cuja produção normativa fica, portanto, vinculada.

A eficácia das normas programáticas, derivada do caráter impositivo do programa de ação estatal, torna inconstitucional qualquer desvio, e mesmo omissão, em relação aos valores, princípios e metas fixados. Todas as funções do Estado são atingidas pela eficácia de tais normas, porém, na esfera da produção normativa – própria do Poder Legislativo e, em certa medida, do Executivo – é que os seus efeitos são mais contundentes, tornando inconstitucional o ato normativo editado em contraste com o comando valorativo. Embora as normas programáticas não se destinem a fixar conteúdo normativo para situação, condição ou interesse subjetivo específico, mas, sim, orientar genericamente o programa de ação estatal, é possível cogitar-se de violação a direitos subjetivos na aplicação da lei, em cuja edição não tenha o legislador observado o vínculo programático, decorrente dos valores, princípios e metas fixadas pelo constituinte originário.

Enfim, embora genérico, existe um **comando ao legislador infraconstitucional**, fixado nas normas programáticas, vinculado à busca efetiva de concretização de um determinado valor, objetivo ou programa na ação política de legislar, eliminando a concepção de que seriam normas ineficazes, ou meras promessas políticas.

2.3.3.6. Normas de Eficácia Exaurida

Finalmente, as normas de **eficácia exaurida** são as que, dependentes ou não de complementação legislativa, produziram integralmente seus efeitos, pela ocorrência do termo ou condição prevista. A consumação de sua **eficácia específica** não impede, porém, que sirvam, enquanto normas históricas inseridas no sistema constitucional, como **instrumento e parâmetro para a interpretação das normas de eficácia duradoura ou permanente**. Na Constituição vigente, o Ato das Disposições Constitucionais Transitórias contém normas de tal natureza, e o seu estudo auxilia, decisivamente, na compreensão da própria Parte Geral e Permanente da Constituição Federal.

Capítulo 3
Interpretação da Constituição

3.1. INTERPRETAÇÃO E HERMENÊUTICA

A interpretação é um **processo de reconstrução** de conceitos, valores e idéias, a partir de **signos lingüísticos**, nem sempre certos e determinados, com o objetivo de garantir a **compreensão e aplicação, no caso concreto, da vontade objetiva da norma**, em relação a uma determinada situação jurídica.

Embora a vontade do legislador possa ser um instrumento válido no processo de interpretação, o que se almeja é desvendar o **conteúdo autônomo de sentido**, próprio da norma, claro que em conexão próxima com a **realidade social** em dinâmica evolução. Não é possível, por outro lado, excluir uma certa, embora controlada, influência do **subjetivismo do intérprete** que, na tarefa de reconstrução, aplica não apenas dados objetivos (contidos na norma isolada e no próprio contexto sistemático da Constituição, enquanto sistema agente e reagente), como, ainda e igualmente, conceitos, elementos e critérios extraídos da experiência pessoal, formação, cultura, ideologia etc.

A interação sujeito (intérprete) e objeto (norma), um atuando sobre o outro, de forma recíproca e dinâmica, no processo de interpretação, consubstancia o fenômeno denominado de **círculo hermenêutico**.

Toda norma exige interpretação, primeiramente para que seja identificado o **conteúdo abstrato da norma**, inclusive para que se conclua eventualmente pelo sentido unívoco de seu mandamento; e depois para que se verifique a própria **adequação de sua prescrição abstrata aos contornos fáticos do caso concreto**, num processo de adaptação do Direito ao mundo dos fatos.

A interpretação não é uma ciência, é apenas um processo de compreensão de um objeto cultural, o Direito. A ciência que estuda a interpretação enquanto fenômeno, a partir de uma metodologia e com a formulação de princípios e técnicas, é a **Hermenêutica**, jurídica, em se tratando do estudo do Direito.

3.2. CLASSIFICAÇÃO DA INTERPRETAÇÃO

A classificação da interpretação permite investigar a importância, isolada como sistêmica, das fontes (agentes), meios (natureza) e resultados (extensão), enquanto elementos ou critérios envolvidos no processo de reconstrução da norma e do Direito. Não é raro, porém, que a interpretação exija e resulte numa combinação da influência de diversas fontes e meios, como processo dinâmico, que é, em vista da própria complexidade do seu objeto, no caso o Direito e, particularmente, a Constituição.

3.2.1. Segundo as Fontes ou Agentes

Pelo critério das fontes, o que se busca identificar é a origem ou, mais precisamente, o **agente** de que emana a interpretação, resultando em três possibilidades: (1) a interpretação dada pelo próprio **legislador** (autêntica ou legal); (2) a interpretação dada pelo **magistrado** e pela **jurisprudência** (judicial ou jurisprudencial); e (3) a interpretação dada por **estudiosos, teóricos e doutrinadores** (doutrinária ou científica).

Através da **interpretação autêntica**, o legislador esclarece, no próprio texto ou em outro posterior, o conteúdo de uma norma considerada complexa, desde logo, ou que venha, por alguma particularidade, a suscitar dúvida na sua aplicação. Pode ser, pois, uma interpretação autêntica **originária ou superveniente**, sendo esta considerada lei nova e autônoma, se a explicitação do seu sentido envolver, na verdade, uma inovação, por mínima que seja, quanto ao conteúdo da norma interpretada, com sujeição, assim, às restrições de direito intertemporal, em especial ao princípio da irretroatividade das leis. A propósito, convém recordar que a Lei nº **9.784/1999**, em consonância com tal orientação, dispôs que, nos processos administrativos, deve ser observado, entre outros princípios, o da *interpretação da norma administrativa da forma que melhor garanta o atendimento do fim público a que se dirige,* ***vedada aplicação retroativa de nova interpretação*** (artigo 2º, parágrafo único, XIII).

Ressalte-se que não é a denominação ou a finalidade declarada que permite definir uma lei como interpretativa, mas a sua efetiva repercussão no conteúdo da norma interpretada. Se meramente interpretativa, a lei interpretada compreende-se como existente com tal interpretação desde a sua origem, aplicando-se a todos os casos pendentes de solução ou julgamento.

A interpretação **judicial ou jurisprudencial** é a que emana dos diversos órgãos do Poder Judiciário, na solução tanto concreta como abstrata de impugnações à validade das normas e, embora o sistema de Direito romano-germânico, aplicado no Brasil, privilegie o Direito legal, não se pode negar que sempre houve grande influência do Direito jurisprudencial, agora ainda mais fortalecido, com o sistema de **efeitos vinculantes**, seja de decisões proferidas em controle abstrato de constitucionalidade de leis e atos normativos, seja de súmulas no controle concreto, a partir da interpretação fixada pela Suprema Corte.

A **doutrina** (estudos, teses, obras, comentários, pareceres etc.) é fonte importante de interpretação, que atua não apenas na compreensão do texto positivo e na solução de casos concretos, como ainda na própria formação abstrata do Direito, contribuindo, especialmente, com o legislador na sua competência de realizar e materializar a Constituição, definindo, com precisão técnica, o sentido e o conteúdo da vontade constituinte a influir na elaboração do ordenamento infraconstitucional. Embora não possua caráter obrigatório, ao contrário do que ocorre com a autêntica ou a judicial, é dotada da capacidade de **persuasão intelectual**, com força proporcional à autoridade do intérprete e doutrinador – e claro, conforme a profundidade da exposição e do estudo desenvolvido –, e com possibilidade de elevada e maior influência diante de questões novas ou específicas, ainda não solucionadas ou decididas pelo legislador ou julgador.

3.2.2. Segundo os Meios ou Natureza

Considerado tal critério, a interpretação classifica-se como gramatical, histórica, teleológica, lógica e sistemática. Nenhum dos meios é, em si, suficiente para que se alcance uma interpretação **normativamente correta e socialmente justa**, pois devem ser sempre operados como **instrumentos complementares** de trabalho, uns dos outros, para que tal objetivo seja efetivamente conquistado.

A gramatical parte do **signo lingüístico** adotado pela norma, para determinar o **sentido literal possível**, com a exclusão de outros, incompatíveis com a etimologia integrada à norma. Na atualidade, a literalidade gramatical não fornece o sentido único e determinante na interpretação da norma, mas apenas o primeiro a ser considerado, e cuja confirmação, ou não, depende da **conjugação progressiva** de outros meios de interpretação.

Ainda pode a interpretação orientar-se pelo **fundo histórico** que originou a norma, tendo em vista os conceitos, visões e valores, não apenas jurídicos, como sociais, políticos, econômicos etc., então vigentes, para buscar a determinação do **sentido e conteúdo legislado**. No entanto, a **dinâmica inerente à norma**, a sua presumida aptidão para, quando necessário, ser, no presente, algo diverso (aquém ou além) do que foi no passado, distanciando-se, por vezes, da **vontade originária do legislador**, exige que a interpretação histórica seja **evolutiva**, tendo como premissa a sua origem, mas como escopo a disciplina da **realidade social vigente**, exigindo, pois, uma atualização constante do sentido e conteúdo da norma.

A adequação de sentido e conteúdo de uma norma histórica pode ocorrer através da **interpretação teleológica**, pela qual se busque identificar, primeiramente, o propósito e o fim a que se propuseram o legislador e a respectiva norma para, depois, fixar uma efetiva **conexão de sentido** com o contexto social vigente, daí extraindo, então, a **adequada normatividade do preceito**.

A aplicação da **lógica formal** na interpretação opera em conjunto com os esforços na busca da vontade e da finalidade da norma. Ainda que a lei seja um ato de vontade política, de transformação social, não deixa de possuir uma **lógica normativa própria**, que serve para conferir-lhe identidade e características específicas, que distinguem-na de um mero discurso político ou programa de governo. A interpretação lógica investiga a vontade do legislador, mas sujeitando a norma, em si, e na sua inserção sistemática no ordenamento jurídico, a juízos lógicos (**presunção, indução e dedução**) capazes de conferir legitimidade e validade a todo o processo de construção e reconstrução do preceito, segundo as premissas em que assentado o Direito.

A interpretação **sistemática aprofunda** o vínculo, não apenas pelo ângulo lógico-formal, mas **axiológico e teleológico** (valor e fim), da norma com o ordenamento jurídico, de modo a fixar uma **identidade da parte com o todo**, numa **construção recíproca do sentido de unidade**, que forneça, ao final, uma **coesão formal e substancial** do Direito, enquanto sistema coordenado e hierarquizado, em que cada norma busca refletir a essência do conjunto e vice-versa.

As espécies de interpretação, segundo o critério apontado, embora possam ter sua identidade, revelam-se, sobretudo, como complementares umas das outras, daí porque prevalecer, na atualidade, como mais adequados, os métodos compostos de interpretação, assim por exemplo, o lógico-sistemático, o histórico-teleológico etc.

3.2.3. Segundo os Resultados ou Extensão

O critério é formulado a partir dos **efeitos jurídicos** resultantes da interpretação, em face da **extensão normativa** expressa no texto, gerando a seguinte classificação: **declarativa, restritiva ou extensiva**.

A declarativa é aquela em que a **interpretação coincide** com a literalidade da norma, mesmo depois de aplicados os meios técnicos de interpretação, além do gramatical, como, por exemplo, o histórico, teleológico, lógico, sistemático, lógico-sistemático ou histórico-teleológico. Neste caso, o intérprete reconhece, ao fim, que o legislador conferiu **conteúdo exato e preciso** à norma, sem que fosse necessário, por qualquer das imposições do sistema jurídico ou da realidade social, a sua adequação.

Ao contrário, nas outras duas espécies de interpretação, restritiva ou extensiva, o intérprete constrói um sentido diverso do literalmente adotado pelo legislador.

Na interpretação **restritiva existe uma limitação do alcance da norma** enquanto expressão lingüística, mas não enquanto **vontade do legislador ou da norma**, consideradas a sua finalidade, origem histórica, e adequação sistêmica. O intérprete atua no sentido de resgatar o sentido e o conteúdo correto da norma que, por imprecisão ou equívoco lingüístico, **disse mais do que deveria**.

Por sua vez, a interpretação **extensiva** resulta numa adequação da norma, por meio da **ampliação de seus efeitos para além da literalidade nela expressa**, inserindo-a, lógica e validamente, com este conteúdo e sentido no ordenamento jurídico, superando a **lacuna, omissão ou inexatidão** com que se houve o legislador na composição lingüística da norma.

Note-se que, em qualquer dos casos, **a interpretação não objetiva substituir o ato próprio de legislar**, invadindo o campo constitucional de atribuições do Poder Legislativo – o que seria inconstitucional, principalmente se a interpretação é promovida pelo Poder Judiciário –, mas apenas promove o aperfeiçoamento da extensão da norma, segundo os meios e métodos criados para identificar, lógica e substancialmente, a vontade do legislador e da própria norma, inserida no contexto do respectivo sistema jurídico.

3.3. MÉTODOS DE INTERPRETAÇÃO CONSTITUCIONAL

Os **meios de interpretação** revelam critérios (gramatical, histórico etc.) com base nos quais o Direito expressa o seu conteúdo e sentido, para efeito de aplicação, sem referência à natureza particular da norma jurídica interpretada. Diversamente, os **métodos de interpretação constitucional** expõem, de forma específica, os fundamentos teóricos, premissas, concepções, técnicas, instrumentos, finalidades e limitações do processo destinado à materialização da própria Constituição.

São diversas as abordagens teóricas, próprias de cada método, que demonstram, de forma diferenciada, a compreensão sobre o **papel da Constituição**, para determinar a prevalência deste ou daquele modo de interpretar o seu conteúdo normativo, conforme veremos na seqüência.

3.3.1. Método Jurídico ou Clássico

O denominado **método jurídico (clássico) equipara a Constituição à legislação**, considerando ser possível extrair o seu sentido e conteúdo com a aplicação dos meios comuns e gerais de interpretação (gramatical, histórica, teleológica, lógica e sistemática), a fim de orientar a criação do Direito infraconstitucional. Trata-se de uma abordagem simplista diante da notória complexidade da Constituição que, mais do que apenas uma norma hierarquicamente superior, pelo prisma estritamente formal, é, na verdade, uma **categoria de normatividade substancial**, dotada de essência exclusiva, que interfere diretamente na definição do método necessário e eficiente para a apreensão de sua positividade.

3.3.2. Método Tópico-Problemático

Ao contrário do método jurídico, que equipara a Constituição à lei, para efeito de interpretação, o método tópico-problemático funda-se na distinção entre ambas. A Constituição é concebida como um **discurso aberto, fragmentado, pluralista e indeterminado**, do qual não se pode extrair uma **lógica normativa, abstrata, genérica, sistêmica e dedutiva**, para orientar a subsunção dos fatos à vontade constitucional, por isso tem importância decisiva a atuação do intérprete que, a partir de **casos concretos**, e do **diálogo** para a formulação de um **senso comum** sobre os **valores abertos** da Constituição, elabora pragmaticamente a **solução materialmente justa**.

A Constituição não é considerada um sistema lógico-dedutivo de normas capazes de solucionar todos os casos concretos. Nem o sistema nem a lógica dedutiva devem orientar a interpretação tópica. O **problema**, muito mais do que a própria Constituição, em si, é o **epicentro criativo** da interpretação tópico-problemática, que busca um sentido concreto de justiça material, considerada cada situação específica, e não uma solução que represente, necessariamente, a expressão da lógica dedutiva e sistêmica, do genérico ao particular, do abstrato ao concreto.

Tal método tem sido criticado, por extrair da Constituição a sua força normativa, fundada no princípio segundo o qual os **pressupostos normativos**, dotados de **conteúdo e valor**, são **parâmetros diretivos** da interpretação, revelando, de modo inequívoco, que a solução de casos concretos deve resultar de um **processo de subsunção** do fato à norma, e não do modo contrário, como proposto pela interpretação tópico-problemática, que subordina a normatividade à **solução política do consenso casuístico**, nem sempre possível e coerente com a realidade da multiplicidade e complexidade dos problemas sujeitos à ordenação constitucional.

3.3.3. Método Hermenêutico-Concretizador

Por tal método, o intérprete tem papel igualmente fundamental, de interação ativa na revelação e na construção do sentido e conteúdo da norma constitucional, não, porém, a partir do pleno primado do fato (problema concreto e tópicos de resolução) sobre a norma, como no método tópico-problemático.

A interpretação concretizadora não supõe a insuficiência absoluta da norma, mas considera essencial a interpretação para a apuração do seu conteúdo e, neste processo, admite ser possível que o intérprete, através de elementos de pré-compreensão, **materialize a vontade da Constituição**, nos espaços em que exista lacuna ou obscuridade, assim para a solução e de acordo com os casos concretos.

A concretização revela-se como um **processo**, do qual participam, interativamente, três **elementos conformadores: a norma constitucional**, elemento **referencial obrigatório**, mas não necessariamente suficiente; a **pré-compreensão** do intérprete (objetivamente fundada, e não arbitrária ou casuística), como elemento de **mediação na integração** da Constituição diante do fato concreto a ser resolvido; e, finalmente, o próprio **problema concreto**, para cuja solução foi implementado o esforço interpretativo.

3.3.4. Método Científico-Espiritual

Contrariando o positivismo formalista, a escola científico-espiritual compreende a Constituição como um instrumento e, ao mesmo tempo, como resultado de um processo político, mais do que apenas jurídico-formal, de **integração espiritual dos valores** de uma coletividade, dotada de **legitimidade material**, que permite a sua **conexão de sentido** com a realidade social, que **tanto influencia como é influenciada** pelo efeito unificador da Constituição. O intérprete não cria o Direito, apenas reflete o que a própria Constituição é capaz de revelar, enquanto síntese essencial da unidade política e espiritual dos valores socialmente vivenciados, com capacidade, pois, de responder, com **elasticidade**, e resolver, como instrumento de integração, todos os problemas da comunidade.

A dificuldade do método científico-espiritual encontra-se justamente na suposição de que a Constituição é, necessariamente, a síntese dos valores espirituais, capaz de produzir, por si, todas as respostas socialmente aceitáveis e justas, ou pelo menos orientar para a sua produção. É que a realidade revela que, não raro, a Constituição é imperfeita, porque resultado e reflexo da complexidade gerada pela **contradição de sentidos e valores, que vive a própria sociedade**, em meio à diversidade de influência das mais variadas forças políticas, impedindo-a de ser, como presumido no conceito, o instrumento lógico, suficiente e pleno, na definição de soluções para a vida social.

O papel do intérprete continua sendo essencial, e não secundário. Sua função não é, porém, a de substituir o constituinte, mas a de ser o canal capaz de expressar o seu sentimento, **mas sempre** – cabe enfatizar – **dentro dos limites mínimos e objetivos de uma normatividade possível**, pois do contrário deixaria a interpretação de ser uma atividade **derivada e regulada** pela Constituição, para, então, tornar-se, a pretexto de adequação social, uma experimentação política, sociológica, cultural, ideológica etc. A Constituição ficaria exposta a um processo de interpretação tão livre, como subjetivo, casuístico, inseguro e imprevisível, subjugando a sua própria força normativa.

3.3.5. Método Normativo-Estruturante

Segundo este método, a interpretação é um processo de concretização da norma, que envolve etapas distintas de estruturação. A primeira corresponde à compreensão do **sentido lingüístico derivado do seu texto (programa normativo)**, o que ocorre com a aplicação dos meios tradicionais de interpretação (gramatical, histórica, teleológica etc.).

A **normatividade** da Constituição não é alcançada, porém, apenas a partir do sentido e conteúdo extraídos do próprio programa normativo, ou seja, do preceito positivado, mas exige, pelo contrário, uma segunda etapa de concretização, relacionada ao exame de sua conexão com a **realidade social disciplinada (domínio ou âmbito normativo)**. Somente pela conjugação dinâmica entre programa normativo e domínio normativo é que seria possível definir a **norma de decisão concreta** (lei, ato administrativo ou decisão judicial), alcançando-se, pela interpretação e somente assim, a consecução plena da Constituição.

3.4. PRINCÍPIOS DE INTERPRETAÇÃO CONSTITUCIONAL

Os métodos de interpretação identificam o processo necessário à concretização da Constituição, segundo a concepção do que seja a própria Constituição, para cada uma das teorias e escolas analisadas. O processo é orientado pelo método, ao qual são aplicados **princípios**, que expressam **valores diretivos** da interpretação destinada à concretização material da Constituição.

A Constituição possui peculiaridades não apenas formais, mas especialmente de ordem material, que orientam para a formulação de **princípios específicos** de interpretação, sem as quais o seu verdadeiro sentido e conteúdo não poderiam ser apreendidos, e a sua função primordial de **sustentar o regime polí-**

tico, fundado na democracia política e social, e na garantia dos direitos fundamentais, jamais seria alcançado.

3.4.1. Princípio da Supremacia da Constituição

Trata-se de princípio que, expressando a idéia de **sistema e hierarquia**, orienta para a formação gradual do Direito, atribuindo **supremacia** à Constituição, e fazendo com que a sua interpretação seja o **instrumento de garantia de coerência** de todo o ordenamento jurídico.

O **caráter inicial** do Poder Constituinte confere uma especial qualidade à Constituição, que assume o papel de **parâmetro objetivo de validade** para a criação de todo o Direito, **recepcionando**, ou não, à legislação precedente, e tornando constitucional, ou não, a atividade, comissiva ou omissiva, especialmente legislativa, dos **poderes constituídos**.

É na própria Constituição que se encontra o **sentido de unidade essencial** para a adequada interpretação de seu **conteúdo e valor normativo**, que serve de critério subordinante da legislação infraconstitucional a ser interpretada, sempre, por evidente, em conformidade com a Constituição, e não ao contrário. Mesmo que a Constituição adote um dado conceito preexistente no direito infraconstitucional, não há a possibilidade de uma **interpretação conforme a lei**, pois a Constituição é, por definição, **auto-referencial**, tornando, pois, a partir de então, constitucional aquele conceito, e não mais legal, de modo a subordinar o Direito anterior, como o superveniente, de acordo com a diretriz constitucionalizada, seja o significado adotado coincidente, ou não, com o que anteriormente disciplinado pelo legislador infraconstitucional.

A rigor, a supremacia da Constituição, mais do que um princípio de interpretação, é, na essência, um fundamento ou premissa essencial de toda e qualquer interpretação jurídica, por mais inferior que seja a norma na hierarquia do Direito. De qualquer modo, ao tratarmos, como faz a melhor doutrina, da supremacia da Constituição como um princípio de interpretação constitucional, o que pretendemos, na verdade, é simplesmente enfatizar toda a responsabilidade, inclusive política, enormemente envolvida no desempenho de tal tarefa. E assim é porque a busca do sentido e do conteúdo da Constituição não é importante apenas para a compreensão de suas normas, mas também para a formação e subsistência de todo o Direito, do Estado e, sobretudo, do próprio Estado de Direito, criado e instituído segundo a Constituição, para declarar, proteger e garantir os direitos fundamentais, num regime democrático e socialmente justo de convivência coletiva.

3.4.2. Princípio da Força Normativa da Constituição

A Constituição é, notoriamente, o pacto político fundamental, pelo qual se elabora a estrutura essencial de organização do Estado e da Sociedade, regulando o modo de convivência de toda a comunidade, segundo determinados valores e princípios. Por mais que esteja, porém, impregnada de valores políticos, ideológicos, sociológicos, filosóficos, históricos etc., é certo que a Constituição jamais pode ser dissociada de uma outra essência, a de **instrumento normativo**, criado para produzir efeitos jurídicos e, sobretudo, para permitir a fundação de toda uma ordem jurídica conforme e adequada aos seus preceitos fundamentais

O princípio da **força normativa** da Constituição exige que o intérprete, ciente de tal noção essencial, formule juízos e conclusões sobre o texto, que permitam dele extrair os dados e elementos para sua eficácia dinâmica na estruturação da ordem jurídica. Embora seja certo que a realidade anterior interfere na sua elaboração e a posterior na sua interpretação – permitindo, inclusive, revisão –, não é menos certo que os limites de tal influência são determinados pela **estrutura normativa** da Constituição, cuja **eficácia** deve ser prioritariamente buscada diante de uma diversidade de hipóteses possíveis de interpretação.

3.4.3. Princípio da Máxima Efetividade da Constituição

Não basta, porém, que a Constituição tenha força normativa, é necessário que a tenha de modo eficaz, num grau de **máxima efetividade**, para que possa estabilizar ou dinamizar as relações políticas, sociais, econômicas etc., sempre de acordo com os princípios e valores nela consagrados.

O intérprete deve perseguir a **realização máxima e imediata** da Constituição, certo que sem olvidar ou invadir os **limites de conformação** atribuídos à iniciativa do legislador, especialmente no campo específico dos direitos e garantias fundamentais, em que mais necessária a efetividade imediata da proteção constitucional.

3.4.4. Princípio da Unidade da Constituição

Por mais complexa que seja a sociedade e conflitantes as forças políticas, reunidas no processo constituinte, a Constituição é sempre a expressão de **unidade política** e, enquanto lei, tem a função de atuar como **unidade normativa**, ou seja, como um sistema de normas que, pluralista em valores e significados, revela-se, por conceito, **coerente e lógico** na disciplina da organização política e social.

Em função do princípio da unidade da Constituição, não é possível cogitar-se, originariamente, de **normas constitucionais inconstitucionais**. A **pre-**

sença formal de eventuais contradições, tensões e antinomias na Constituição deve ser interpretada, segundo o princípio da unidade, como um mero **conflito aparente** de normas, a ser resolvido por meio de técnicas de interpretação, destinadas a revelar, a partir do contraste entre os preceitos, o verdadeiro conteúdo e os limites de cada um deles no **espaço de convivência e harmonia normativa**.

3.4.5. Princípio da Eficácia Integradora da Constituição

Tendo a Constituição a função primaz de expressar o **pacto da unidade política** na fundação do novo Estado ou regime, a sua interpretação deve orientar-se, diante de diferentes possibilidades, sempre pelo fortalecimento dos vínculos de **integração política**, maximizando a eficácia dos valores que identifiquem a unidade política e o modo particular de ser de uma dada sociedade política.

A interpretação como instrumento de consecução da integração política não deve estimular o intérprete à adoção de soluções de exceção (centralismo e dirigismo) nem à busca dos fins a qualquer custo (autoritarismo), mas, pelo contrário, deve privilegiar, como meio, o **pluralismo democrático** e, como resultado, a **unidade na diversidade**.

3.4.6. Princípio da Concordância Prática

O princípio da unidade da Constituição presume a coerência lógica do sistema e a existência de conflito meramente aparente entre normas e princípios, exigindo, portanto, a sua efetiva superação.

O intérprete diante da situação de antinomia ou contradição entre preceitos da Constituição deve buscar, segundo o princípio da concordância prática, a unidade do texto através de sua harmonização, o que significa não a supressão pura e simples da eficácia de qualquer norma ou princípio em favor de outro, mas a **adequação ponderada e razoável dos limites normativos de cada qual**, num processo de **mútua contenção para eficácia recíproca**, ou de **cedência recíproca**.

Não existem, portanto, princípios, normas ou valores absolutos no âmbito da Constituição, dotados de normatividade capaz de suprimir integralmente a eficácia dos demais, cujo conteúdo e extensão podem, sim, ser limitados pela **eficácia concorrente e paralela**, assim reconhecida para assegurar o sentido de unidade e harmonia da Constituição.

3.4.7. Princípio da Conformidade Funcional

Tal princípio impõe que o intérprete adote solução que observe, e não vulnere, o **sistema constitucional de repartição de competências**, atuando nos limites concretos em que criado pelo constituinte o regime de **separação de Poderes**, essência do Estado Democrático de Direito.

3.4.8. Princípio da Linguagem Coloquial e Sintética da Constituição
Diferentemente do Direito infraconstitucional, em que prevalece a precisão técnica, inclusive com definição de conceitos para este ou aquele efeito jurídico, a Constituição, pela sua própria natureza e finalidade, adota uma linguagem, em regra, menos técnico-jurídica, e mais **política, sintética e socialmente aberta e acessível**, no sentido de fornecer **elementos mínimos e essenciais de compreensão, associados à realidade social da comunidade**.

Não que se deva interpretar o texto da Constituição como um discurso político, como se nenhum conceito técnico fosse utilizado. É possível mesmo que o constituinte adote conceitos preexistentes na legislação para elaborar dada norma ou princípio constitucional, caso em que deve prevalecer o sentido que, no contexto, foi tecnicamente utilizado. Porém, como **tendência e, especialmente em situações de dúvida, deve o intérprete considerar, como ponto de partida, o sentido comum do texto ou expressão** para reconstruir a vontade constituinte e, analisando-os na sua interação com o sistema em que inseridos, atribuir-lhes o significado e conteúdo pertinentes.

3.4.9. Princípio da Interpretação Intrínseca
O princípio da interpretação intrínseca pretende limitar a busca do sentido e do conteúdo da Constituição **no próprio texto positivado**, como meio de garantir a juridicidade da interpretação, o que não significa excluir o valor político, ideológico, social, econômico, cultural etc., inerente aos conceitos elaborados pelo constituinte, mas apenas impedir que a interpretação seja orientada por uma **liberdade referencial** que a desvincule, ao final, do contexto e resultado possível diante da Constituição, enquanto **sentido e conteúdo normativo e axiológico**.

3.4.10. Princípio da Proporcionalidade
O princípio da proporcionalidade orienta não apenas a criação do Direito, como, sobretudo, a interpretação da Constituição. Neste ponto, impõe uma **diretriz de necessidade, proporção e adequação funcional, considerada a pertinência do conteúdo diante dos fins da norma**, especialmente quando envolvida a **restrição de direitos fundamentais**, seja em função da prática de atos de ordem estatal, evitando abuso e excesso no exercício do poder políti-

co, seja pela necessidade de contenção por colisão com outro direito fundamental.

O princípio da unidade da Constituição e o postulado de que **não se hierarquizam os direitos fundamentais** conduzem a que seja necessária a concordância prática entre direitos em aparente conflito, o que ocorre através da aplicação do princípio da proporcionalidade, que se destina a aferir e garantir a **adequação, necessidade e razoabilidade da restrição em face do próprio conteúdo e objetivo da norma**, considerada em si e na sua imprescindível coexistência com o sistema constitucional, alcançando uma solução otimizada diante do conflito inevitável e da contenção necessária.

3.4.11. Princípio da Interpretação Conforme a Constituição

Tal princípio não é, propriamente, específico da interpretação constitucional, mas um princípio que orienta o **controle de constitucionalidade**, ou seja, o exame da validade, ou não, de uma lei em face da Constituição, dotada de supremacia formal.

Se todos os meios de interpretação disponíveis (gramatical, histórica, lógica etc.) não permitirem a **redução do texto da lei a um sentido e conteúdo unívoco**, coexistindo vários, uns constitucionais e outros não, o que deve prevalecer, segundo tal princípio, é a interpretação que conduza a uma solução conforme a Constituição.

Trata-se de buscar a **preservação da norma**, embora tão-somente com o sentido e o conteúdo compatíveis com a Constituição, declarando, assim, a inconstitucionalidade de todas as interpretações conflitantes. Todavia, se da interpretação da lei resultam apenas significados inconstitucionais ou, ainda, se **inequívoca a vontade da lei em ser inconstitucional**, não pode o intérprete alterar-lhe o sentido e conteúdo para, contra o próprio teor da lei, promover eventual adequação porque, neste caso, estaria o intérprete, por evidente, a **legislar positivamente**, vício constitucional da maior gravidade, por exprimir usurpação de **competência constitucional**, em detrimento do princípio da **Separação de Poderes**, essencial ao Estado Democrático de Direito.

3.5. LIMITES DA INTERPRETAÇÃO CONSTITUCIONAL

Embora a interpretação seja um poderoso e necessário instrumento de **descoberta e mesmo de reconstrução** de conceitos, valores e idéias, existe um **limite intransponível**, fixado pelo próprio objeto, em si, para o qual se volta a cognição do sujeito. É lógico e intuitivo que não pode a interpretação convencer, objetivamente e nos limites da ciência de nosso tempo, que a luz é escura, ou a escuridão é luminosa, senão num sentido figurado ou poético. Nas ciências de pura lógica, como a matemática, ou de lógica experimental, como a física, a interpretação possui uma objetividade específica, inexistente nas ciências sociais em geral e, em particular, no Direito, o qual opera sobre objetos culturais.

No Direito, e particularmente em relação à Constituição, a questão dos **limites da interpretação** é das mais relevantes e complexas. Envolve, sobretudo, a controvérsia quanto a ser, ou não, possível a **mudança da Constituição por meio da interpretação, sem alteração formal** do seu texto. É, enfim, da **mutação constitucional**, que estamos a tratar. O Direito é um instrumento de regulação da vida social, e deve, ainda que criado num dado tempo histórico, ser capaz de sobreviver, evoluir e adequar-se à dinâmica dos fatos e dos valores. A interpretação auxilia, em grande medida, nesta tarefa de atualização do conteúdo do Direito porque a norma jurídica somente é aperfeiçoada na sua aplicação, quando atua, depois de interpretada, no meio social para o qual foi criada. A mudança da interpretação, ainda que inalterado o texto normativo, não resulta em incompatibilidade, diante do princípio da segurança jurídica, capaz de justificar a preterição da evolução na leitura normativa, enquanto condição e necessidade para a própria eficácia social do Direito.

É certo que a mutação constitucional não é um fenômeno que se encerra na prática dos Tribunais, enquanto exercício meramente intelectual de construção e reconstrução do Direito, ou no Parlamento ou outros órgãos constituídos. Muito ao contrário disso, a mudança informal é apenas **captada** a partir da **prática social e política legitimadora**, revelada por **usos e costumes** profundamente radicados, na consciência do titular da soberania, como manifestação do justo e necessário, segundo a **Constituição vivida** na Sociedade. Todavia, ainda que assim ocorra, o papel da jurisdição constitucional é fundamental para, no plano da lógica e estrutura jurídico-constitucional, garantir que tais releituras tenham eficácia perante o próprio sistema normativo, de modo a transformar a força social das mudanças informais em um fator de renovação da força normativa da própria Constituição, daí porque a interpretação, como instrumento de trabalho em tal processo, no âmbito do Tribunal Constitucional, ser objeto de referência e destaque no estudo das mutações constitucionais.

Embora a interpretação possa mudar o sentido e o conteúdo de normas do texto constitucional, mesmo sem reforma, emenda ou revisão (daí porque se denominar **mudança informal**), mas por força de exigências da realidade social e política, dotadas de **legitimidade, significado e relevância**, existem limites impostos pela própria Constituição, mesmo porque é nela, em última análise, que se busca a validade da própria mutação constitucional. Nada mais lógico, portanto, que o respeito a determinadas limitações. Se a mutação, pela interpretação, dispensa toda a formalidade do processo de reforma, emenda ou revisão, enquanto pressuposto da própria rigidez formal da Constituição, ao menos deve conter-se diante do seu **núcleo material imodificável** (cláusulas pétreas: artigo 60, § 4º, CF). A mutação é constitucional somente se observar tal **conteúdo essencial**, pois fora disso não existe interpretação de texto positivo, mas apenas, e quando muito, de uma vontade revolucionária do intérprete ou da sociedade conforme apreendida, corretamente ou não, pelo intérprete.

Com maestria, Canotilho defende a possibilidade de mutação constitucional, por meio da interpretação, embora sujeita a limites, destacando, a propósito, que (Direito, 1991, p. 237-8):

> "(...) uma coisa é admitirem-se alterações do âmbito ou esfera da norma que ainda se podem considerar susceptíveis de serem abrangidas pelo programa normativo (Normprogramm), e outra coisa é legitimarem-se alterações constitucionais que se traduzem na existência de uma realidade constitucional inconstitucional, ou seja, alterações manifestamente incomportáveis pelo programa da norma constitucional.[20] Uma constituição pode ser flexível sem deixar de ser firme. A necessidade de uma permanente adequação dialéctica entre o programa normativo e a esfera normativa justificará a aceitação de transições constitucionais que, embora traduzindo a mudança de sentido de algumas normas provocado pelo impacto da evolução da realidade constitucional, não contrariam os princípios estruturais (políticos e jurídicos) da Constituição. O reconhecimento destas mutações constitucionais silenciosas (stillen Verfassungswandlungen) é ainda um acto legítimo de interpretação constitucional."

Na jurisprudência recente, o exemplo dos mais notórios do fenômeno da mutação constitucional, como tal destacado em voto-vista pelo Ministro Gilmar Mendes, envolveu a guinada na interpretação da Corte no sentido da aplicação do princípio da individualização da pena (artigo 5º, XLVI) nos crimes hediondos, para efeito de progressão de regime. O precedente foi firmado no **HC nº 82.959**, relator Ministro Marco Aurélio, DJU de 01/09/2006, com a seguinte ementa:

> "PENA – REGIME DE CUMPRIMENTO – PROGRESSÃO – RAZÃO DE SER. A progressão no regime de cumprimento da pena, nas espécies fechado, semi-aberto e aberto, tem como razão maior a ressocialização do preso que, mais dia ou menos dia, voltará ao convívio social. PENA – CRIMES HEDIONDOS – REGIME DE CUMPRIMENTO –

PROGRESSÃO – ÓBICE – ARTIGO 2º, § 1º, DA LEI Nº 8.072/90 – INCONSTITU-CIONALIDADE – EVOLUÇÃO JURISPRUDENCIAL. Conflita com a garantia da individualização da pena – artigo 5º, inciso XLVI, da Constituição Federal – a imposição, mediante norma, do cumprimento da pena em regime integralmente fechado. Nova inteligência do princípio da individualização da pena, em evolução jurisprudencial, assentada a inconstitucionalidade do artigo 2º, § 1º, da Lei nº 8.072/90."

Capítulo 4
Controle de Constitucionalidade

4.1. CONTROLE DE CONSTITUCIONALIDADE: CONCEITO E FUNDAMENTOS
O controle de constitucionalidade é o **processo** pelo qual se verifica a **adequação formal e material de normas (infraconstitucionais ou constitucionais elaboradas pelo constituinte derivado) à Constituição**, enquanto fundamento superior da ordem jurídica, emanação direta da vontade soberana do povo, e cuja violação torna nulo o direito incompatível.

A existência e necessidade do controle de constitucionalidade resultam do **caráter hierárquico** do Direito, fundado a partir da **supremacia formal da Constituição**, cuja **rigidez** distingue, nitidamente, o **poder constituinte** dos **poderes constituídos**, a estes sendo conferida a competência de **materializar a vontade constitucional**, mas sempre segundo o **modo, sentido, conteúdo e limite** do que expresso pelo constituinte.

Historicamente, o controle de constitucionalidade representou a contenção dos abusos praticados pelo Parlamento, depois da subjugação do poder absoluto do rei. No período de dominação política, fundada na teoria da **soberania do Parlamento**, criou-se uma aura de legitimidade política, em torno do Poder Legislativo, e o dogma de que as leis, expressão da vontade do povo, por seus representantes, eram intangíveis a qualquer espécie de crítica ou de controle.

Todavia, como poder efetivamente constituído, o Parlamento não poderia gozar de soberania, porque esta pertence ao povo, cujos representantes, reunidos em Assembléia Nacional Constituinte, criam a Constituição, conferindo-lhe **supremacia sobre todo o direito legislado e sobre todos os órgãos e poderes derivados** de sua vontade e previsão. Tem início, então, uma mudança radical de **paradigma de valor** no Estado de Direito, **da legalidade para a constitucionalidade**, da prevalência de uma falsa soberania do Parlamento para a afirmação da supremacia da Constituição.

A revisão das leis, quando admitida no antigo regime, era exercida pelo próprio Parlamento ou, indiretamente, por órgãos políticos, vinculados ou controlados, inclusive na sua formação, pelo Poder Legislativo, o que, na prática, impedia a supremacia da Constituição, e fortalecia a idéia de soberania do Parlamento. O controle político de constitucionalidade é refém deste passado e ainda sofre a percepção, nem sempre correta, de sua ineficácia e parcialidade, e de que somente serve como instrumento acessório, e nunca principal, no sistema de proteção da supremacia da Constituição.

É necessário recordar, porém, para evitar a redução da importância do controle político, que um dos princípios básicos do sistema, o da presunção de constitucionalidade das leis, essencial para a segurança do ordenamento jurídico, somente existe em função do controle prévio, político e parlamentar de constitucionalidade, aplicado na fase do processo legislativo, cuja efetividade é, pois, condição para o funcionamento de todo o mecanismo de garantia da supremacia da Constituição.

A **experiência européia do controle político** não vingou na **América**, que adotou o controle judicial (*"judicial review"*), com enorme influência no Brasil desde a fundação da República. É conhecido o precedente do caso "**Marbury vs Madison**" (1803), e o papel do *Chief Justice* **Marshall** na criação do controle judicial de constitucionalidade dos atos do Parlamento, cujos fundamentos teóricos e políticos estavam, porém, fixados, muito antes, no clássico *O Federalista* de Alexander Hamilton, James Madison e John Jay.

O controle judicial não resultou nem criou a premissa da superioridade política do Poder Judiciário porque, ao contrário, a percepção dominante era a de que, pela **natureza do processo político**, o Poder Judiciário era o menos capacitado a violar, por vontade própria, os direitos políticos consagrados na Constituição. Sem a força das armas (Executivo) e do Tesouro (Legislativo), o Judiciário era concebido como o mais fraco dentre os Poderes, o menos propenso à supremacia política, e o **mais habilitado a exercer, com segurança ao sistema de equilíbrio e de tripartição, a guarda da Constituição**, desde que a seus membros e à própria instituição fossem conferidas **garantias-instrumentais, como a vitaliciedade e a autonomia funcional**.

O Poder Judiciário, na concepção federalista, não é um poder superior, mas mero **órgão de intermediação** entre os representantes do povo, no exercício da legislatura, e a vontade popular expressa na Constituição, a fim de garantir a **racionalidade do diálogo** do Parlamento com a Constituição, **dos representantes com os representados** (povo), e assegurar que, como lei fundamental, a **Constituição, poder do povo**, encontra-se **acima da vontade do Parlamento**, e de qualquer de seus atos, produzidos ou a produzir, no exercício da legislatura ordinária.

Na lógica em que fundado nosso sistema, ao poder incumbido de criar a legislação não se poderia reservar a competência de exercer o controle **definitivo** de constitucionalidade. A **jurisdição constitucional**, atribuída ao Poder Judiciário, reflete a influência da doutrina da **Separação dos Poderes** e, mais, do sistema de **controle recíproco**, servindo ao propósito de consolidar a **soberania popular** e a **supremacia da Constituição**, e criar e desenvolver um efetivo **ambiente de justiça constitucional, acima da meramente legal, em favor do povo.**

4.2. INCONSTITUCIONALIDADE: CONCEITO E TIPOS

A inconstitucionalidade é um vício de **incompatibilidade vertical** entre normas de **hierarquia distinta**, criando um **conflito normativo** que se resolve, considerado o princípio de que a ordem jurídica é **orgânica, unitária e estrutural**, sempre com a **prevalência da norma superior**, situada na Constituição que, como fundamento de validade de todo o Direito, anula a eficácia da norma hierárquica inferior, legal ou infralegal. A inconstitucionalidade diferencia-se, pois, do vício de incompatibilidade entre normas de **mesma hierarquia**, cuja solução ocorre com a aplicação do princípio da revogação da lei anterior pela lei posterior, exclusivamente no plano do **Direito intertemporal**.

Por envolver uma incompatibilidade vertical e diante do princípio da unidade da Constituição, não é possível admitir a tese da **inconstitucionalidade de normas constitucionais originárias** (Otto Bachof). Evidente que as normas constitucionais, produzidas pelo constituinte derivado, são passíveis de declaração de inconstitucionalidade, se violadas as regras do processo legislativo respectivo (artigo 60, CF). Todavia, as normas constitucionais originárias são todas constitucionais, por definição, uma vez que compõem um **sistema lógico, orgânico e unitário**.

Isso não significa, de forma alguma, que não existam **normas-princípio** e **normas-regra** no sistema e que, em tese e eventualmente, diante da **dinâmica** e dos **extremos** da interação entre umas e outras não possam existir pontos de tensão e conflitos a serem resolvidos. Não se trata, porém, de uma contradição ou defeito do sistema, mas apenas de uma **aparente colisão de preceitos**, que se sujeita a métodos de **interpretação** para, na aplicação da Constituição, garantir a sua eficácia plena. A Suprema Corte decidiu, neste sentido, que **não existe hierarquia** entre normas constitucionais **para efeito de inconstitucionalidade de uma em face de outra**, no sistema da Constituição rígida (ADI nº 815, relator Ministro Moreira Alves, DJU de 10/06/1996), que se caracteriza, precisamente, pela unidade como elemento de garantia de sua força normativa.

Vejamos, na seqüência, os tipos de inconstitucionalidades e as características de cada um deles.

4.2.1. Formal e Material

A Constituição é a norma fundamental do sistema jurídico, síntese de princípios, cuja função primordial é a de orientar e vincular a criação de todo o Direito, estabelecendo **formas** e **prescrevendo valores** que devem ser observados, especialmente, pelo legislador que, como primeiro intérprete, tem a tarefa de concretizar o mandamento constitucional.

A divisão do poder político é uma das principais funções da Constituição que, por isso, funciona como verdadeira **carta de competências**, criando e distribuindo, equilibradamente, **atribuições** entre os Poderes, entes autônomos, órgãos e autoridades, e mais, determinando o **processo**, segundo o qual o regime de competências deve ser exercido.

A **inconstitucionalidade formal** ou "**nomodinâmica**" é o vício decorrente da violação das regras fixadas para o exercício da competência, segundo o processo, procedimento, formalidades ou formas adotadas pela Constituição. Tal vício não se encontra na essência ou no conteúdo legislado, em si, mas na **circunstância vinculada à forma de elaboração concreta do ato** (vícios formais **subjetivos ou objetivos**, relacionados à competência, iniciativa, emenda, votação, veto, sanção, promulgação, publicação etc.), daí porque ser possível superá-lo com a reformulação do ato, desde que observados os preceitos constitucionais. Assim, por exemplo, uma lei promulgada com vício de iniciativa, embora inconstitucional, não impede que novo processo legislativo seja deflagrado, agora, porém, com a **adequação necessária** para que a lei, ao final, seja formalmente constitucional.

Diferentemente da inconstitucionalidade formal, a **material** ou "**nomoestática**" decorre da violação, comissiva ou omissiva, pelo ato normativo de um **conteúdo** ou **princípio de valor** (por exemplo, direito à vida, à liberdade e à propriedade, segurança jurídica etc.), fixado pela Constituição. Tal tipo de inconstitucionalidade **não é circunstancial ou procedimental**, mas refere-se à **essência e ao conteúdo** do que legislado em face da matriz constitucional, cuja identificação nem sempre é possível sem esforço de interpretação, porque a Constituição, afinal, longe de ser pura e neutra em **valores e fins**, é **ativa, reativa e construtiva**, segundo as necessidades dinâmicas da Sociedade, embora nos limites dos fundamentos estruturais da organização, tanto dela quanto do Estado.

A inadequação material da legislação à Constituição e a declaração do respectivo vício de incompatibilidade (inconstitucionalidade material) exigem a formulação de premissas e juízos não-formais, e nem sempre apenas normativos, mas, com freqüência, **político-ideológicos**, claro que sempre no sentido e com o conteúdo que a própria Constituição define, ainda que de forma muito genérica, como, por exemplo, através de princípios. Por isso, estando o vício situado na essência e no conteúdo do ato normativo, a renovação do processo formal de elaboração da norma não afasta a incompatibilidade material, apenas a restabelece para efeito de exigir nova declaração de inconstitucionalidade.

A concomitância da inconstitucionalidade formal e material é possível, e impede, pois, que a mera renovação e adequação do processo de elaboração do ato normativo supere o vício de essência, condizente com o conteúdo legislado.

4.2.2. Ação e Omissão

A inconstitucionalidade **por ação** deriva de uma **realização normativa**, porém incompatível com o preceito superior, seja o vício formal ou material, de procedimento ou de conteúdo. O ato normativo, embora editado, contrasta com princípios ou regras superiores e, por isso, não pode subsistir dentro de um sistema fundado no pressuposto da compatibilidade vertical entre normas, tendo como fundamento básico de validade a própria Constituição.

Por sua vez, a inconstitucionalidade **por omissão** resulta da falta de disposição normativa, por **inércia do órgão competente** em ofensa a uma **obrigação constitucional de atuar**, de legislar. É uma inconstitucionalidade, de certo modo, mais grave, pois, não existindo ato normativo, impede qualquer busca de adequação, como seria possível, em tese, na hipótese de inconstitucionalidade por ação, em que técnicas de controle, a partir do que legislado – como, por exemplo, a da interpretação conforme – podem permitir que seja extraída, em princípio, alguma solução normativa capaz de disciplinar a situação jurídica concreta.

Há ainda uma outra espécie de inconstitucionalidade, **intermediária** entre a ação e a omissão do legislador, e que surge quando o ato editado **cumpre apenas em parte** o valor ou o desígnio constitucional, incorrendo, no que omisso, em violação ao **princípio da isonomia**.

Tal inconstitucionalidade, se considerada decorrente de ação, imporia a supressão do benefício em prejuízo dos contemplados pelo legislador, ainda que constitucional o benefício, em si; porém, se declarada a inconstitucionalidade por omissão, restaria preservada a situação dos beneficiados, mas sem possibilidade de extensão do benefício aos que foram excluídos, com base na inércia parcial do legislador, em violação, portanto, ao princípio da isonomia. Uma solução diversa estaria em reconhecer como **imperfeita** a lei (**situação constitucional imperfeita**: deficiência ou excesso legislativo), buscando sensibilizar o legislador a editar ato complementar em tempo razoável para suprimir a omissão em favor do princípio da isonomia, sob pena de caracterização de uma situação de **progressiva inconstitucionalização** da lei incompleta.

A Suprema Corte adota o entendimento de que a omissão parcial do legislador, em violação ao princípio da isonomia, não permite a extensão do benefício aos excluídos, em virtude do princípio da tripartição dos Poderes, que atribui ao Judiciário a função de mero legislador negativo, conforme revela a Súmula 339: *"Não cabe ao Poder Judiciário, que não tem função legislativa, aumentar vencimentos de servidores públicos sob fundamento de isonomia."*

Existe, porém, uma **outra forma de deficiência legislativa**, além da que decorre da violação ao princípio da isonomia. O legislador, no cumprimento da obrigação constitucional de legislar, pode **não atingir o objetivo** ou fixar um **conteúdo normativo insuficiente** diante do que estatuído, ainda que em abstrato, pela Constituição Federal. A **omissão do legislador**, em produzir uma lei suficiente diante do parâmetro constitucional, cria uma inconstitucionalidade na omissão que, por evidente, não justifica a **declaração de nulidade da lei insuficiente ou incompleta**, mormente quando a supressão importe em criar um **vazio legal** ou uma **situação legal mais prejudicial** ao bem jurídico constitucionalmente tutelado do que a mera declaração de omissão inconstitucional com **apelo ao legislador** para a implementação plena e eficaz da vontade constituinte.

Temos um exemplo clássico da hipótese nas **leis anuais de revisão do valor do salário mínimo**. Ainda que a revisão do salário mínimo, fixada a cada ano por lei, continue sendo insuficiente para atender às **despesas e necessidades** previstas no **artigo 7º, IV**, da Carta Federal, a Suprema Corte, mesmo reconhecendo tal **deficiência legislativa**, como causa de uma inconstitucionalidade por omissão, não declara, porém, a nulidade da lei, por ser a situação legalmente criada, com a revisão do valor do salário mínimo, melhor, diante do parâmetro constitucional, do que a anteriormente vigente, que seria restabelecida, em detrimento dos trabalhadores em geral, caso declarada a nulidade da própria lei de revisão (ADI-MC nº 1.458, relator Ministro Celso de Mello, DJU de 20/09/1996).

4.2.3. Integral e Parcial

A inconstitucionalidade integral afeta a validade de todo o preceito, considerado o contexto normativo, **específico e autônomo**, em que inserido. Se a inconstitucionalidade situa-se num artigo, parágrafo, inciso ou alínea da lei, sem que seja possível o seu **aproveitamento** porque todo o conteúdo normativo é **integralmente inconstitucional**, ou se o **remanescente normativo perde sentido**,

identidade e utilidade com a supressão da parcela inconstitucional, a hipótese, então, é de inconstitucionalidade integral do texto normativo correspondente (lei, artigo, parágrafo, inciso ou alínea).

Ao contrário, é parcial a inconstitucionalidade se a expressão ou cláusula viciada de inconstitucionalidade puder ser extraída do seu contexto normativo específico, **sem afetar, logicamente, o remanescente normativo** e, sobretudo, sem alterar, na sua essência, a **vontade do legislador e da própria lei**. Se, porém, a supressão parcial, restrita à expressão ou cláusula viciada, resultar em transformação essencial da parcela remanescente da lei, a ponto de atribuir-lhe sentido e conteúdo diverso, incompatível com o que objetivamente produzido pelo legislador, no exercício de sua competência constitucional, não será possível a anulação parcial do texto, restando apenas a alternativa da declaração da inconstitucionalidade integral como única forma, em tal contexto, de preservar o princípio da repartição de Poderes, que veda ao Poder Judiciário, no controle de constitucionalidade, a assunção do papel de legislador positivo, em substituição ao Poder Legislativo.

A inconstitucionalidade parcial pode ainda ocorrer **sem redução do texto**, ou seja, sem a supressão literal de qualquer expressão ou cláusula da norma, mas com a **delimitação do seu significado, sentido e conteúdo** válido e constitucional para a hipótese específica. Se uma norma ou uma expressão contida na norma possui diversos significados, sentidos e conteúdos, literalmente possíveis, porém somente um, ou alguns deles, são compatíveis com a Constituição, então todos os demais são declarados inconstitucionais, e ineficazes, ainda que sem qualquer alteração literal do texto, à luz da Constituição.

A declaração de **inconstitucionalidade sem redução de texto**, enquanto **técnica de decisão**, conduz a um **juízo expresso de exclusão da validade** de uma ou mais soluções que, embora decorram do texto literal da norma, são, porém, incompatíveis com a Constituição e, portanto, ineficazes sob o domínio de uma estrutura normativa verticalmente escalonada e estruturada a partir da vontade manifestada pelo Poder Constituinte originário.

4.3. MODALIDADES DE CONTROLE DE CONSTITUCIONALIDADE
4.3.1. Controle Político: Preventivo e Repressivo

Tal controle de constitucionalidade confere ao corpo político o exercício de uma função que, na verdade, é inerente à própria atividade legislativa.

Todavia, no passado, a exclusividade do controle político de constitucionalidade servia, porém, apenas para proteger o próprio Parlamento, então considerado soberano. A retórica do controle político encontrava-se, assim, em **identificar o Parlamento com a legítima vontade nacional**, e proclamar a inexistência de outro Poder legitimado – e, menos ainda, o Judiciário –, e mesmo capacitado a recusar validade e, sobretudo, anular, por inconstitucional, as leis oriundas do exercício político de tal representação popular. A crítica contundente a este sistema afirma, em contrapartida, que o controle político confunde fiscalizador e fiscalizado, impedindo a autonomia necessária para a eficácia da tutela à supremacia da Constituição. O problema não deixava de ocorrer mesmo quando o controle era efetivado através de órgão formalmente distinto, mas de alguma forma ainda vinculado, especialmente pela forma de sua composição, ao Parlamento ou influenciado pela cultura parlamentar.

Na França, onde tal sistema ainda hoje vigora, o controle judicial foi recusado pelos fatores ideológicos descritos, mas, sobretudo, por questões históricas, relacionadas à identificação dos Tribunais e Juízes com o Antigo Regime, consagrando-se o controle político, atribuído pela Constituição de 1958 ao Conselho Constitucional, que pode exercer a fiscalização do mérito constitucional antes mesmo da promulgação das leis.

No Brasil, o controle político **preventivo** é exercido pelo próprio **Parlamento**, e não por órgãos políticos distintos, e ainda pelo **Presidente da República, sempre antes da promulgação das leis**, no curso do **processo legislativo**. O Parlamento exerce o controle de constitucionalidade, tanto na fase inicial, quando submetido o projeto a **parecer da Comissão de Constituição e Justiça** de ambas as Casas Legislativas, como ainda na **fase de votação**, quando o parecer do relator é submetido ao Plenário, que aprova ou não o projeto de lei. Sendo aprovado na Câmara dos Deputados e no Senado Federal, o projeto é enviado ao Presidente da República, a quem cabe o poder-dever de **veto por inconstitucionalidade** (artigos 66, § 1º, e 84, V, CF). O Congresso Nacional dispõe, porém, de competência para **derrubar o veto** presidencial, por maioria absoluta de votos, **reafirmando a constitucionalidade** do projeto e enviando-o, em seguida, para promulgação pelo próprio Presidente da República e, na sua recusa ou omissão, pelo Presidente do Senado Federal ou, sucessivamente, pelo respectivo Vice-Presidente (artigos 66, §§ 4º, 5º e 7º e 57, § 3º, IV, CF).

Além de preventivo, o controle político de constitucionalidade pode ocorrer sobre o ato normativo formalmente aperfeiçoado, cassando-lhe os efeitos, de modo **repressivo**. Neste caso, a iniciativa é conferida ao **Poder Legislativo** diante de atuação normativa inconstitucional do **Poder Executivo**, podendo ocorrer em duas hipóteses distintas.

Na **primeira hipótese**, o Poder Legislativo formula juízo de constitucionalidade sobre o exercício pelo Executivo do **poder regulamentar** (artigo 84, IV, CF) e da **competência legislativa delegada** pelo Congresso Nacional (artigos 68 e 84, XXVII, CF), devendo ser **sustados os efeitos** do regulamento e da lei delegada em caso de **inconstitucionalidade**, por **invasão de competência do Poder Legislativo**, e em garantia ao princípio da **separação dos Poderes**. Trata-se, na hipótese, de suspender os efeitos dos atos normativos aperfeiçoados, com possibilidade de revogação da própria resolução congressual, pela qual foi aprovada a delegação legislativa, para coibir que novo excesso seja praticado pelo Executivo.

O ato do Poder Legislativo, que suspender os efeitos do regulamento ou da lei delegada, pode ser objeto de **impugnação judicial** pelo Poder Executivo, na defesa do exercício regular de suas atribuições constitucionais, especialmente no relativo à competência regulamentar própria e, mesmo quanto à delegação legislativa, mas apenas para garantir a subsistência dos atos praticados durante a vigência da resolução congressual.

Na **segunda hipótese** de controle político repressivo, o Poder Legislativo aprecia a constitucionalidade do exercício pelo Presidente da República da função de editar **medidas provisórias** (artigos 62 e 84, XXVI, CF), daí porque a eficácia especial e própria de tais atos normativos exigir a sua **imediata submissão** ao exame do Congresso Nacional, inclusive com previsão de tramitação em **regime de urgência**, se não apreciada a medida provisória no prazo de quarenta e cinco dias contados de sua publicação, com **sobrestamento** de todas as demais deliberações legislativas da Casa até que seja ultimada a respectiva votação.

Ao Poder Legislativo compete a aferição dos requisitos específicos de **urgência e relevância**, assim como o exame do **mérito da medida provisória**, oportunidade em que deve ser deliberada por sua rejeição, em caso de inconstitucionalidade, considerando não apenas as limitações e exigências do artigo 62 da Carta Federal, mas todos os demais preceitos aplicáveis de acordo com a natureza da matéria disciplinada pela iniciativa normativa do Presidente da República.

A possibilidade do **controle político repressivo** de constitucionalidade de leis pelo **Poder Executivo** é controvertida na doutrina e jurisprudência. Em favor da tese, afirma-se que tal atribuição cabe exclusivamente ao **Chefe** do Poder Executivo (artigo 23, I, CF) e apenas para garantir, em caso de lesão grave e relevante, a **recusa à aplicação de lei manifestamente inconstitucional** até que se pronuncie sobre a matéria o Poder Judiciário, sujeitando-se o agente político às sanções cabíveis, inclusive a de *impeachment*, por crime de responsabilidade, em caso de comprovado abuso no exercício da prerrogativa excepcional. Em contraposição, porém, coloca-se que tal iniciativa colide com a **presunção de constitucionalidade das leis**, produzindo enorme **insegurança jurídica**, injustificada uma vez que conferida ao Chefe do Executivo (não, porém, ao Prefeito para discutir a validade de lei federal, estadual ou municipal em face da Constituição Federal) a competência alternativa, e mais coerente com a lógica do sistema, de **provocar**, sempre e a qualquer momento, **o controle judicial abstrato de constitucionalidade** de leis, requerendo a concessão de liminar para evitar qualquer situação concreta de lesão ao direito ou à competência do respectivo poder ou entidade federativa.

4.3.2. Controle Judicial: Preventivo e Repressivo

O controle judicial de constitucionalidade, inexistente na Constituição do Império de 1824 por força do controle político-parlamentar então consagrado, somente foi adotado no Brasil a partir da **Constituição Republicana de 1891** (artigo 59, § 1º), diretamente influenciada pelo sistema do *"judicial review"* norte-americano, caracterizado pela atribuição de **caráter litigioso** à questão constitucional, como discussão essencial, embora incidental, à solução de uma **causa concreta**, submetida ao exame judicial.

Houve, claro, na evolução histórica do sistema no Brasil, a partir da **EC nº 16/65**, a adoção da discussão **abstrata**, a partir do controle **concentrado** de constitucionalidade do ato normativo, por **processo objetivo**, sem vinculação com direito ou interesse subjetivo, formando o **sistema misto**, aprimorado pela atual Constituição, com a ampliação dos mecanismos de fiscalização abstrata.

Prepondera no sistema brasileiro o controle repressivo, sem prejuízo, porém, do **controle judicial preventivo** em situações específicas. A mais importante refere-se ao controle de constitucionalidade da **competência constituinte derivada**, destinado a proteger a integridade das cláusulas pétreas nas hipóteses de emenda, revisão ou reforma da Constituição (artigo 60, § 4º, CF). O controle de constitucionalidade é exercido no curso da tramitação do projeto e para **impedir a própria deliberação** congressual sobre proposta de emenda tendente a abolir a forma federativa de Estado; o voto direto, secreto, universal e periódico; a separação dos Poderes; e os direitos e garantias individuais.

Embora não seja instrumento específico do controle de constitucionalidade, tem o **mandado de segurança** servido, por vezes, a tal finalidade, quando impetrado na defesa de **direito público subjetivo**, relacionado ao exercício, **nos termos da Constituição** (e não para a defesa do **Regimento Interno** das Casas, enquanto matéria *"interna corporis"*), da **prerrogativa funcional** dos parlamentares ao **devido processo legislativo**, coibindo especialmente a prática de **inconstitucionalidade formal** (direito subjetivo formal de iniciativa, voto, emenda etc.) no processo de elaboração de leis, não sendo, porém, próprio e cabível o mandado de segurança para discutir, em substituição à **ação direta de inconstitucionalidade**, a constitucionalidade material do projeto de lei. Em relação à proposta de emenda constitucional, a preexistência de um conteúdo vedado à mera deliberação congressual propicia, neste campo específico, a discussão de inconstitucionalidade material, além da formal.

O mecanismo de controle judicial **repressivo** de constitucionalidade de leis e atos normativos é classificado de duas formas distintas: pelo critério da **fixação ou distribuição da competência** para sua pronúncia (controle **concentrado ou difuso**), ou pelo critério da **extensão ou espécie de declaração** resultante de tal fiscalização (controle **abstrato ou concreto**).

O modelo concentrado é aquele cuja declaração de constitucionalidade é reservada a um **órgão exclusivo** na estrutura do Poder Judiciário, sem que os demais órgãos jurisdicionais possam concorrer no exercício da competência. No Brasil, o Supremo Tribunal Federal exerce a jurisdição concentrada, decidindo a controvérsia constitucional em **abstrato, por meio de ação originária, com eficácia *erga omnes***. Certo que a competência exclusiva do Supremo Tribunal Federal no controle concentrado de constitucionalidade refere-se apenas ao exame da adequação, formal e material, de leis e atos normativos federais e estaduais em face da Constituição Federal, sem prejuízo da jurisdição concentrada dos Tribunais de Justiça, em ações originárias, na defesa e interpretação das Constituições Estaduais.

No sistema **difuso**, existe **distribuição funcional** da competência para o controle de constitucionalidade, exercido desde a origem, como **questão incidental** dentro do processo, envolvendo **direitos subjetivos entre as partes da causa**. A questão constitucional decidida nas instâncias ordinárias fica sujeita, no sistema difuso, a **recurso**, para o órgão de cúpula, incumbido de proferir a **palavra final** sobre a matéria, garantindo a supremacia e a aplicação uniforme da Constituição.

4.4. SISTEMA BRASILEIRO DE CONTROLE JUDICIAL DE CONSTITUCIONALIDADE

No Brasil, é adotado um **sistema misto**, de coexistência entre o modelo **difuso-concreto** e o **concentrado-abstrato**, este último exercido através de diversos instrumentos processuais autônomos, tornando, enfim, **complexo** o mecanismo de controle judicial de constitucionalidade de leis e atos normativos.

4.4.1. **Controle Difuso e Concreto**

4.4.1.1. Finalidade, Objeto, Competência, Legitimidade, Interesse e Adequação

O controle difuso e concreto é exercido por **todo e qualquer órgão jurisdicional**, nos limites de sua **competência**, no exame de **direitos subjetivos** discutidos em **casos concretos**, em que a inconstitucionalidade é mera **questão incidental ou prejudicial** ao mérito do pedido ou da defesa formulada no processo. A parte, **autora ou ré**, ou mesmo o **Ministério Público**, na condição de fiscal da lei, pode requerer, em **qualquer espécie de ação ou defesa judicial**, o reconhecimento da inconstitucionalidade da lei ou ato normativo, de modo a afastar a sua aplicação, não em abstrato, mas no caso concreto, com o julgamento do mérito de acordo com a **solução prévia da questão constitucional**.

Tal sistema de controle de constitucionalidade (via de **defesa ou exceção**) busca, pois, **afastar a aplicação** de uma norma inconstitucional na disciplina de uma **relação jurídica concreta**, e decorre da garantia da **ampla proteção judicial** (artigo 5º, XXXV, CF), segundo a qual não pode ser excluída da apreciação do Poder Judiciário qualquer lesão ou ameaça de lesão a direito, especialmente se derivada de inconstitucionalidade por lei ou ato normativo, seja **federal, estadual, distrital ou municipal**.

A fiscalização difusa e concreta de constitucionalidade de leis ou atos normativos, por envolver a discussão de direitos subjetivos, e não a defesa abstrata do ordenamento jurídico, somente pode ser provocada com a observância das regras processuais de **legitimidade, interesse e adequação**, específicas de cada situação concreta, produzindo a decisão, proferida na resolução da questão incidental e prejudicial, **efeitos exclusivamente entre as partes** do processo (*inter partes*).

4.4.1.2. Efeitos da Decisão e Procedimento no Âmbito dos Tribunais

A decisão, que afastar a aplicação da lei ou de ato normativo, tem **eficácia retroativa** (*ex tunc*), em relação às partes do processo, sujeitando-se aos recursos previstos na legislação processual. Sendo proferida sentença, cabe apelação ao Tribunal, que somente pode confirmar ou declarar a inconstitucionalidade de lei ou ato normativo, através do Plenário ou Órgão Especial, observado o voto da maioria absoluta de seus membros (**artigo 97, CF**). A cláusula de **reserva do plenário** foi mitigada, validamente, pelo parágrafo único do artigo 481 do Código de Processo Civil, ao permitir ao órgão fracionário do Tribunal o reconhecimento da inconstitucionalidade se houver decisão sobre a questão, no mesmo sentido, proferida pelo respectivo Plenário ou Órgão Especial, ou pelo Supremo Tribunal Federal.

Perante o Tribunal, o recurso, em que suscitado o incidente de argüição de inconstitucionalidade, deve ser processado nos termos dos artigos 480 e 482 do Código de Processo Civil:

> (1) primeiramente, o relator colhe o **parecer do Ministério Público** sobre a argüição de inconstitucionalidade;
> (2) depois, **submete o incidente** ao exame da Turma ou Câmara que, **se não o acolher, prossegue** no julgamento do feito;
> (3) se, no entanto, for **acolhido o incidente**, lavra-se acórdão com a **remessa da argüição** ao Plenário ou Órgão Especial, **sobrestando o julgamento** perante a Turma ou Câmara;
> (4) distribuído a um relator no Plenário ou Órgão Especial, é facultada a **intervenção do Ministério Público** e órgãos responsáveis pela edição do ato impugnado, assim como a **manifestação por escrito de qualquer dos legitimados para a ADI e ADECON** (artigo 103, CF), e ainda do *"amicus curiae"*;
> (5) no julgamento do incidente, somente pode ser declarada a inconstitucionalidade de lei ou ato normativo com o voto da **maioria absoluta dos membros do Plenário ou Órgão Especial**, de modo que, não atingido o mínimo necessário, prevalece íntegra a lei ou ato normativo, forte na sua presunção de constitucionalidade; e
> (6) proferida a decisão pelo Plenário ou Órgão Especial, a **Turma ou Câmara prossegue, considerado o decidido sobre a questão constitucional**, no julgamento da causa.

4.4.1.3. Recurso Extraordinário

O acórdão proferido pelo Tribunal, assim como a decisão de primeiro grau na causa de alçada ou de Turma Recursal de Juizado Especial (Súmula 640/STF), sujeitam-se a **recurso extraordinário**, desde que observados os requisitos específicos de admissibilidade, permitindo ao Supremo Tribunal Federal o exercício da sua função de cúpula no controle difuso e concreto de constitucionalidade, para garantir a **supremacia da Constituição e uniformizar a sua interpretação** em todo o território nacional.

Trata-se de recurso de cunho extraordinário, destinado estritamente à discussão, entre as partes do processo, da **tese de direito**, fundada em **controvérsia constitucional** (recurso de **direito estrito**), e que se encontra sujeita a requisitos, condições e limitações específicas.

Por conta das restrições, próprias do RE, enquanto **recurso excepcional**, a Corte Suprema firmou jurisprudência, **sumulada** a partir da Constituição Federal e legislação, de que não cabe RE, em diversas hipóteses, como **por exemplo**: de acórdão que defere medida **liminar** (Súmula **735**); de decisão proferida no **processamento de precatórios** (Súmula **733**); de acórdão que defere pedido de **intervenção estadual** em Município (Súmula **637**); por **inconstitucionalidade indireta ou reflexa, relativa à violação do princípio da legalidade**, quando seja necessário **rever a interpretação dada a normas infraconstitucionais** (Súmula **636**); de acórdão do Plenário, que decide a argüição de inconstitucionalidade, porque somente recorrível o proferido pela Turma ao **completar o julgamento** (Súmula **513**); de acórdão, que **omisso**, não tenha sido objeto de **embargos declaratórios**, para fim de prequestionamento (Súmula **356**); da parte unânime do acórdão, quando interposto o recurso somente depois de julgados embargos infringentes contra a parte não-unânime (Súmula **355**); quando a **deficiência na fundamentação** do recurso não permite a exata compreensão da controvérsia (Súmula **284**); de decisão que, tendo mais de um fundamento, não tiver sido **integralmente impugnada** (Súmula **283**); por falta de **prequestionamento**, quando não ventilada no acórdão a questão constitucional suscitada (Súmula **282**); de decisão **ainda susceptível de recurso ordinário** na instância de origem (Súmula **281**); para simples **reexame de prova** (Súmula **279**); e de decisão **denegatória de mandado de segurança**, em substituição a recurso ordinário (Súmula **272**).

O recurso extraordinário sofreu recente inovação com a EC nº 45/2004, que previu no § 3º, inserido no artigo 102 da Constituição Federal, como novo requisito de admissibilidade a demonstração, pelo recorrente, da *"repercussão geral das questões constitucionais discutidas no caso, nos termos da lei, a fim de que o Tribunal examine a admissão do recurso, somente podendo recusá-lo pela manifestação de dois terços de seus membros"*.

A matéria foi regulada pela **Lei nº 11.418**, de 19/12/2006, que alterou o Código de Processo Civil, fixando, primeiramente, sua aplicabilidade aos recursos interpostos a partir do primeiro dia de vigência da nova legislação (artigo 4º) e, dispondo, no mais, em síntese, que: a **repercussão geral da questão constitucional** é requisito de **conhecimento** do RE, devendo ser comprovado em **preliminar**, para exame **exclusivo** do Supremo Tribunal Federal, que pode **decidir em Turma**, sem remessa ao Plenário, se **aceita** a repercussão geral por **quatro votos** e, se **negada**, a decisão é aplicável, nos recursos de matéria idêntica, para efeito de **indeferimento liminar** (artigo 543-A, *caput* e §§ 2º, 4º e 5º); a repercussão geral depende da relevância **econômica, política, social ou jurídica** da questão constitucional, e deve ultrapassar os interesses subjetivos da causa, sendo **presu-**

mida se houver **ofensa à súmula ou jurisprudência** dominante do Supremo Tribunal Federal (artigo 543-A, §§ 1º e 3º); o Ministro-relator pode admitir **manifestação de terceiros**, devidamente representados, para análise da repercussão geral, bastando a publicação, no DJ, da súmula da decisão, que valerá como acórdão (artigo 543-A, §§ 6º e 7º); em caso de **multiplicidade** de recursos, o Tribunal de origem remete apenas **um ou mais casos representativos** ao Supremo Tribunal Federal, **sobrestados** os demais, que serão considerados automaticamente **não admitidos, se negada** a repercussão geral; mas, se **apreciado o mérito** do RE, os sobrestados devem ser **decididos pelo Tribunal** de origem, que pode julgá-los prejudicados, retratar-se ou admiti-los, **subindo, conforme o caso, à Suprema Corte** para que seja **cassado ou reformado**, liminarmente, o acórdão contrário à orientação firmada (artigo 543-B).

Como se observa, a lei criou um critério aberto de repercussão geral, fundado na relevância **econômica, política, social ou jurídica** da questão constitucional, que ultrapasse os **interesses subjetivos** da causa, o que tende a conferir, em certos casos, grande discricionariedade judicial para admissão, ou não, do recurso extraordinário. Mais objetivo, por sua vez, é o critério legal da **ofensa à súmula ou jurisprudência dominante**, em que a repercussão geral se encontra na necessidade de garantir a aplicação uniforme da Constituição Federal, segundo a interpretação fixada pela Suprema Corte. Note-se, porém, que, se a hipótese for de ofensa à **súmula vinculante**, a via constitucionalmente adequada para garantir sua autoridade não é o recurso extraordinário, mas a **reclamação**, que permite ao Supremo Tribunal Federal anular ou cassar atos ou decisões que a contrariem ou que a aplicarem indevidamente, nos termos do que igualmente previsto pela EC nº 45/2004.

Com efeito, outra inovação da EC nº 45/2004, no controle difuso e concreto, foi consagrada com a inserção na Constituição Federal do artigo 103-A, que assim cuida da súmula vinculante e da reclamação:

> *"Art. 103-A – O Supremo Tribunal Federal poderá, **de ofício ou por provocação**, mediante decisão de **dois terços** dos seus membros, após **reiteradas decisões sobre matéria constitucional**, aprovar **súmula** que, a partir de sua publicação na imprensa oficial, terá **efeito vinculante em relação aos demais órgãos do Poder Judiciário e à administração pública direta e indireta, nas esferas federal, estadual e municipal**, bem como proceder à sua **revisão ou cancelamento**, na forma estabelecida em lei.*
>
> *§ 1º – A súmula terá por objetivo a **validade, a interpretação e a eficácia** de normas determinadas, acerca das quais haja **controvérsia atual** entre órgãos judiciários ou*

*entre esses e a administração pública que acarrete **grave insegurança jurídica e relevante multiplicação de processos** sobre questão idêntica.*

*§ 2º – Sem prejuízo do que vier a ser estabelecido em lei, a aprovação, revisão ou cancelamento de súmula poderá ser provocada por **aqueles que podem propor a ação direta de inconstitucionalidade**.*

*§ 3º – Do ato administrativo ou decisão judicial que contrariar a súmula aplicável ou que indevidamente a aplicar, caberá **reclamação** ao Supremo Tribunal Federal que, julgando-a procedente, **anulará o ato administrativo ou cassará a decisão judicial reclamada**, e determinará que **outra seja proferida** com ou sem a aplicação da súmula, conforme o caso."*

Para a respectiva implementação foi publicada a **Lei nº 11.417, de 19/12/2006**, que, além de reproduzir parte do texto constitucional, dispôs, em acréscimo, que: a legitimidade para a provocação da edição, revisão ou cancelamento de enunciado, ampliada em comparação ao artigo 103 da Carta Federal, incluiu, agora, o **Defensor Público da União, Tribunais** em geral, e **Municípios**, estes apenas nos processos em que sejam parte, para discussão incidental, mas sem sobrestamento dos feitos (artigo 3º, VI e XI, e § 1º); são admitidas a manifestação de terceiros no procedimento, e a modulação dos efeitos da súmula vinculante, por voto de 2/3 dos ministros, por motivo de segurança jurídica ou de excepcional interesse público (artigo 3º, §§ 2º e 3º); fica ressalvada a revisão ou cancelamento da súmula vinculante se revogada ou modificada a lei interpretada (artigo 5º); é vedada a suspensão de outros processos, em que discutida a mesma questão, enquanto pendente a proposta de edição, revisão ou cancelamento de súmula vinculante (artigo 6º); e cabe reclamação também por negativa de vigência à súmula vinculante, sendo, no entanto, exigido o prévio exaurimento das vias administrativas no caso da reclamação contra omissão ou ato administrativo (artigo 7º).

Nos artigos 8º e 9º da Lei nº 11.417/2006 foi alterada a redação de dispositivos da Lei nº 9.784/1999, que cuida do procedimento administrativo, para efeito de obrigar a motivação da decisão administrativa, que aplicar ou não súmula vinculante, sempre que for alegada a sua violação pela decisão recorrida; e para exigir da autoridade ou órgão competente a adequação das futuras decisões, quando o Supremo Tribunal Federal acolher a reclamação fundada em violação, pela Administração Pública, de súmula vinculante.

Por fim, cabe recordar que, além da súmula vinculante (EC nº 45/2004 e Lei nº 11.417/2006), foi criada, pela Lei nº 11.276, de 07/02/2006, a denominada **"súmula impeditiva de recursos"**, ditando que *"o juiz não receberá o recurso de* *apelação quando a sentença estiver em conformidade com súmula do Superior Tribunal de Justiça ou do Supremo Tribunal Federal"* (artigo 518, § 1º, do Código de Processo Civil). Na verdade, cuida-se de **requisito adicional de admissibilidade** do recurso: não estar a sentença apelada fundada em súmula. A decisão que não receber a apelação é passível de **agravo** ao Tribunal competente.

Saliente-se que as **Leis nos 8.038/1990 e 9.756/1998** foram precursoras da mesma técnica processual, presente na súmula impeditiva de recurso, e que, buscando, desde então, abreviar o trâmite processual, mitigou o **princípio do colegiado**, conferindo aos relatores no Supremo Tribunal Federal, Superior Tribunal de Justiça e, depois, nos demais Tribunais, a competência para julgar os recursos, por decisão monocrática, de acordo com a jurisprudência dominante ou sumulada. Evidente a tendência de reestruturação, em profundidade, da legislação processual, antes mesmo da EC nº 45/2004, embora nesta tenham sido definidos alguns pontos essenciais na busca do que se erigiu como um dos objetivos da Reforma do Judiciário: a celeridade e eficiência na prestação jurisdicional.

4.4.1.4. Suspensão da Execução pelo Senado Federal

Embora o acórdão da Suprema Corte, proferido no controle difuso e concreto, tenha eficácia *inter partes*, o artigo 52, X, da Constituição Federal, permite ao Senado Federal *"suspender a execução, no todo ou em parte, de lei declarada inconstitucional por decisão definitiva do Supremo Tribunal Federal"*.

Trata-se de **faculdade discricionária** conferida ao Senado Federal para que, tendo ciência da decisão definitiva sobre a inconstitucionalidade de lei **federal, estadual, distrital ou municipal**, delibere sobre a suspensão de sua execução, parcial ou integral, com efeitos *"erga omnes"*, mas não retroativos (*"ex nunc"*), através de **resolução**. O Senado Federal não é, porém, obrigado a editar a resolução, e nem se sujeita a prazo para tanto. Todavia, editada a resolução, não existe **juízo de retratação** sobre a suspensão executiva da lei declarada inconstitucional pelo Supremo Tribunal Federal, **nem pode o Senado Federal ampliar, ou mesmo reduzir**, o alcance de tal declaração para efeito de suspensão da norma por resolução.

A finalidade de tal atribuição constitucional é a de permitir que, por meio de **juízo discricionário** do Senado Federal e em virtude dos princípios da **isonomia** e **segurança jurídica**, seja estendida a declaração de inconstitucionalidade, proferida pelo Supremo Tribunal Federal, a todos os que se encontrem na mesma situação jurídica, inclusive os que sequer ainda tenham ajuizado demanda judicial, a respeito de uma dada norma.

A extensão subjetiva de tais efeitos é, porém, limitada temporalmente, uma vez que a resolução somente opera *ex nunc*, exigindo a busca de tutela judicial específica, caso se pretenda eficácia retroativa ou, sobretudo, para garantir **efeitos eventualmente condenatórios** a partir da declaração de inconstitucionalidade, retroativa ou não. Por isso, a suspensão da norma pelo Senado Federal não impede ações individuais ou coletivas, e nem mesmo a provocação do controle abstrato da constitucionalidade da norma, para a declaração de sua inconstitucionalidade, *erga omnes* e com efeitos retroativos, que não se confunde com a mera eficácia suspensiva de execução, que possui a resolução do Senado Federal.

4.4.1.5. Controle de Constitucionalidade na Ação Civil Pública

O controle difuso e concreto envolve, pois, a formulação de uma decisão judicial sobre uma controvérsia constitucional com efeitos limitados às partes do processo, específicas e subjetivamente definidas. Embora tal fiscalização possa ocorrer tanto em ações individuais como coletivas, a jurisdição constitucional, difusa e concreta, não é compatível com uma declaração judicial de inconstitucionalidade que, pela sua natureza, tenha efeitos *erga omnes* e abstratos, como, em tese possível, em **ação civil pública**.

Se a ação civil pública tiver como objeto ou pedido a própria declaração, genérica e abstrata, de inconstitucionalidade de lei ou ato normativo federal, estadual ou distrital, em **coincidência plena** com o campo específico de atuação do controle concentrado e abstrato de constitucionalidade, tem-se configurada a **usurpação de competência** do Supremo Tribunal Federal, permitindo o ajuizamento de **reclamação** para impedir o próprio trâmite da demanda nas instâncias inferiores.

A jurisprudência, embora admita a discussão de controvérsia constitucional em **ação civil pública**, limita a sua adequação a determinadas hipóteses, como as de, por exemplo:

> (1) defesa de **direitos individuais homogêneos**, em que a eficácia da decisão de inconstitucionalidade reste **limitada a uma coletividade específica**, sem a eficácia genérica e abstrata, característica do controle concentrado exercido perante a Suprema Corte, por meio de ações constitucionais próprias;
>
> (2) **declaração de inconstitucionalidade posta, não como o próprio objeto do pedido, mas como mera causa de pedir** (Rcl. nº 2.224, relator Ministro Sepúlveda Pertence, DJU de 10/02/2006), ainda que firmado o entendimento de que os fundamentos determinantes da decisão, proferida ou a ser proferida no controle concentrado e abstrato, sejam igualmente vinculantes; e

(3) formulação, na ação civil pública, de pedido cumulado, com a inclusão de **pretensão condenatória**, insusceptível de postulação, por inadequada, em sede de controle concentrado e abstrato de constitucionalidade (Rcl. nº 602, relator Ministro Ilmar Galvão, DJU de 14/02/2003).

4.4.2. Controle Concentrado e Abstrato

O modelo de fiscalização concentrada e abstrata, implantado com a EC nº 16/65, sofreu, ao longo do tempo, uma enorme evolução, especialmente a partir da Carta de 1988, e não apenas por meio de emendas constitucionais como, inclusive, em função de legislação ordinária, ampliando e consolidando o papel do Supremo Tribunal Federal como guardião da Constituição Federal, através de uma complexa instrumentalidade processual destinada, enfim, a garantir a supremacia do texto constituinte.

4.4.2.1. Ação Direta de Inconstitucionalidade Genérica (ADI)

4.4.2.1.1. Finalidade e Objeto

A **ação direta de inconstitucionalidade genérica**, prevista nos artigos 102, I, *a*, e 103 da Constituição Federal, tem como objetivo o **controle abstrato da constitucionalidade**, concentrado no Supremo Tribunal Federal, de **leis e atos normativos, federais, estaduais e distritais** (elaborados no exercício de competência estadual pelo Distrito Federal), diante do texto da **Constituição Federal**, a fim de garantir sua **supremacia e rigidez**, e preservar a **integridade lógico-sistemática e axiológica do ordenamento jurídico**.

Entre os atos normativos passíveis de impugnação em ADI, encontram-se, em especial, as **emendas constitucionais**, leis ordinárias e complementares, leis delegadas, medidas provisórias, resoluções e decretos legislativos – inclusive, os de deliberação sobre tratados internacionais –, resoluções e regimentos de Tribunais, regulamentos "autônomos" e atos normativos em geral que, buscando **regular diretamente** as normas da Constituição, em **supressão à lei e ao legislador, na sua atividade de mediação legislativa**, revelem preceitos dotados de **autonomia e inovação normativa, generalidade abstrata, impessoalidade e eficácia vinculante** (ADIMC nº 2.195, relator Ministro Celso de Mello, DJU de 25/05/2000).

A via do controle concentrado e abstrato não se legitima, porém, para a discussão da inconstitucionalidade, por exemplo, de **lei municipal** (somente possível perante o Tribunal de Justiça e em face exclusivamente da Constituição Estadual: ADI nº 1.268 – AgR, relator Ministro Carlos Velloso, DJU de 20/10/1995); de **lei**

distrital no exercício pelo Distrito Federal de **competência municipal** (artigo 32, § 1º, segunda parte, CF); de atos **sem autonomia e inovação normativa** ou de **inconstitucionalidade meramente reflexa** (*"quando o vício de ilegitimidade irrogado a um ato normativo é o desrespeito à lei fundamental por haver violado norma infraconstitucional interposta, a cuja observância estaria vinculado pela Constituição (...)"* – ADIMC nº 2.535, relator Ministro Sepúlveda Pertence, DJU de 21/11/2003); de leis de **efeito concreto** (*"normas individuais de autorização que conformam originalmente o orçamento da despesa ou viabilizam sua alteração no curso do exercício"* – ADI nº 1.716, relator Ministro Sepúlveda Pertence, DJU de 27/03/98); e de **súmulas** da jurisprudência dominante dos Tribunais (ADI nº 594, relator Ministro Carlos Velloso, DJU de 15/04/1994).

Mais ainda: não cabe a ADI para impugnação de leis e atos normativos **anteriores à Constituição ou às respectivas emendas** (que, se forem compatíveis com o Texto Superior, são recepcionados e, se não, são considerados revogados, por aplicação, pura e simples, das regras de direito intertemporal), ou que tenham sido **exauridos em sua eficácia** (lei temporária) ou **revogados** por legislação superveniente, na vigência da atual Constituição.

A **revogação** pode ocorrer por meio de lei superveniente ou mesmo por força de **emenda constitucional**, com a qual seja **materialmente incompatível** a lei ou ato normativo impugnado e que, assim, ficam revogados, impedindo a propositura de ADI, ou **prejudicando** a que tenha sido proposta (ADI nº 1.442, relator Ministro Celso de Mello, DJU de 29/04/2005), uma vez que o controle de constitucionalidade somente é admissível com base e a partir da **Constituição vigente** (ADI nº 888, relator Ministro Eros Grau, DJU de 10/06/2005).

A lei, uma vez que promulgada, editada e publicada, e não revogada, habilita-se ao controle concentrado e abstrato de constitucionalidade (ADI nº 466, relator Ministro Celso de Mello, DJU de 10/05/1991), mesmo que ainda não esteja vigente, por força de *vacatio legis*. Enquanto esta perdurar, contudo, a repercussão específica, por tendência, é a de prejudicar a concessão de medida cautelar, pela ausência de *periculum in mora*. As **leis temporárias** não podem, como regra, ser objeto de controle abstrato depois de decorrido o respectivo **prazo de vigência**, porém se a ação foi ajuizada em tempo, não sendo apreciado o pedido exclusivamente por força de **contingências** relativas ao **próprio funcionamento do aparelho judiciário**, a ADI deve ser **conhecida**, em caráter excepcional (ADI nº 3146, relator Ministro Joaquim Barbosa, DJU de 19/12/2006).

4.4.2.1.2. Legitimidade Ativa

A **legitimidade ativa** para a ADI não decorre da titularidade de um **direito subjetivo**, de um **interesse** lesado ou ameaçado de lesão, de uma **lide** instaurada por ação ou omissão imputável a um contraposto. Pelo contrário, o que define a legitimidade ativa para a ADI é a **qualidade e o ônus**, conferidos a certos **órgãos, agentes ou entidades**, de representantes da coletividade na **defesa objetiva da supremacia da Constituição** e, portanto, **da adequação e conformidade da ordem jurídica com os seus postulados.**

No âmbito desta representação do interesse coletivo, alguns detêm **legitimidade universal**, enquanto capacidade para propor ADI em relação a qualquer matéria ou legislação (o Presidente da República, a Mesa do Senado Federal, a Mesa da Câmara dos Deputados, o Procurador-Geral da República, o Conselho Federal da Ordem dos Advogados do Brasil e partido político com representação no Congresso Nacional); enquanto os demais (Mesa da Assembléia Legislativa ou Câmara Legislativa do Distrito Federal, Governador de Estado ou do Distrito Federal, confederações sindicais e entidades de âmbito nacional) têm uma legitimidade ativa **específica ou temática**, condicionada à comprovação, não propriamente de interesse ou direito subjetivo, mas de **pertinência temática**, conceito diferenciado, criado pela jurisprudência da Suprema Corte, como relacionado à **adequação da finalidade institucional** do autor da ação com o respectivo **objeto** (lei ou ato normativo impugnado).

A ampliação do rol de legitimados ativos, a partir da Constituição de 1988, influiu na elaboração, pelo Supremo Tribunal Federal, de uma jurisprudência minuciosa sobre o tema, de que podem ser extraídas, consideradas as questões mais complexas, algumas diretrizes:

> (1) em relação ao inciso VIII do artigo 103 da Constituição Federal, houve significativa alteração da jurisprudência, agora consolidada no sentido de que a legitimidade ativa dos **partidos políticos**, por meio do **Diretório Nacional**, ainda que o ato impugnado tenha repercussão estadual ou municipal (ADI nº 1.528 – QO, relatora Ministra Ellen Gracie, DJU de 23/08/2002), é aferida no **momento da propositura da ADI**, de modo que a superveniente perda de representação parlamentar no Congresso Nacional não mais impõe a extinção do processo, sem exame do mérito (ADI nº 2.159 – AgRg, rel. p/ acórdão Ministro Gilmar Mendes, DJU de 24/08/2004);
>
> (2) para efeito do inciso IX, primeira parte, **confederação sindical** é o ente sindical de terceiro grau, formado por, no mínimo, três federações, nos termos do artigo 535, da Consolidação das Leis do Trabalho (ADI nº 505, relator Ministro Moreira Alves, DJU de 02/08/1991), e que não se confunde com central sindical

(ADIMC nº 271, relator Ministro Moreira Alves, DJU de 06/09/2001), e nem com federação, ainda que esta seja denominada "nacional", mas esteja constituída apenas de sindicatos ou associações;

(3) quanto à segunda parte do mesmo inciso IX, a jurisprudência assentou que **entidade de classe de âmbito nacional** é aquela dotada de representatividade em, pelo menos, 1/3 dos Estados da Federação (artigo 7º, § 1º, Lei nº 9.096/95, por analogia), e quando *"a associação abarca uma categoria profissional ou econômica no seu todo, e não quando apenas abrange, ainda que tenha âmbito nacional, uma fração de uma dessas categorias"* (ADIMC nº 1.486, relator Ministro Moreira Alves, DJU de 13/12/1996); estando superada, porém, a orientação de que apenas pessoas físicas poderiam compor o quadro associativo, em favor da interpretação mais ampla, e atual, de que têm legitimidade ativa as assim denominadas **"associações de associações"** (ADI nº 3.153 – AgRg, rel. p/ acórdão Ministro Sepúlveda Pertence, DJU de 09/09/2005); e

(4) não configuram entidade de classe de âmbito nacional, para fim de legitimidade ativa, quaisquer dos **Conselhos Profissionais**, instituídos por lei, uma vez que exclusiva a prerrogativa conferida à classe dos advogados, por meio do Conselho Federal da Ordem dos Advogados do Brasil (ADI nº 641, relator Ministro Marco Aurélio, DJU de 12/03/1993); porém, consideradas as **carreiras do serviço público**, *"são dotados de legitimação para propor o controle abstrato os 'organismos associativos de certas carreiras, cuja identidade decorre da própria Constituição' (...)"* (ADI nº 2.713, relatora Ministra Ellen Gracie, DJU de 07/03/2003, quanto à legitimidade ativa da ANAUNI – Associação Nacional dos Advogados da União).

4.4.2.1.3. *Natureza Objetiva do Processo*

Como instrumento de fiscalização abstrata, a ação direta de inconstitucionalidade genérica **não discute direito subjetivo ou interesse privado** (ADIMC nº 1.254-AgR, relator Ministro Celso de Mello, DJU de 19/09/1997), mas, especificamente, o interesse coletivo e público a uma ordem jurídica **compromissada** com a Constituição Federal, fonte necessária de legitimidade e validade de toda e qualquer norma do sistema legal. O processo não tem, por isso, feição subjetiva, mas **natureza objetiva**, com **características e funcionalidades** específicas.

Pela sua condição de **processo objetivo**, instituído e destinado à tutela de **direito indisponível**, relacionado à proteção da supremacia da Constituição e da compatibilidade da legislação com seus postulados, a propositura da ADI não se sujeita a **prazo de decadência** (por analogia, Súmula 360/STF), embora o **tardio ajuizamento** da ação, considerado o tempo de vigência da lei ou ato normativo impugnado, **possa influir** na descaracterização do *periculum in mora*, enquanto requisito para a concessão de **medida cautelar** (ADIMC nº 1.857, relator Ministro Moreira Alves, DJU de 23/10/1998).

A **causa de pedir é aberta e ampla**, cabendo ao Supremo Tribunal Federal o exame da impugnação à constitucionalidade da lei ou ato normativo, **independentemente e mesmo além da fundamentação** adotada pelo autor da ação (ADIMC nº 1.896, relator Ministro Sidney Sanches, DJU de 28/05/1999), nos limites do pedido formulado.

Na ADI não se admite **desistência** (artigo 5º da Lei nº 9.868/1999), nem mesmo da medida cautelar requerida (ADIMC nº 2.049, relator Ministro Néri da Silveira, DJU de 31/08/2001), e tampouco **renúncia ou transação**. Embora não caiba desistência, em função do princípio da **indisponibilidade**, nada impede que, proposta a ADI pelo Procurador-Geral da República, o parecer do Ministério Público Federal seja, ao final, pela improcedência do pedido (ADI nº 97 – QO, relator Ministro Moreira Alves, DJU de 30/03/1990).

Também não é admissível **intervenção de terceiros** (caput do artigo 7º da Lei nº 9.868/1999) em defesa de interesse ou direito subjetivo, o que **não se confunde**, porém, com a atuação, como *"amici curiae", de outros órgãos e entidades*, além dos requeridos na ação, quando dotados de representatividade e for relevante a matéria (§ 2º do artigo 7º da Lei nº 9.868/1999).

A atuação processual de tais entes, como prevista na Lei nº 9.868/1999, e adiante exposta, não flexibiliza a natureza objetiva da ADI, apenas representa um *fator de pluralização e de legitimação do debate constitucional* (ADIMC nº 2.321, relator Ministro Celso de Mello, DJU de 01/06/2005), essencial para coibir ou mitigar os riscos inerentes ao controle concentrado e abstrato de constitucionalidade que, se por um lado, propicia uma rápida manifestação do Poder Judiciário sobre a controvérsia, tem a contrapartida de impedir, não raro, que a dinâmica da vida social e a superposição de instâncias, no processo decisório, revelem a realidade concreta da adequação constitucional, ou não, de um dado preceito normativo.

4.4.2.1.4. Peculiaridades da Decisão na ADI

Como ação de **natureza dúplice ou ambivalente**, a decisão de mérito, proferida pela Suprema Corte, tem caráter **vinculante** em relação aos órgãos do Poder Judiciário (mas não para os do Poder Legislativo) e à Administração Pública direta e indireta, federal, estadual ou municipal (artigo 102, § 2º, CF; e parágrafo único do artigo 28 da Lei nº 9.868/1999), qualquer que seja o resultado da ação: improcedência (**confirmação da presunção de constitucionalidade**) ou procedência do pedido (**anulação da lei ou ato normativo**).

Ao declarar a inconstitucionalidade, parcial ou integral, de uma lei ou ato normativo, o Supremo Tribunal Federal **não atua como legislador positivo**, substituindo ou alterando a iniciativa e a discricionariedade do legislador, mas tão-somente como **guardião da Constituição Federal**, com atribuição exclusiva de **anular**, enquanto **legislador negativo**, as leis e atos normativos inconstitucionais, sem provocar, pois, supressão ou usurpação de competência constitucional, fixada segundo o regime de separação dos Poderes.

Se o reconhecimento de uma inconstitucionalidade **parcial** importar em **inovação da lei**, ou seja, **alteração substancial de seu sentido**, além da atividade própria da Suprema Corte de mero legislador negativo, não se deve pronunciá-la (ADIMC nº 1.949, relator Ministro Sepúlveda Pertence, DJU de 25/11/2005). Em tais casos, deve ser **ampla a declaração de nulidade**, de modo a abranger **todo o preceito ou legislação**, a fim de que possa o Parlamento, querendo, exercitar, a partir do vácuo provocado pela declaração de inconstitucionalidade integral do preceito ou da legislação, a sua plena liberdade de conformação, claro que, sempre, nos limites da Constituição Federal.

A declaração de inconstitucionalidade, pelo Supremo Tribunal Federal, **exclui do ordenamento jurídico** a lei ou o ato normativo impugnado, impedindo, com efeitos *erga omnes* e vinculantes, que ato da Administração Pública ou mesmo decisão judicial, de qualquer outra instância, aplique o preceito, ainda que no âmbito das relações subjetivas e concretas, desde o momento em que iniciado, por deliberação da Corte, o efeito de sua nulidade (retroativa, a partir do trânsito em julgado da declaração de inconstitucionalidade ou modulada para um outro momento, conforme facultado pelo artigo 27 da Lei nº 9.868/1999).

Por isso mesmo, como forma de garantir tal eficácia, a jurisprudência da Suprema Corte definiu que, quando a **inconstitucionalidade é simultaneamente discutida**, tanto na via concentrada como na difusa, *"deve ser suspenso o julgamento de qualquer processo que tenha por fundamento lei ou ato estatal cuja eficácia tenha sido suspensa, por deliberação da Corte, em sede de ação direta de inconstitucionalidade, até final julgamento desta"* (RE nº 168.277 – QO, relator Ministro Ilmar Galvão, DJU de 29/05/1998, grifamos). Tal solução é **excepcional**, não se aplicando pelo mero fato de ter sido proposta ação direta de inconstitucionalidade, por isso que indeferida a medida cautelar não se prejudica o julgamento dos processos, no controle difuso e concreto, pelas demais instâncias (RE nº 220.271, relator Ministro Sepúlveda Pertence, DJU de 03/04/1998).

Se, porém, a eventual contradição entre as decisões, no controle concentrado e no controle difuso, puder ser solucionada de outra forma, perante a própria jurisdição ordinária, por meio de cautelares e outras medidas pertinentes, ou mesmo pelo Supremo Tribunal Federal, em reclamação (artigo 102, I, *l*, CF), tais mecanismos devem prevalecer, pois a suspensão de todos os processos, relativos à mesma questão constitucional, pode prejudicar o funcionamento regular das instâncias ordinárias, em prejuízo às partes diante do princípio constitucional da celeridade e da eficiência da prestação jurisdicional (artigo 5º, LXXVIII, CF).

Na hipótese de impugnação à lei ou ato normativo **estadual**, decorrente de uma **incompatibilidade simultânea com as Constituições Federal e Estadual** (especialmente em função das normas de observância obrigatória ou das que, embora não obrigatórias, tenham sido reproduzidas por deliberação autônoma do constituinte estadual), a propositura de ADI impõe o sobrestamento da "representação de inconstitucionalidade", eventualmente em curso junto ao Tribunal de Justiça (artigo 125, § 2º, CF), para garantir a prioridade da Suprema Corte no exame da controvérsia constitucional (ADIMC nº 2.361, relator Ministro Maurício Corrêa, DJU de 01/08/2003), evitando, portanto, o risco da subordinação da jurisdição nacional à estadual.

Embora a **causa de pedir** seja **aberta e ampla**, permitindo o exame da lei ou ato normativo impugnado sobre todo e qualquer fundamento constitucional, além dos adotados pelo autor da ADI, o pedido deve observar o princípio da **congruência**. Todavia, com temperamentos, dada a natureza da ação, que permite que a declaração de inconstitucionalidade, embora requerida em relação a um objeto específico, acarrete, por imposição lógica, a extensão dos seus efeitos a expressões, preceitos e mesmo atos normativos distintos dos que foram impugnados na ADI, mas que se revelam **indissociáveis do contexto da inconstitucionalidade**. Tal extensão de efeitos, nas condições estipuladas, é o que se denomina de declaração de nulidade **"conseqüencial"**, **"por arrastamento ou atração"** (ADI nº 3.645, relatora Ministra Ellen Gracie, DJU de 01/09/2006), e que não induz à configuração de julgamento *ultra petita* ou *extra petita* nos moldes próprios das demandas subjetivas.

A **coisa julgada**, consolidada em favor de **direitos subjetivos**, em ações *inter partes*, não podia ser atingida pela declaração **superveniente** de inconstitucionalidade, ainda que no controle abstrato e com eficácia vinculante e *"erga omnes"*. Note-se que, mesmo quando imperativo e inflexível o efeito retroativo (*"ex tunc"*) de tal declaração, os fundamentos jurídicos eram sólidos no sentido da **intangibilidade** da coisa julgada, por isso rejeitava-se a possibilidade de **reclamação** em tais casos (Súmula 734/STF), restando apenas, se no prazo, a defesa por meio de **ação rescisória**. Tal conclusão foi reforçada pela **Lei nº 9.868/1999**, que expressamente permitiu a **modulação dos efeitos da declaração de inconstitucionalidade, em face, justamente, do princípio da **segurança jurídica**, de que deriva a garantia da coisa julgada.

No entanto, em **sentido oposto**, a **Lei nº 11.232/2005** aderiu à **relativização da coisa julgada**, excepcionando a dogmática tradicional de proteção à decisão judicial definitiva no caso mesmo de posterior declaração de inconstitucionalidade da lei aplicada. O parágrafo único do artigo 741 do Código de Processo Civil, inserido pela nova legislação, tornou inexigível, para efeito de oposição de embargos fazendários, *"o título judicial fundado em lei ou ato normativo **declarados inconstitucionais** pelo Supremo Tribunal Federal, ou fundado em **aplicação ou interpretação** da lei ou ato normativo tidas pelo Supremo Tribunal Federal como **incompatíveis** com a **Constituição Federal**"*.

4.4.2.1.5. Recorribilidade e Defesa da Autoridade da Decisão Proferida

Os recursos, admissíveis no controle concentrado e abstrato de constitucionalidade de leis e atos normativos, não podem ser interpostos *"por quem, embora legitimado para a propositura da ação direta, nela não figure como requerente ou requerido"* (ADIMC nº 1.105-ED-QO, relator Ministro Maurício Corrêa, DJU de 23/08/2001); e nem mesmo quando se trate do Estado-membro em relação à ADI proposta pelo respectivo Governador (ADI nº 2.130 – AgR, relator Ministro Celso de Mello, DJU de 03/10/2001); estando os recursos, quando admissíveis e interpostos pelos órgãos requeridos, sujeitos à comprovação da regularidade da representação processual, uma vez que a capacidade processual de diretamente prestar informações não habilita quem informou à interposição de recurso sem as formalidades processuais próprias (ADI nº 2.098 – ED – AgR, relator Ministro Ilmar Galvão, DJU de 19/04/2002: em que o agravo regimental de TRT não foi conhecido, por ter sido subscrito, como antes os embargos declaratórios, apenas pelo respectivo Presidente que, sem possuir capacidade postulatória, não regularizou a representação processual).

Por conseqüência da causa de pedir aberta, não se admite **ação rescisória** do acórdão proferido em ADI, nem qualquer recurso, a partir da Lei nº 9.868/1999 (antes, eram cabíveis, porém, embargos infringentes: ADI nº 1.289 – EI, relator Ministro Gilmar Mendes, DJU de 27/02/2004), com exceção de **embargos de declaração** (artigo 26).

Não existe **execução específica** do julgado para efeito de justificar o ajuizamento de **processo cautelar** (PET nº 1.326-AgR, relator Ministro Maurício Corrêa, DJU de 29/05/1998), embora seja reconhecido o cabimento de medida cautelar na própria ADI, além de **reclamação** para preservar, em favor de **qualquer** interessado (RCL nº 2.398/TO, relator Ministro Marco Aurélio, DJU de 24/02/2006), a autoridade da decisão proferida pela Corte.

Todavia, não cabe reclamação, como sucedâneo de ação rescisória, para impugnar os efeitos de **decisão transitada em julgado**, ainda que contrária ao que decidido pelo Supremo Tribunal Federal em ADI (Súmula 734/STF); nem para desconstituir decisão de outra instância, proferida antes do início da eficácia da medida cautelar na fiscalização concentrada e abstrata (RCL nº 3.309 – MC, relator Ministro Celso de Mello, DJU de 04/08/2005); e tampouco para coibir a *"edição de lei de conteúdo idêntico ou similar ao da anteriormente declarada inconstitucional, à falta de vinculação do legislador à motivação do julgamento sobre a validez do diploma legal precedente, que há de ser objeto de nova ação direta"* (ADIMC nº 1.850, relator Ministro Sepúlveda Pertence, DJU de 27/04/2001).

4.4.2.1.6. Procedimento nos Termos da Lei nº 9.868/1999

O procedimento da ADI foi regulado pela Lei nº 9.868/1999, que adotou um **rito comum**, dispondo que:

> (1) a inicial pode ser **diretamente subscrita pelos legitimados ativos**, que têm **capacidade postulatória** *intuitu personae*, plena e excepcional (ADIMC nº 127 – QO, relator Ministro Celso de Mello, DJU de 04/12/1992), mas, se for subscrita apenas por **advogado**, ainda que público (Procurador-Geral do Estado, por exemplo), exige-se a juntada de procuração (parágrafo único do artigo 3º) com poderes específicos para propor a ADI e com a indicação dos preceitos a serem impugnados (ADI nº 2.187 – QO, relator Ministro Octavio Gallotti, DJU de 12/12/2003);
>
> (2) a **inicial inepta ou não fundamentada** (ausência de indicação dos preceitos impugnados, de fundamentos jurídicos de cada impugnação, e de especificação do pedido), ou cujo pedido seja **manifestamente improcedente**, deve ser **liminarmente indeferida** pelo relator, com previsão de **agravo** (artigo 4º), assegurada a possibilidade de **emenda** da inicial, desde que **antes da requisição** de informações (ADI nº 3.103, relator Ministro Cezar Peluso, DJU de 25/08/2006);
>
> (3) a **medida cautelar**, se requerida e deferida, tem eficácia sempre *erga omnes* e, em regra, *ex nunc* (salvo deliberação expressa da Corte pelo efeito *ex tunc*), restabelecendo, para o futuro e até decisão final na ADI, **a lei anteriormente vigente** (ADI nº 1.423 – QO, relator Ministro Moreira Alves, DJU de 06/06/1997), sendo necessário, em qualquer dos casos, salvo durante o recesso, o **julgamento colegiado** (embora em hipóteses de comprovado **perecimento de direito**, mesmo fora do recesso, tenha sido excepcionada a possibilidade de decisão monocrática, pelo relator, sobre a medida cautelar, mas *ad referendum* do Plenário: ADIMC nº

3.273, relator Ministro Carlos Britto, DJU de 23/08/2004), com o voto favorável mínimo de **seis Ministros** (maioria absoluta dos membros, com o quorum mínimo de oito), além da **prévia audiência** (salvo **excepcional urgência**) dos **órgãos ou autoridades** vinculados à lei ou ato normativo, os quais têm prazo de cinco dias para informações, podendo o relator ouvir, em três dias, o **Advogado-Geral da União** e o **Procurador-Geral da República**, garantida a **sustentação oral** na sessão de julgamento (artigo 10, e §§ 1º e 2º do artigo 11), inclusive em favor do *amicus curiae* (ADI nº 2.777 – QO, relator Ministro Cezar Peluso, Informativo STF nº 331);

(4) concedida a medida cautelar, são requisitadas **informações**, a serem prestadas em trinta dias, podendo o relator, por decisão irrecorrível, admitir a **manifestação, no mesmo prazo, de órgãos e entidades** (*amici curiae*), **quando dotados de representatividade e for relevante a matéria**, e ainda ouvir, no prazo sucessivo de quinze dias, o **Advogado-Geral da União, curador** especial da lei ou ato normativo impugnado (ADI nº 480, relator Ministro Paulo Brossard, DJU de 25/11/94), e o **Procurador-Geral da República** (artigo 6º, § 2º do artigo 7º, artigo 8º e *caput* do artigo 11);

(5) se ainda necessárias, sempre observado o prazo de trinta dias, podem ser requisitadas **novas informações**, designados **peritos ou comissão de peritos**, fixada **audiência pública** para depoimento de pessoas com experiência e autoridade na matéria, ou **solicitadas informações aos Tribunais** a propósito da aplicação da norma impugnada no âmbito da respectiva jurisdição (artigo 9º);

(6) concluída a instrução, o relator deve lançar nos autos relatório, com cópia aos demais membros da Corte, e pedir dia para julgamento (artigo 9º); e

(7) se declarada a inconstitucionalidade da lei ou ato normativo, pode o Tribunal, por motivo de **segurança jurídica ou excepcional interesse social** (e mesmo **boa-fé** dos prejudicados pelo efeito retroativo da declaração: RE nº 442.683, relator Ministro Carlos Velloso, DJU de 24/03/2006), e observado o voto de **dois terços** dos seus membros, **restringir os efeitos de tal declaração ou fixar a sua eficácia somente a partir do trânsito em julgado ou de outro momento a ser deliberado** (artigo 27: **modulação** dos efeitos aplicáveis, tanto no controle concentrado e abstrato, como no difuso e concreto – AC nº 189 – MC – QO, relator Ministro Gilmar Mendes, DJU de 27/08/2004 –, mas não no âmbito da formulação do juízo, próprio do direito intertemporal, de mera revogação de lei anterior por incompatibilidade com a Constituição posterior – RE nº 395.902 – AgR, relator Ministro Celso de Mello, DJU de 25/08/2006).

A Lei nº 9.868/1999 previu um **rito sumário**, pelo qual, diante do pedido de medida cautelar, **relevância da matéria e especial significado para a ordem social e segurança jurídica**, são requisitadas **informações em dez dias**, e colhida **manifestação do Advogado-Geral da União e do Procurador-Geral da República**, no prazo sucessivo de **cinco dias**, para **conversão** do julgamento da medida cautelar em julgamento de **mérito da ADIN**, em caráter definitivo, se assim for deliberado pelo Tribunal (artigo 12).

Os prazos fixados na Lei nº 9.868/1999 **não são contados em dobro** em favor da Fazenda Pública (artigo 188, CPC), por se cuidar de procedimento de natureza objetiva, que não se confunde com os regulados pelo Código de Processo Civil (ADI nº 2.130 – AgR, relator Ministro Celso de Mello, DJU de 14/12/2001).

O artigo 27 da Lei nº 9.868/1999 confere ao Supremo Tribunal Federal a faculdade de atribuir eficácia à declaração de inconstitucionalidade adaptada às necessidades do caso concreto. Assim, por exemplo, poderia a Corte, como ensina o Ministro Gilmar Mendes (Jurisdição, 2005, p. 395), alternativamente: *"a) declarar a inconstitucionalidade apenas a partir do trânsito em julgado da decisão (declaração de inconstitucionalidade ex nunc), com ou sem repristinação da lei anterior; b) declarar a inconstitucionalidade com a suspensão dos efeitos por algum tempo a ser fixado na sentença (declaração de inconstitucionalidade com efeito pro futuro), com ou sem repristinação da lei anterior; c) declarar a inconstitucionalidade sem a pronúncia de nulidade, permitindo que se opere a suspensão de aplicação da lei e dos processos em curso até que o legislador, dentro de prazo razoável, venha a se manifestar sobre a situação inconstitucional (declaração de inconstitucionalidade sem pronúncia de nulidade = restrição de efeitos); e eventualmente, d) declarar a inconstitucionalidade dotada de efeito retroativo, com preservação de determinadas situações".*

4.4.2.2. Ação Declaratória de Constitucionalidade (ADC)

A Ação Declaratória de Constitucionalidade – ADC –, instituída pela EC nº 3/1993 e aperfeiçoada pela EC nº 45/2004 (artigos 102, I, *a*, e § 2º, e 103, CF), opera, no sistema vigente, como instrumento complementar da ação direta de inconstitucionalidade na tutela, em abstrato, e concentrada no Supremo Tribunal Federal, da integridade do ordenamento jurídico em relação às leis e atos normativos editados em confronto formal ou material com a Constituição Federal.

A ADC distingue-se da ADI, basicamente, porque busca solucionar uma situação de comprovado **dissídio jurisprudencial**, existente em relação à **constitucionalidade** de lei ou ato normativo, **exclusivamente federal**. Embora a legislação esteja protegida pela **presunção de constitucionalidade**, esta não é absoluta, mas apenas **relativa**, permitindo, pois, que, por meio de decisão judicial, proferida com observância do devido processo legal, seja afastada a aplicação da lei ou ato normativo impugnado de inconstitucional pelas partes, em litígio com invocação ou defesa de direitos subjetivos.

A multiplicação de demandas, de tal natureza e teor, com a materialização de **decisões judiciais conflitantes** na interpretação da lei ou ato normativo federal, especificamente quanto à respectiva constitucionalidade, ao colocar em risco a **segurança jurídica**, os **interesses envolvidos na aplicação do direito** e, sobretudo, a **isonomia** entre os jurisdicionados sujeitos aos diversos Juízos e instâncias, exigiu, como concluiu o próprio constituinte derivado, a criação de um instrumento processual próprio de superação de tal **crise efetiva de interpretação**.

Note-se que o pressuposto da **controvérsia judicial estabelecida**, considerada a existência de **decisões conflitantes**, quanto à constitucionalidade de lei ou ato normativo federal, devidamente comprovada em sua **relevância, conteúdo e extensão**, é essencial para que a ADC não seja transformada em mero **instrumento de consulta** sobre tema constitucional (ADCMC nº 8, relator Ministro Celso de Mello, DJU de 04/04/2003). Ainda que o controle concentrado e abstrato de constitucionalidade não se caracterize pela discussão de direito subjetivo, é certo que a jurisdição somente é jurisdição se destinada à resolução de um conflito, ainda que no plano de um interesse objetivo, relacionado, na espécie, à proteção da supremacia da Constituição e à adequação formal e material da ordem jurídica, na sua integralidade, aos seus postulados.

Certo que o **Código de Processo Civil** estabelece, para a situação de conflito de interpretação, a disciplina do procedimento de **uniformização da jurisprudência**, no âmbito de cada Tribunal; e, além disso, a própria Constituição Federal instituiu, a propósito, as **súmulas vinculantes**, a partir da jurisprudência de mérito da Suprema Corte, reiterada e dominante (artigo 103-A), mas em ambos os casos na esfera do **controle difuso e concreto**, com a discussão de **direitos subjetivos**. No âmbito do controle concentrado e abstrato, não havia, porém, qualquer meio processual específico de coibir tal situação de **instabilidade e perplexidade**, gerada pelo **conflito de interpretação e aplicação** quanto à constitucionalidade de lei e ato normativo, até a **EC nº 3/1993**, quando criada a ADC como meio de restabelecer a segurança jurídica, atribuindo à Suprema Corte, desde logo, e independentemente do sistema recursal extraordinário, o exame da controvérsia judicial estabelecida em detrimento da presunção de constitucionalidade das leis e atos normativos.

A crítica à constitucionalidade da ADC, por ofensa a diversos princípios, entre os quais os derivados do devido processo legal, dado que se trataria de uma avocatória, no interesse do Poder Público – enquanto parte, afetada por decisões judiciais de inconstitucionalidade proferidas em ações no controle difuso e concreto –, restou, porém, superada pela Suprema Corte, na ADC nº 1 – QO, que declarou a constitucionalidade da EC nº 3/1993.

A ADC, tal como a ADI, possui caráter **dúplice ou ambivalente**, de modo a permitir, pois, que a decisão final declare a constitucionalidade ou a inconstitucionalidade, conforme seja procedente ou improcedente o pedido formulado. Todavia, enquanto na ADI o autor deduz pedido de declaração de inconstitucionalidade, na ADC a pretensão é formulada no sentido de que seja declarada a constitucionalidade da lei ou ato normativo sobre o qual esteja a dissentir, de forma grave, o Poder Judiciário.

A **legitimidade ativa** para a ADC, limitada na EC nº 3/1993, foi ampliada pela EC nº 45/2004, coincidindo com o que previsto para a ADI (artigo 103, CF). A Lei nº 9.868/1999 **unificou, em diversos aspectos, a disciplina das duas ações** (documentos da inicial, poderes liminares do relator, agravo de indeferimento de inicial, desistência, intervenção de terceiros, vista ao Procurador-Geral da República, informações suplementares, peritos, audiência pública, informações judiciais, maioria qualificada para votação e deferimento de cautelar e julgamento do mérito, recorribilidade restrita a embargos declaratórios, descabimento de ação rescisória, e cabimento de reclamação etc.), sem, porém, prejudicar a edição de regras específicas, próprias à finalidade e ao objeto da ADC (por exemplo, artigos 14, III, e 21).

A **medida cautelar** é cabível, mediante a comprovação sumária da existência e da gravidade concreta dos efeitos do dissídio jurisprudencial sobre o tema constitucional e, mais, com a demonstração concomitante da plausibilidade jurídica de que é constitucional a lei ou ato normativo, confirmando, em cognição provisória, a sua presunção de constitucionalidade, a fim de que seja, então, determinado que *"os juízes e os Tribunais suspendam o julgamento dos processos que envolvam a aplicação da lei ou do ato normativo objeto da ação até seu julgamento definitivo"*, o qual deve ocorrer no prazo de **cento e oitenta dias**, sob pena de perda de eficácia da medida cautelar (artigo 21 da Lei nº 9.868/1999).

O procedimento aplicável à espécie exibe outro diferencial, porque não prevista a intervenção do **Advogado-Geral da União**, o que tem sido objeto de crítica, na medida em que, por seu caráter dúplice ou ambivalente, a decisão de mérito na ADC pode ser de improcedência, resultando, pois, na declaração de inconstitucionalidade da lei ou ato normativo, o que justificaria a presença de um curador especial, tal como na ADI, ainda que na ADC o pedido do autor seja formulado no sentido da declaração de constitucionalidade.

A atuação dos **co-legitimados para a ADC**, através de juntada de memoriais e documentos, assim como a manifestação de **outros órgãos e entidades** (*amici curiae*), em caso de relevância da matéria e de representatividade dos postulantes, a juízo do relator, eram previstas pelos §§ 1º e 2º do artigo 18 da Lei nº 9.868/1999, os quais foram, porém, vetados pelo Presidente da República, tal como o § 1º do artigo 7º, em virtude de prejuízo à celeridade processual, embora tenha sido ressalvada *"a possibilidade de o Supremo Tribunal Federal, por meio de* **interpretação sistemática***, admitir no processo da ação declaratória a abertura processual prevista para a ação direta no § 2º do art. 7º"* (Mensagem de Veto nº 1.674, de 10/11/1999, grifamos).

Pelo efeito *erga omnes* da decisão, todos os que se sujeitam à relação jurídica, disciplinada pela lei ou ato normativo federal, declarado constitucional pelo Supremo Tribunal Federal, ficam atingidos pela coisa julgada. Por outro lado, em função do seu efeito **vinculante**, todos os órgãos do Poder Judiciário, da Administração Pública direta e indireta, federal, estadual e municipal, ficam obrigados à observância do preceito, com desconstituição de decisões e atos praticados contra a declaração de constitucionalidade, e proibição a que decisões e atos pendentes e, sobretudo, os futuros sejam elaborados e consumados em contrariedade com o pronunciamento judicial definitivo de mérito, sob pena de **reclamação**.

4.4.2.3. Ação Direta de Inconstitucionalidade Interventiva (ADI-I)
Tal modalidade de controle de constitucionalidade, não genérico, mas **específico**, **concentrado** no Supremo Tribunal Federal, tem o **efeito abstrato** de conduzir à declaração de inconstitucionalidade de lei ou ato normativo **estadual ou distrital**, se eventualmente violados, pelo ente autônomo, os denominados **princípios constitucionais sensíveis**, previstos no **inciso VII do artigo 34** da Constituição de 1988: forma republicana, sistema representativo, regime democrático, direitos da pessoa humana, autonomia municipal, prestação de contas da administração pública direta e indireta, e aplicação do mínimo exigido da receita de impostos estaduais, incluída a proveniente de transferências, na manutenção e desenvolvimento do ensino e nas ações e serviços públicos de saúde.

A fiscalização de inconstitucionalidade, em tal hipótese, sujeita-se à **iniciativa exclusiva do Procurador-Geral da República**, competente para ajuizar a **ação direta de inconstitucionalidade interventiva**, cujo **provimento** (sem previsão específica de cautelar na Lei nº 4.337/1964), pelo **Supremo Tribunal**

Federal, acarreta, em abstrato, a **declaração de inconstitucionalidade** da lei ou ato normativo estadual ou distrital, permitindo, com o trânsito em julgado e se for necessária, a **intervenção federal**, como **efeito concreto e condenatório da decisão judicial**.

Cabe ao **Presidente da República** (artigo 84, X, CF), por requisição do Supremo Tribunal Federal e independentemente de controle parlamentar (artigo 36, § 3º, CF), a expedição do **decreto de intervenção federal**, fixando a sua amplitude, prazo e condições. Segundo a sua extensão, a intervenção federal pode ser **mínima (ou normativa)**, quando a mera suspensão da **execução da lei ou ato normativo**, declarado inconstitucional pelo Supremo Tribunal Federal, for **suficiente** para restabelecer a normalidade constitucional; ou pode ser **plena**, quando seja necessária, além da suspensão normativa, a adoção de outras medidas, mais graves, com restrição à autonomia federativa, como, por exemplo, a nomeação de **interventor federal**, o **afastamento das autoridades estaduais ou distritais** dos seus cargos, a convocação de **forças federais** para a garantia da ordem e segurança pública etc.

Tendo em vista o **caráter excepcional** da intervenção federal, dado o princípio da **autonomia federativa**, e a **responsabilidade política** (crime de responsabilidade) que pode ser gerada, caso configurado o abuso no exercício da prerrogativa, o decreto presidencial deve ser **criterioso**, na fixação da amplitude, prazo e condições da execução do ato, limitado ao que for **estritamente necessário** para superar a **crise federativa**.

4.4.2.4. Ação Direta de Inconstitucionalidade por Omissão (ADI-O)

A disciplina constitucional da ação direta de inconstitucionalidade por omissão é sucinta, e restrita ao § 2º do artigo 103 da Carta de 1988, que revela que se cuida de instrumento do controle **concentrado** (competência originária do STF) e **abstrato** (inexistência de discussão de interesse ou direito subjetivo) de constitucionalidade, em face **não de lei ou ato normativo**, mas de **omissão, parcial ou integral**, atribuída a órgão sujeito à jurisdição constitucional da Corte Suprema, com violação às **obrigações constitucionais de legislar** (Poder Legislativo) ou de elaborar atos de **intermediação normativa** (órgãos administrativos), essenciais à eficácia de preceitos da Constituição.

A gravidade da **omissão inconstitucional**, enquanto **muro e freio à eficácia do sistema de tutela constitucional de direitos e garantias fundamentais**, revela a **importância e a necessidade do fortalecimento dos mecanismos de controle de constitucionalidade da mora legislativa ou normativa do Estado, como ensina a Suprema Corte, em lapidar precedente (ADIMC nº 1.458, relator Ministro Celso de Mello, DJU de 20/09/1996).

A competência do Supremo Tribunal Federal define-se em relação a qualquer dos órgãos e Poderes incumbidos, pela Constituição Federal, de promover a intermediação legislativa ou normativa necessária à eficácia de seus preceitos, tendo legitimidade ativa para a ação todos os indicados no artigo 103 da Constituição Federal.

Embora seja aplicável, como regra, o procedimento previsto para a ADI, inclusive nos termos da Lei nº 9.868/1999, a ADI-O possui peculiaridades, como por exemplo: **(1) não cabe medida cautelar** (artigo 102, I, *p*, CF), pois incompatível com o objeto e a natureza desta espécie de ação (ADIMC nº 1.439, relator Ministro Celso de Mello, DJU de 30/05/2003); **(2) não se ouve o Advogado-Geral da União**, por inexistir ato passível de defesa por curador especial (ADI nº 480, relator Ministro Paulo Brossard, DJU de 25/11/1994); e **(3) os efeitos da decisão definitiva são declaratórios** para o Poder Legislativo, que é cientificado do estado de mora e de sua inconstitucionalidade para que sejam adotadas as medidas pertinentes, mas são **mandamentais para os órgãos administrativos**, os quais são cientificados para superar a omissão, com o exercício da competência constitucional fixada, no prazo de trinta dias, sob as penas da responsabilidade, inclusive criminal, conforme o caso.

A superação da omissão inconstitucional, pela autoridade administrativa, não se alcança com a edição de **ato com efeitos concretos**, mas com o efetivo **exercício da atribuição normativa de conferir eficácia, abstrata e plena, a direito** previsto na Constituição (ADI nº 19, relator Ministro Aldir Passarinho, DJU de 14/04/1989), pois a tutela própria do controle abstrato de constitucionalidade, por **omissão na elaboração de lei ou na consecução normativa infralegal**, não se confunde com a tutela de direito concreto, por isso que distintos os campos de atuação da ação direta de inconstitucionalidade por omissão, de um lado, e do mandado de injunção, de outro.

4.4.2.5. Argüição de Descumprimento de Preceito Fundamental (ADPF)

O último instrumento de controle concentrado e abstrato de constitucionalidade é dos mais complexos, pela previsão constitucional incipiente e pela legislação ordinária polêmica.

O artigo 102, § 1º, com a redação da EC nº 3/1993, apenas previu que a *"argüição de descumprimento de preceito fundamental, decorrente desta Constituição, será apreciada pelo Supremo Tribunal Federal, na forma da lei"*. Consta, pois, do preceito apenas a **competência da Suprema Corte, de forma originária**, vinculada, pois, ao **controle concentrado e abstrato**; e, como objeto da argüição, a tutela de preceito fundamental, relegando à legislação, no mais, a disciplina do tema.

A Lei nº 9.882/1999 instituiu, no *caput* do artigo 1º, duas modalidades de tutela do bem jurídico-constitucional, a preventiva e a repressiva, destinadas, respectivamente, a *"evitar ou reparar lesão a preceito fundamental, resultante de ato do Poder Público"*.

Embora limitada a argüição, na **subjetividade passiva**, às lesões praticadas pelo **Poder Público**, houve a ampliação da tutela com relação ao objeto, comparado ao dos demais instrumentos de controle de constitucionalidade, pois, segundo as modalidades do *caput* do artigo 1º da Lei nº 9.882/1999, os **"atos do Poder Público"** impugnáveis são, naturalmente, os de **feição normativa** – sem incluir, porém, a interpretação da lei contida em súmulas (ADPF – AgR nº 80, relator Ministro Eros Grau, DJU de 10/08/2006) –, mas abrangendo ainda os atos **não-normativos** (ADPF-QO nº 1, relator Ministro Néri da Silveira, DJU de 07/11/2003), como os **"simplesmente materiais"** (Silva, Comentário, 2006, p. 554).

Não se teve, contudo, uma definição legal objetiva de **"preceito fundamental"**. A construção é, pois, doutrinária e, sobretudo, jurisprudencial, incluindo, especialmente, os **direitos e garantias fundamentais (individuais, coletivos e sociais), os princípios constitucionais sensíveis, as cláusulas pétreas e quaisquer outros princípios de valor, ou mesmo regras, que identifiquem, materialmente, o compromisso ideológico da Constituição e os fundamentos da organização política, social e econômica**.

Além do cabimento da ADPF na tutela contra a lesão a preceito fundamental, a Lei nº 9.882/1999 criou uma segunda modalidade de ADPF, *"quando for relevante o fundamento da controvérsia constitucional sobre lei ou ato normativo federal, estadual ou municipal, incluídos os anteriores à Constituição"* (artigo 1º, parágrafo único, I).

Critica-se o preceito, por exceder os limites constitucionais da argüição, com a concentração na cúpula do Poder Judiciário de praticamente toda a jurisdição constitucional, considerando a extensão do objeto, em prejuízo das instâncias ordinárias, e dos princípios do juiz natural e do devido processo legal. Tal hipótese de argüição, por **equiparação legal**, segundo denominação doutrinária, amplia o controle concentrado e abstrato de constitucionalidade além dos limites possíveis nas vias tradicionais (ADI e ADC), permitindo, em prol do cumprimento de preceito fundamental, o exame da constitucionalidade, quando **relevante a controvérsia**, de **lei ou ato normativo**, não apenas federal ou estadual, como também municipal, e ainda que anterior à Constituição Federal vigente (direito pré-constitucional), o que antes somente era possível através do controle difuso e concreto.

A despeito da crítica doutrinária, no julgamento da ADPF nº 33 – MC, o Ministro Gilmar Mendes, relator (DJU de 06/08/2004), salientou, em prol da extensão do objeto da ADPF, que:

> "(...) a lesão a preceito fundamental não se configurará apenas quando se verificar possível afronta a um princípio fundamental, tal como assente na ordem constitucional, mas também a disposições que confiram densidade normativa ou significado específico a esse princípio. Tendo em vista as interconexões e interdependências dos princípios e regras, talvez não seja recomendável proceder-se a uma distinção entre essas duas categorias, fixando-se um conceito extensivo de preceito fundamental, abrangente das normas básicas contidas no texto constitucional (...) A possibilidade de incongruências hermenêuticas e confusões jurisprudenciais decorrentes dos pronunciamentos de múltiplos órgãos pode configurar uma ameaça a preceito fundamental (pelo menos, ao da segurança jurídica), o que também está a recomendar uma leitura compreensiva da exigência aposta à lei da argüição, de modo a admitir a propositura da ação especial toda vez que uma definição imediata da controvérsia mostrar-se necessária para afastar aplicações erráticas, tumultuárias ou incongruentes, que comprometam gravemente o princípio da segurança jurídica e a própria idéia de prestação judicial efetiva. Ademais, a ausência de definição da controvérsia – ou a própria decisão prolatada pelas instâncias judiciais – poderá ser a concretização da lesão a preceito fundamental. Em um sistema dotado de órgão de cúpula, que tem a missão de guarda da Constituição, a multiplicidade ou a diversidade de soluções pode constituir-se, por si só, em uma ameaça ao princípio constitucional da segurança jurídica e, por conseguinte, em uma autêntica lesão a preceito fundamental."

Podem propor a ADPF os mesmos legitimados para a ADI e ADC, nos termos do artigo 103 da Constituição Federal, sem prejuízo da representação, pelo interessado, dirigida ao Procurador-Geral da República, para solicitar a propositura da argüição, competindo-lhe, porém, decidir, discricionariamente, sobre o cabimento, ou não, da medida (artigo 2º da Lei nº 9.882/1999).

A petição inicial deve conter a indicação do preceito fundamental violado e do ato questionado, a prova da ofensa a preceito fundamental ou da controvérsia constitucional relevante sobre a aplicação do preceito fundamental violado, e o pedido com suas especificações; além de instrumento de mandato, salvo se subscrita a inicial diretamente por qualquer dos legitimados constitucionalmente, e cópias de documentos (artigo 3º da Lei nº 9.882/1999). Cabe ao relator indeferir a petição inicial, em caso de inépcia, inadequação da via ou falta de requisito específico da lei especial, ressalvada a impugnação por agravo (artigo 4º, *caput* e § 2º, da Lei nº 9.882/1999).

É requisito específico e essencial de admissibilidade da ADPF a **inexistência de outro meio eficaz** de evitar ou reparar a lesão (§ 1º do artigo 4º da Lei nº 9.882/1999). O princípio da **subsidiariedade**, presente na redação legal, provoca controvérsia. Diante de tal **pressuposto negativo de admissibilidade**, formaram-se **duas correntes** de interpretação: uma primeira, pela qual a possibilidade de tutela do preceito fundamental impede a ADPF, **qualquer que seja a via existente, desde que eficaz** (controle concentrado ou difuso: MS, HC, RE, ADI, ADC etc.); ao passo que, pela segunda corrente, a restrição à admissibilidade da ADPF somente é possível se **cabível a tutela do preceito fundamental por outra via do controle concentrado, abstrato e objetivo de constitucionalidade**, pois apenas assim estaria garantida a proteção do direito com a mesma **eficácia geral, vinculante, definitiva e imediata** (decisões monocráticas: ADPF nº 76, relator Ministro Gilmar Mendes, DJU de 20/02/2006; ADPF nº 78, relator Ministro Carlos Britto, DJU de 14/09/2005; e ADPF nº 79, relator Ministro Cezar Peluso, DJU de 04/08/2005).

Tendo em vista que o controle abstrato, concentrado e objetivo, por ADI ou ADC, não pode alcançar **lei municipal, lei federal ou estadual de efeito concreto, direito pré-constitucional, decisão judicial ou ato administrativo concreto**, resta claro que, em tais casos, segundo a concepção restritiva do requisito negativo de admissibilidade, somente caberá a ADPF como via própria para a tutela eficaz do preceito fundamental. Para a outra corrente, a discussão depende da eficácia possível nas vias difusas e subjetivas de controle de constitucionalidade, segundo as circunstâncias do caso concreto.

O caráter subsidiário da ADPF impede a sua admissão quando cabível a discussão da inconstitucionalidade em outra via do controle concentrado e abstrato. Porém, o princípio do **aproveitamento e utilidade** dos atos processuais impede a decretação da extinção do processo, sem exame do mérito, permitindo, em favor do princípio da **efetividade da jurisdição**, a **conversão da ADPF em ADI ou ADC** para regular processamento, se presentes os respectivos requisitos específicos de admissibilidade (ADPF nº 72 – QO, relatora Ministra Ellen Gracie, DJU de 01/12/2005).

Cabe **liminar** em ADPF, por decisão da **maioria absoluta** dos membros da Corte, **facultada a prévia oitiva** do requerido, do Advogado-Geral da União e do Procurador-Geral da República, no prazo comum de cinco dias; sendo possível a **concessão da medida pelo relator**, *ad referendum*, no período de recesso ou em caso de extrema urgência ou perigo de lesão grave; a liminar pode **suspender a eficácia do ato do Poder Público**, questionado como lesivo a preceito fundamental, ou determinar a órgãos do Poder Judiciário a **suspensão dos processos** (e não apenas do julgamento como na ADC: artigo 21 da Lei nº 9.868/1999) **ou dos efeitos de decisões judiciais**, ou de qualquer outra medida relacionada com o objeto da ADPF, salvo na hipótese de **coisa julgada** (artigo 5º da Lei nº 9.882/1999).

Apreciada a liminar, são requisitadas **informações**, em dez dias, e colhido, em cinco, o parecer do Ministério Público, se não tiver sido o autor da ADPF; e, se necessário, podem ser ainda **ouvidas as partes do processo** em que descumprido o preceito fundamental, requisitadas informações **complementares**, indicados **peritos ou comissão para parecer**, designada **audiência pública para declarações** de pessoas com **experiência e autoridade na matéria discutida**, autorizada a **juntada de memoriais** e, no julgamento, **a sustentação oral** a requerimento dos **interessados no processo** (artigo 6º, e parágrafo único do artigo 7º da Lei nº 9.882/1999).

No julgamento da ADPF exige-se o quorum de **dois terços dos membros e o voto favorável de maioria absoluta** para a declaração de inconstitucionalidade; proferida a decisão, os requeridos são comunicados sobre condições, modo de interpretação e aplicação do preceito fundamental, com determinação de seu **imediato cumprimento**, independentemente de acórdão, lavrado posteriormente.

A decisão de mérito tem eficácia *erga omnes*, retroativa e vinculante para os demais órgãos do Poder Judiciário e da Administração Pública, direta e indireta, federal, estadual ou municipal (§ 3º do artigo 10).

Note-se que o efeito vinculante na ADPF foi instituído pelo artigo 10, § 3º, da Lei nº 9.882/1999, sem previsão constitucional específica. Isso igualmente ocorreu com a ADI, como comprova o artigo 28, parágrafo único, da Lei nº 9.868/1999, anterior à própria EC nº 45/2004, sem que se cogitasse de inconstitucionalidade, especialmente pela identidade, com *sinal trocado*, entre ADI e ADC, esta dotada de efeito vinculante, conforme a EC nº 3/1993. Embora a similitude entre ADPF, de um lado, e ADI e ADC, de outro, seja mais restrita, a natureza abstrata e objetiva do controle de constitucionalidade, comum a todas as ações, tende a influir no reconhecimento da validade do efeito vinculante criado por lei, diante da necessidade de segurança jurídica, redução da litigiosidade e adequação dos atos do Poder Público ao parâmetro de legitimidade fixado pelo pronunciamento judicial definitivo da Suprema Corte.

Ainda com relação à decisão de mérito na ADPF, a Lei nº 9.882/1999 previu, como na Lei nº 9.868/1999, a **modulação** da declaração judicial, por motivo de **segurança jurídica ou excepcional interesse social**, observado o voto favorável de dois terços dos membros da Corte, permitindo, assim, a limitação dos efeitos da inconstitucionalidade, segundo critérios razoáveis e pertinentes, ou a fixação de sua eficácia somente a partir do trânsito em julgado ou de outro momento deliberado (artigos 10 e 11 da Lei nº 9.882/1999).

Contra a decisão proferida, procedente ou improcedente, **não cabe recurso, nem ação rescisória, ressalvada a reclamação** para a garantia da autoridade do julgado (artigos 12 e 13 da Lei nº 9.882/1999). A Lei da ADPF, mesmo sendo posterior à da ADI/ADC, não ressalvou os embargos de declaração, como na Lei nº 9.868/1999. Não se cuida, porém, de hipótese de *"silêncio eloqüente"*, pois o que se veda, lógica e sistematicamente, é a interposição de recurso com caráter exclusivamente infringente, que não é próprio dos embargos de declaração, embora por força de deturpação isto possa ocorrer (legitimando, neste caso, a aplicação de multa, se manifestamente protelatório o recurso: parágrafo único do artigo 538 do Código de Processo Civil), daí porque o princípio da recorribilidade limitada deve ser igualmente aplicado na ADPF, tal como previsto no âmbito da ADI e ADC.

Capítulo 5
Direitos e Garantias Individuais e Coletivos

5.1. HISTÓRICO

Os direitos e garantias fundamentais constituem **patrimônio da Humanidade**, conquistados ao longo dos tempos, a partir das lições de fraternidade, igualdade e dignidade da pessoa humana, desde o **Cristianismo** e, pelos séculos afora, foram edificados com a influência de fatos históricos e sociais, e correntes de pensamento político, filosófico, econômico e cultural, como o **Jusnaturalismo, Iluminismo, Liberalismo, Socialismo e Social-Democracia**, entre outros.

Historicamente, as **Revoluções Inglesa (1688), Americana (1776), e Francesa (1789)** são marcos decisivos na construção e evolução dos direitos fundamentais, conduzindo a **rupturas político-institucionais** de modelos de Estado e, portanto, de Constituição. Houve, é certo, documentos históricos anteriores, como a célebre *"Magna Charta Libertatum" de 1215* do Rei João Sem Terra em favor da aristocracia e, ainda na linha da forte tradição política inglesa, a *"Petition of Rights" de 1628*, *"Habeas Corpus Amendment Act" de 1679*, *"Bill of Rights" de 1688* (base da Monarquia Constitucional Inglesa), e o *"Act of Settlement" de 1701*.

Foi na América, porém, que surgiu, antes mesmo da República e da Federação, o que se considera a **primeira moderna Declaração de Direitos**. Não ainda, propriamente, nos Estados Unidos, mas pelas mãos do **Povo da Virgínia**, no *"Bill of Rights" de 1776*, documento que se destacou no universo de todos os congêneres, elaborados pelas demais ex-colônias (desde a *"Charter of New England" de 1620* até a *"Charter of Georgia" de 1732*). A **Constituição Americana de 1787**, apesar do teor libertário e individualista da **Declaração de Independência dos Estados Unidos da América de 1776**, sequer criou, embora por resistência dos próprios estados-membros, uma declaração de direitos fundamentais, o que somente veio a ocorrer em **1791**, com as primeiras **10 Emendas**, hoje amplamente conhecidas, em especial a 1ª (liberdades de religião, expressão, imprensa e reunião, e direito de petição) e a 5ª (direitos de propriedade e de defesa, não-auto-incriminação, e princípio do juiz natural e devido processo legal).

Na França, a Declaração dos Direitos do Homem e do Cidadão de 1789, inovadora em função do **caráter universal** do tratamento conferido aos direitos declarados, foi incorporada como preâmbulo da Constituição Francesa de 1791, sucedida pela Constituição de 1793, que ampliou o rol dos direitos fundamentais.

A era dos direitos e garantias individuais e coletivos conheceu e sofreu o impacto das **revoluções socialistas**, que incorporaram uma **nova categoria de fundamentalidade**, a dos **direitos e garantias sociais relacionados à classe trabalhadora**. Foram documentos históricos desta fase de evolução dos direitos fundamentais, o **Manifesto Comunista de 1848**, a Constituição Francesa de 1848, a Declaração dos Direitos do Povo Trabalhador e Explorado de 1918 e a Constituição Russa de 1918. De fundo não-revolucionário no sentido marxista, mas sob a influência dos direitos sociais, destacaram-se, historicamente, a **Constituição Mexicana de 1917 e a Constituição de Weimar de 1919**, que inspiraram, no Brasil, a **Constituição de 1934**.

A fase contemporânea dos direitos e garantias fundamentais foi inaugurada com a **Declaração Universal dos Direitos do Homem de 1948**, aprovada pela Organização das Nações Unidas, cuja autoridade encontra-se menos na sua força normativa, e mais no **consenso político** de que representa uma **conquista inalienável da Humanidade e da Civilização**.

5.2. CLASSIFICAÇÃO

Os direitos fundamentais podem ser classificados, **primeiramente**, de acordo com a sua **evolução**, por gerações.

A **primeira geração**, vinculada ao **Estado Liberal pós-absolutista**, caracterizado como **Estado mínimo**, refere-se aos direitos centrados na **individualidade**, ideologicamente de **resistência e oposição** ao Estado-opressor, dele exigindo abstenção e contenção **em favor do cidadão**. Tais direitos caracterizam-se pelo seu **conteúdo negativo**, próprio ao desenvolvimento das **liberdades públicas (direitos civis e políticos)**, sobretudo em face do próprio Estado, cuja função é respeitar as aspirações individuais, produzindo uma limitação mínima e necessária à convivência comum.

O **liberalismo político** tornou-se, ainda e especialmente, a prática estatal de um **liberalismo econômico**, segundo a máxima do *"laissez faire, laissez passer"*, que coloca o Estado na condição, não mais de agente, mas de mero regulador da atividade produtiva, cuja **iniciativa** pertence, então, ao indivíduo, livre sob o pressuposto de que a economia é auto-regulável e auto-sustentável, capaz de alcançar equilíbrio próprio, segundo os fundamentos da doutrina da *"mão invisí-*

vel" de Adam Smith. Pertencem à primeira geração todos os direitos de liberdade, civil, política, ideológica, econômica etc., e suas projeções, que se desenvolveram no curso dos séculos XVIII a XX.

A **segunda geração** de direitos fundamentais surge com o esgotamento do modelo político-econômico liberal, e coincide com a era do **Estado Social de Direito, ou *Welfare State*,** no século XX, quando mais do que apenas garantir a liberdade individual tornou-se essencial a **ruptura da inércia do Estado,** assumindo este a responsabilidade pela execução de **políticas de equalização social ou de compensação de desigualdades sociais.** Os conflitos e injustiças do capitalismo liberal, radicalizado na busca da acumulação do capital e do lucro, e que concebia a sociedade como mero mercado, exigiu, politicamente, a concepção de um modelo de **Estado intervencionista,** mas não opressor, responsável por distribuir **justiça social** por meio de políticas públicas específicas, respondendo aos anseios dos movimentos ideológicos de esquerda, em defesa da **classe trabalhadora** e, de forma geral, às categoriais marginalizadas do processo de desenvolvimento, em favor das quais o Estado, através de **prestações públicas positivas** (materiais, administrativas ou normativas), deveria criar ou implementar os denominados **direitos de inclusão** social, econômica e cultural, relacionados ao trabalho, seguridade social, educação, saúde, entre outros.

Nascem, pois, os **direitos sociais,** individuais e coletivos, para proteção social de **trabalhadores, idosos, crianças e adolescentes, e hipossuficientes em geral,** refletindo, na essência, a preocupação com a criação de um **espaço de convivência social justo e equilibrado,** buscando conciliar as liberdades individuais, exercidas em meio aos conflitos inerentes à disputa desigual entre desiguais, com as aspirações mínimas, comuns e necessárias a toda sociedade politicamente organizada.

A **terceira geração** completa a **trilogia de valores** defendida pela Revolução Francesa, ao lado da liberdade e igualdade, agora a **fraternidade ou solidariedade,** extrapolando a individualidade do ser humano e a coletividade política, nos limites do Estado, para abranger, inclusive, a **Humanidade,** enquanto máxima **categoria subjetiva de direitos.** A tutela alcança os direitos necessários ao desenvolvimento do homem, individual, coletiva e universalmente, assim como à própria existência dos demais seres vivos, do meio ambiente e do planeta. Tal geração de direitos busca garantir o **meio ambiente equilibrado, o patrimônio universal (material ou imaterial), o desenvolvimento, a autodeterminação e a paz entre os povos** etc.

Uma parcela da doutrina defende a existência de uma **quarta geração** de direitos fundamentais, relativos à **democracia, informação, pluralismo, patri-**

mônio genético, entre outros; e ainda, finalmente, de uma **quinta geração**, vinculada aos direitos derivados do recente desenvolvimento da **ciência cibernética, abrangendo bens, valores e patrimônio de natureza "virtual"**.

Além da classificação por gerações, uma outra, adotada pela Constituição Federal, enquadra os direitos fundamentais nas seguintes categorias, conforme sua **extensão ou natureza: direitos individuais** (artigo 5º), **direitos coletivos** (artigo 5º), **direitos sociais** (artigos 5º, 193 e seguintes), **direitos de nacionalidade** (artigo 12) e **direitos políticos** (artigos 14 e seguintes). De acordo com uma classificação, ainda diversa, existem os direitos **explícitos e implícitos, os decorrentes dos princípios e do regime adotado** pela Constituição, e, finalmente, os **instituídos por tratados e convenções internacionais**, os quais, quando relativos a **direitos humanos**, são equiparados às **emendas constitucionais** se aprovados, em cada Casa, em dois turnos, por três quintos dos votos dos seus membros (§ 3º do artigo 5º, inserido pela EC nº 45/04).

Tal classificação revela, a propósito, uma característica essencial da Constituição de 1988, a de que o constituinte, apesar da extensão dos incisos no artigo 5º e da existência de outros preceitos esparsos, **não buscou exaurir o rol dos direitos fundamentais**, tanto assim que permitiu, e até mesmo incentivou, que valores inerentes e decorrentes dos princípios e do regime instituído e, sobretudo, os revelados por tratados e convenções internacionais sobre direitos humanos sejam integrados nela, Constituição, com a força normativa especial, própria de emenda constitucional.

5.3. CARACTERÍSTICAS

Os direitos fundamentais expressam **valores essenciais inerentes** à afirmação da **dignidade da pessoa humana**, revelando uma **materialidade substancial**, com base na qual se estabelece a distinção em relação aos demais direitos. Os direitos fundamentais, definidos a partir do valor **"dignidade humana"**, exibem características específicas, que reforçam a sua identidade com **o conteúdo material** da Constituição, protegem a sua essencialidade na relação com outros preceitos constitucionais, e garantem a sua supremacia sobre o ordenamento jurídico e as atividades pública e privada no seio do Estado e da Sociedade.

As características, que identificam os direitos fundamentais, são: historicidade, universalidade, cumulatividade (concorrência), relatividade (limitabilidade), irrenunciabilidade, inalienabilidade e imprescritibilidade.

Primeiramente, os direitos fundamentais são dotados de **historicidade**, no sentido de que revelam uma **conquista histórica e experimental** (não puramente teórica ou abstrata) **da Humanidade, irreversível enquanto patrimônio**, mas, em contrapartida, aberta à **evolução** no seu **conteúdo**, com a busca permanente, a partir das raízes do passado, mas no presente e para o futuro, de um **sentido novo ou acrescido, adequado e eficaz**, segundo a dinâmica da realidade humana e social.

A **universalidade** é a característica que identifica os direitos fundamentais com a **condição humana**, tornando-os, ao mesmo tempo, **tão individuais como universais**, exatamente porque, sendo inerentes a toda e qualquer pessoa humana, pertencem, por extensão necessária e como conquista histórica, a toda a Humanidade, independentemente da condição pessoal, social, econômica, política, cultural, étnica, religiosa ou filosófica de cada indivíduo ou da coletividade, adquirindo, assim, **autoridade e impositividade** qualquer que seja o regime político, com o que se fortalece a formação de um **vínculo de identidade mínima** entre os mais diferentes Estados e Constituições.

A **concorrência ou cumulatividade** dos direitos fundamentais revela que a tutela constitucional é ampla, permitindo que uma mesma pessoa seja titular de diversos direitos todos fundamentais (**cumulatividade subjetiva**), ou que uma mesma condição ou situação jurídica seja constitucionalmente alcançada por diversos direitos fundamentais (**cumulatividade objetiva**), de modo a garantir a mais ampla proteção ao respectivo titular, quando convergente a tutela derivada de diferentes preceitos de valor, ou de sorte a exigir a necessária adequação da extensão de um direito fundamental, quando este seja concretamente colidente com outro igualmente aplicável na disciplina da condição ou situação jurídica específica.

A **relatividade ou limitabilidade** decorre da cumulatividade ou concorrência dos direitos fundamentais. A existência de tal característica não afeta, porém, a essência de cada um dos direitos fundamentais, enquanto valor conquistado, mas apenas exige a contrapartida de que na **aplicação prática** de todo e qualquer direito fundamental seja sempre observado o **contexto pluralista da coexistência com outros direitos, valores, titularidades e subjetividades**. A relatividade dos direitos fundamentais pode ser **prevista em abstrato**, pela própria Constituição, quando limita a regra por meio de ressalva ou exceção como ocorre, por exemplo, inclusive em relação ao direito à vida, que não impede a aplicação da pena de morte em caso de guerra declarada nos termos do artigo 84, XIX (artigo 5º, XLVII, *a*, CF); mas pode tal limitação ocorrer, como mais comum, nas **situações concretas de aplicação**, quando a **colisão** de direitos fundamentais, diante de situações da vida prática, impõe a exigência de conciliação ou **contenção recíproca**, sempre orientada pelos princípios da **razoabilidade** e da **proporcionalidade**, para a **conservação da essência mínima e necessária de cada um deles**.

Os direitos fundamentais, embora possam ser individuais no seu exercício, têm a característica de universais, conquista de toda a Humanidade, de tal modo que a renúncia, ainda que pelo respectivo titular, representa **retrocesso irreparável** no processo construtivo e evolutivo da civilização. É o que justifica a sua proteção, mesmo contra o próprio titular individualmente identificado, por meio da atribuição da característica da **irrenunciabilidade**, que significa **indisponibilidade** em relação aos direitos fundamentais.

A característica da **inalienabilidade** indica que os direitos fundamentais não têm natureza econômico-patrimonial para efeito de disponibilidade, mesmo que pelos seus titulares e ainda que o respectivo objeto possa ser alienável. Não se confunde a inalienabilidade dos direitos fundamentais, em si, decorrência de sua irrenunciabilidade e universalidade, com a existência de valor econômico e patrimonial dos bens, materiais ou imateriais, sobre os quais se projetam e incidem os direitos fundamentais. Como exemplo da distinção: o direito de propriedade é, em si, inalienável, ninguém pode renunciar à condição-prerrogativa de titular, conforme garantido pela Constituição e legislação, do direito de propriedade, **enquanto valor jurídico tutelado**, embora possa, eventualmente, conforme o caso, alienar, na condição de proprietário, **o respectivo bem patrimonial, enquanto mero valor econômico**.

Finalmente, a **imprescritibilidade** dos direitos fundamentais, que significa que a sua titularidade, validade e eficácia não são atingidas por **omissão ou inércia**, culposa ou não, no respectivo **exercício ou defesa**, qualquer que seja o **tempo decorrido**. É possível, porém, que os bens materiais ou imateriais, desde que possuam natureza patrimonial, **enquanto objetos**, sejam atingidos pelos efeitos da prescrição, segundo a legislação, mas sem prejudicar, de modo algum, a **integridade dos próprios direitos fundamentais**, enquanto categoria jurídico-constitucional, indisponível.

5.4. DESTINATÁRIOS

Os **destinatários ou titulares** dos direitos fundamentais, em função da própria característica da **universalidade**, são todas as **pessoas humanas**, segundo a natureza e adequação da condição individual diante do valor jurídico constitucionalmente protegido.

Todavia, tal afirmativa exige certos esclarecimentos, primeiramente em função da redação formalmente restritiva do *caput* do artigo 5º da Constituição Federal, ao referir-se apenas a *brasileiros* e *estrangeiros residentes no País*. Na doutrina, existe lição no sentido de que **estrangeiros não-residentes** estão realmente excluídos da proteção constitucional, embora seus direitos fundamentais estejam resguardados, com idêntica eficácia, pelo Direito Internacional, aplicável no Brasil por força de tratados e convenções internacionais. Deve prevalecer, porém, outro entendimento, coerente com a característica da **universalidade dos direitos fundamentais**, pela qual a expressão *residentes no País* deve ser interpretada como mera **cláusula de territorialidade da jurisdição nacional**, dentro da qual é **plena** a proteção, devida pelo Estado, aos direitos fundamentais, quaisquer que sejam os seus titulares, brasileiros ou os estrangeiros, residentes ou não (Moraes, Direito, 2006, p. 29/30).

Outra questão a discutir é a possibilidade de titularidade de direitos fundamentais por **pessoas jurídicas**, não incluídas na referência textual do *caput* do artigo 5º da Constituição Federal. A resposta é claramente afirmativa, até porque existem direitos fundamentais que, por sua própria natureza, são **comuns a pessoas físicas e jurídicas** (propriedade, ampla proteção judicial, isonomia etc.), e cuja proteção, por outro lado, atende, mesmo que indiretamente, a direitos fundamentais de pessoas humanas, de tal modo a justificar a adequada interpretação, além da meramente literal, da Constituição no ponto específico.

5.5. APLICABILIDADE

A aplicabilidade dos direitos fundamentais remete à discussão sobre a eficácia das respectivas normas, analisadas cada uma **segundo sua estrutura**, e diante da regra geral do § 1º do artigo 5º da Carta Federal, segundo o qual *"as normas definidoras dos direitos e garantias fundamentais têm aplicação imediata"*.

No exame da eficácia das normas constitucionais, observamos que o constituinte, na elaboração dos preceitos, confere-lhes, ou não, aplicabilidade imediata, segundo a exigência, ou não, de **intermediação normativa** do legislador ou do administrador público. O extenso rol, mas **não exaustivo**, dos direitos fundamentais revela que vários deles são protegidos e garantidos "na forma", "nos termos", "de acordo", "segundo", "nos limites da lei" etc. O alcance possível ou exigido da lei, pela Constituição, para a definição dos limites da eficácia das normas é variado, podendo referir-se a um aspecto **essencial ou acessório** do preceito, atingir **parcela ou a totalidade** da prescrição, e ser prevista para **conferir conteúdo ou limitar o existente** (eficácia limitada ou contida).

Como se observa, não é possível examinar a questão da aplicabilidade das normas sobre direitos fundamentais somente com base no § 1º do artigo 5º da

Constituição Federal, sem considerar cada uma das respectivas normas, em si, e diante da teoria geral da eficácia, o que, na verdade, revela que a **garantia da "aplicabilidade imediata"** condiciona-se à eficácia que cada norma de direito fundamental possui, segundo a sua própria prescrição normativa.

A existência do § 1º no artigo 5º da Carta Federal é, sem dúvida alguma, enfim, uma **declaração político-normativa do compromisso** do constituinte – que deve orientar, pois, o intérprete e operador –, com o propósito de ampliar, de forma genérica, a efetividade do Texto Fundamental e, quanto à enormidade de normas sujeitas à interposição legislativa, reduzir, o quanto possível, a sua eficácia limitada, no que concerne aos valores e proposições de valor inestimável, fazendo prevalecer a essência sobre a literalidade, com o objetivo de integrar toda a Sociedade e, ao mesmo tempo, cada um dos indivíduos a um contexto pleno e operativo dos direitos fundamentais, propósito indissociável do Estado Democrático e Social de Direito criado pela Constituição de 1988.

5.6. CONCEITUAÇÃO DE DIREITOS E GARANTIAS FUNDAMENTAIS

Embora variada a nomenclatura reconhecida doutrinária e historicamente (direitos naturais, humanos, individuais, públicos subjetivos etc.), a Constituição Federal adotou, como conceito, o de *direitos fundamentais*, conforme seu Título II, revelando a opção constituinte pelo **regime de positivação dos direitos do homem**, em que se transforma uma categoria atemporal e universal, pré-jurídica, em um conceito da ordem jurídico-constitucional, vinculado ao contexto normativo do Estado de Direito fundado em 1988, com a coexistência de direitos expressos e implícitos com os decorrentes de tratados, princípios e regime adotado pela Constituição (artigo 5º, § 2º, CF).

Os direitos fundamentais vinculam **valores, bens, prerrogativas, necessidades, condições e situações** à **essencialidade da natureza humana**, para criar um conceito, sob tutela constitucional, de **dignidade da pessoa humana**, um dos elementos e fundamentos estruturais do Estado Brasileiro, ao lado da soberania, cidadania, valores sociais do trabalho e livre iniciativa, e pluralismo político (artigo 1º, CF).

A **dignidade da pessoa humana**, reafirmada como compromisso constitucional a cada instante em que reconhecido e garantido um direito fundamental, é a **força motriz** que, por certo, impulsiona a formulação dos **objetivos fundamentais** da República Federativa do Brasil: *"construir uma sociedade livre, justa e solidária"*, *"garantir o desenvolvimento nacional"*, *"erradicar a pobreza e a marginalização e reduzir as desigualdades sociais e regionais"*, e *"promover o bem de todos, sem* *preconceitos de origem, raça, sexo, cor, idade e quaisquer outras formas de discriminação"* (artigo 3º, CF). E, do mesmo modo, tal princípio, presente no inciso II do artigo 4º da Carta Federal (*"prevalência dos direitos humanos"*), mais do que apenas ser um deles é, na verdade, o **epicentro axiológico** de todos os demais princípios, fixados para a orientação da política externa brasileira: *"independência nacional", "autodeterminação dos povos", "não-intervenção", "igualdade entre os Estados", "defesa da paz", "solução pacífica dos conflitos", "repúdio ao terrorismo e ao racismo", "cooperação entre os povos para o progresso da humanidade"* e *"concessão de asilo político"*.

Como se observa, existe uma **conexão de sentido** entre **princípios fundamentais** (Título I), e **direitos fundamentais** (Título II, CF), a partir da "**dignidade da pessoa humana**". Embora historicamente tal princípio tivesse nascido da necessidade de **contenção do Estado**, em defesa da **liberdade individual**, houve **evolução** no seu **conteúdo**, compromissado, agora, com a **proteção da igualdade**, por meio dos direitos sociais e econômicos, destinados, sobretudo, a garantir **oportunidade de participação distributiva** a categorias ou coletividades excluídas ou deficientemente incluídas no processo de desenvolvimento (trabalhadores, idosos, deficientes etc.).

Os direitos fundamentais, reconhecidos na Constituição, embora sejam dirigidos, primordialmente, à proteção da pessoa e, por conseqüência, da coletividade, servem igualmente à identificação da **natureza do Estado** (liberal, social, socialista, aristocrático, democrático etc.), de acordo com o processo histórico-evolutivo vivenciado, e que determina, igualmente, o grau de eficácia de tais compromissos e declarações de direitos, conforme a existência e a extensão dos meios e instrumentos suficientes e adequados para a consecução de tal finalidade.

A abertura histórico-evolutiva de cada Constituição, apesar do caráter universal de certas conquistas relacionadas à condição do homem, qualquer que seja a soberania ou jurisdição a que vinculada, define a extensão dos direitos fundamentais que, como tais, são os reconhecidos pelo direito vigente em cada Estado, considerando que, mesmo diante da **experiência universal**, existem **peculiaridades** locais, regionais ou nacionais que, de fato, influenciam na determinação do conteúdo específico de cada declaração de direitos. No Brasil, a acentuada preocupação com a especificação dos direitos fundamentais não teve o propósito de exauri-los, mas apenas o de tornar, de alguma forma, mais eficaz e contundente o compromisso do Estado e da Sociedade com a Declaração de Direitos, certamente em função das experiências, então recentes, de forte intolerância e repúdio à liberdade individual e coletiva da própria sociedade civil.

Os direitos fundamentais são fundamentais por tutelarem **liberdade, igualdade** e, sobretudo, como categoria mais abrangente, **a dignidade da pessoa humana**, valores essenciais à **condição humana**, pressuposto da **civilidade**, e fundamentos do **Estado Social e Democrático de Direito**, por isso que, enquanto categoria jurídica e compromisso político, não poderiam estar excluídos da Constituição, e mais, devem, como estão, ser especialmente protegidos e tutelados, como ocorre conosco na Carta de 1988, em que os direitos e garantias individuais são definidos como **cláusula pétrea** (artigo 60, § 4º, IV, CF).

Tecnicamente, distinguem-se os direitos das **garantias constitucionais**. Aqueles são **enunciados normativos declaratórios ou instituidores de um valor ou bem jurídico protegido** (como, por exemplo, direito à vida e à propriedade); ao passo que garantias são **meios ou instrumentos destinados a assegurar a integridade e a eficácia dos direitos declarados**.

As garantias constitucionais dividem-se em **garantias constitucionais gerais**, que são as que se impõem como prescrições, positivas ou negativas, ao próprio Estado para a criação do ambiente e das condições necessárias à consecução dos direitos fundamentais (ex: separação dos Poderes, regime democrático etc.); e em **garantias constitucionais especiais** que são as que, de modo mais específico, protegem os direitos fundamentais.

As garantias constitucionais especiais subdividem-se, por sua vez, em **processuais ou materiais**.

As **processuais** são tanto as que se referem a **princípios de processo**, enquanto a via geral de proteção dos direitos fundamentais (devido processo legal, contraditório e ampla defesa, proibição de provas ilícitas etc.), como as que preveem os **remédios constitucionais**, enquanto **ações específicas** em defesa dos direitos fundamentais (mandado de segurança, *habeas corpus* etc.). As **materiais** revelam princípios ou direitos, de natureza não-processual, que amparam os direitos fundamentais, no sentido de **assegurar preventivamente** seu exercício, ou **reparar o dano causado** ao seu exercício com o objetivo de **inibir a sua violação futura** (ex: inviolabilidade domiciliar para garantir, preventivamente, a intimidade ou privacidade; e direito à indenização para reparar o dano material ou moral à honra ou imagem).

Existem, ainda, as garantias denominadas **institucionais**, que refletem a evolução **do Estado Liberal para o Estado Social**, em que a proteção constitucional não se limita ao indivíduo, mas alcança certas instituições essenciais para a **vida em sociedade** (ex: maternidade, família, imprensa livre, magistratura independente etc.), e que, embora não se confundam com a categoria dos direitos e garantias individuais e coletivos, aprimoram, sem dúvida alguma, o regime geral de proteção à dignidade humana.

Cabe destacar que a classificação das garantias varia conforme o critério adotado, revelando a doutrina a existência de outras, como, por exemplo, a fundada na titularidade ou na natureza do direito protegido (garantias individuais, coletivas, sociais etc.), o que não prejudica e, ao contrário disso, apenas reforça a importância do estudo das garantias constitucionais.

5.7. DIREITOS E GARANTIAS INDIVIDUAIS

5.7.1. Direito à Vida, Integridade Física e Psíquica e Vedação à Tortura

A vida é um verdadeiro **direito-condição** para o gozo de todos os demais direitos fundamentais, e a tutela constitucional do bem jurídico tem início **antes mesmo do nascimento da pessoa humana**, pois a existência protegida retroage à **concepção**, alcançando o **embrião** e o **feto**, de modo que o artigo 5º, *caput*, da Carta Federal, consagra não apenas o **direito à vida**, mas, originariamente, **o de nascer**, e o de viver qualitativamente, ou seja, com **dignidade**, o que explica a inconstitucionalidade do atentado à **existência biológica** (morte física), tanto como à **integridade física e psíquica do indivíduo**, enquanto condição para a **dignidade integral do ser humano**.

O direito à vida, ainda que fundamento de todos os demais, não é absoluto, tendo a própria Constituição excepcionado o cabimento da pena de morte *"em caso de guerra declarada, nos termos do art. 84, XIX"* (artigo 5º, XLVII, *a*), ou seja, nos **crimes militares em tempo de guerra**. O Código Penal Militar (Decreto-lei nº 1.001/69) prevê a pena de morte (artigo 55, a), por **fuzilamento** (artigo 56), a ser executada depois do trânsito em julgado e do decurso do mínimo de sete dias contados da comunicação da condenação ao Presidente da República, salvo se imposta em zona de operações de guerra, quando pode ser executada imediatamente, se assim exigir o interesse da ordem e disciplina militares (artigo 57).

Ao contrário do que se poderia supor, são **numerosos os casos**, previstos pelo **Código Penal Militar**, de imposição, **em grau máximo**, da pena de morte nos crimes militares em tempo de guerra: traição (artigo 355); favor a inimigo (artigo 356); tentativa contra a soberania do Brasil praticada por nacional (artigo 357); coação a comandante (artigo 358); informação ou auxílio ao inimigo (artigo 359); aliciação de militar (artigo 360); ato prejudicial à eficiência da tropa (artigo 361); traição imprópria (praticada por estrangeiro, artigo 362); cobardia qualificada (artigo 364); fuga em presença do inimigo (artigo 365); espionagem (artigo

366); motim, revolta ou conspiração quando praticados pelos cabeças ou por co-autores se na presença do inimigo (artigo 368); incitamento na presença do inimigo (artigo 371); rendição ou capitulação (artigo 372); falta de cumprimento de ordem com exposição a perigo de força, posição ou outros elementos de ação militar (artigo 375, parágrafo único); separação reprovável (artigo 378); abandono do comboio de que resultar avaria grave, ou perda total ou parcial do comboio (artigo 379, § 1º); dano especial (artigo 383); dano em bens de interesse militar (artigo 384); envenenamento, corrupção ou epidemia (artigo 385); crimes dolosos de perigo comum se o fato comprometer ou puder comprometer a preparação, eficiência ou operações militares, ou se praticado em zona de efetivas operações militares e resultar em morte (artigo 386); recusa de obediência ou oposição (artigo 387); violência contra superior ou militar de serviço (artigo 389); abandono de posto (artigo 390); deserção em presença do inimigo (artigo 392); libertação de prisioneiro (artigo 394); evasão de prisioneiro (artigo 395); amotinamento de prisioneiros (artigo 396); homicídio qualificado (artigo 400); genocídio (artigo 401); roubo ou extorsão (artigo 405); saque (artigo 406); rapto com morte (artigo 407, § 2º); e violência carnal com morte (artigo 408, parágrafo único, b).

Além dos crimes militares, e mesmo assim apenas os qualificados pelo Código Penal Militar como **próprios do tempo de guerra**, nenhum outro pode comportar, por vedação expressa da Constituição Federal, a previsão de sanção mediante pena de morte.

Não apenas, porém, a morte, como pena criminal, é inconstitucional, fora de tais limites. A imposição ou provocação da morte, inclusive **uterina**, e o auxílio ou a incitação ao suicídio mesmo em caso de **doença terminal** (eutanásia), são práticas, dentre tantas outras, que se revelam **incompatíveis** com a proteção constitucional do direito à vida, e susceptíveis de gerar efeitos criminais, nos termos da legislação específica.

Todavia, especialmente diante do princípio da **dignidade e viabilidade da vida**, tem sido rediscutido o tema da constitucionalidade e legalidade de atos médicos de interrupção da vida, em casos como os de **fetos com diagnóstico definitivo de anencefalia**. A jurisprudência é ainda **controvertida**: o Superior Tribunal de Justiça tanto reconheceu como delituosa a conduta (HC nº 32.159, relatora Ministra Laurita Vaz, DJU de 22/03/2004), como, mais recentemente, legítima, em tese, a intervenção no processo vital em nome do princípio da dignidade da pessoa humana, associada ao direito à vida (HC nº 56.572, relator Ministro Arnaldo Esteves, DJU de 15/05/2006); e o Supremo Tribunal Federal, provocado na ADPF nº 54, cujo mérito encontra-se pendente de julgamento, revogou, porém, por maioria, a liminar, concedida pelo relator, na *"parte em que reconhecia o direito constitucional da gestante de submeter-se à operação terapêutica de parto de fetos anencéfalicos"*; reforçando, assim, a controvérsia sobre o tema.

A morte, enquanto evento natural, distingue-se da morte provocada, motivada ou induzida, mesmo que em função de doença terminal, configurando, inclusive, crime tal espécie de conduta, comissiva ou omissa, por conta da indisponibilidade do direito fundamental, mesmo para o próprio titular.

O direito à vida impõe a obrigação de **tratamento, assistência e intervenção médica**, ainda que eventualmente contra a vontade do paciente, inclusive quando a resistência é de origem ideológica, cultural ou religiosa, como no caso da transfusão sangüínea proibida numa crença, em particular. Todavia, a proteção do bem jurídico fundamental não exige a sujeição, contra a vontade do paciente e familiares, a medicamentos, tratamentos ou terapias de risco à própria vida ou capazes de produzir danos substanciais e irreversíveis, ou mesmo propiciar sofrimento elevado e desproporcional, sem perspectiva de cura, pois a ponderação de valores inclina-se, neste caso em específico, para a preservação prioritária da condição de **sobrevivência com mínima dignidade**.

A proteção de tal direito impõe deveres não apenas ao **Estado** e à **família**, como igualmente a **terceiros**, especialmente nas relações negociais, em que a liberdade de contratar é limitada pela exigência de meios de efetiva tutela do direito à saúde e à vida, especialmente no âmbito da prestação de serviços médicos e hospitalares. A jurisprudência, firme em tal premissa, declara, por exemplo, *"abusiva a cláusula contratual de plano de saúde que limita no tempo a internação hospitalar do segurado"* (Súmula 302/STJ).

Como outra conseqüência do direito à vida com dignidade, a Constituição Federal proibiu, e de forma expressa, a prática de atos de **tortura**, física ou psíquica, e a imposição de **tratamento desumano ou degradante** (artigo 5º, III), garantindo-se ao preso a **integridade física e moral** (artigo 5º, XLIX). Além da **responsabilidade civil do Estado**, e a **administrativa do servidor público** pela prática de tortura, a Constituição Federal foi expressa em exigir que o ato seja definido como **crime, inafiançável e insusceptível de graça ou anistia** (artigo 5º, XLIII), sendo, por isso, editada a **Lei nº 9.455, de 07/04/1997**. É, evidentemente, **ilícita a prova obtida por meio de tortura** do preso ou testemunha, e vedada sua admissão no processo (artigo 5º, LXI).

A integridade **física e psíquica**, como elemento essencial da vida, não permite, por outro lado, o **comércio de órgãos, tecidos e partes** do organismo humano, ressalvada a possibilidade de doação e extração, em vida (desde que sem prejuízo à saúde e vida do doador) ou pós-morte, mas sempre a título gratuito e humanitário, como previsto na Lei nº 9.434, de 04/02/1997, alterada pela Lei nº 10.211, de 23/03/2001.

Finalmente, como **desdobramento amplo** do direito à vida, Estado e Sociedade são constitucionalmente compelidos à promoção da **solidariedade social**, através de políticas ativas, públicas e privadas, nas áreas de **saúde, assistência social, educação, salário e emprego, moradia, alimentação** etc. A propósito desta dimensão e proteção ampla do direito fundamental, a jurisprudência tem reconhecido como obrigação do Estado o fornecimento gratuito, aos que não possuam condições econômicas próprias, de tratamentos ou medicamentos essenciais ao sustento e preservação da vida e saúde (RE – AgR nº 271.286, relator Ministro Celso de Mello, DJU de 24/11/2000).

5.7.2. Princípio da Isonomia

O princípio da isonomia, genericamente previsto no *caput* do artigo 5º da Carta de 1988, é dotado de **forte conteúdo ideológico**, tendo sido um dos propulsores da mudança radical do Estado Liberal para o Social, pela qual se buscou combater a injustiça social, decorrente da valorização extremada da liberdade sem uma contrapartida mínima de eqüidade. A isonomia é um **princípio e objetivo republicano** (artigo 3º, IV, CF), que legitima a distinção das pessoas, na medida de sua desigualdade, com a adoção do **critério do merecimento objetivo**, que exige parâmetros lógicos, razoáveis, proporcionais e adequados de disputa, com a plena garantia, pois, da **isonomia material sob a forma de igualdade de oportunidades**.

No regime do Estado Liberal, a igualdade era meramente **formal e linear**, incapaz de adequar-se às **situações concretas** da vida, conduzindo, assim, no fundo, a uma desigualdade de essência. O discurso da igualdade, absoluta e linear, ao olvidar a **identidade e peculiaridade** individual ou coletiva, e as circunstâncias, condições ou situações jurídicas próprias, como **fatos e fatores reais e atuantes de desequilíbrio da equação social e jurídica**, acarretou, ao final, a observância exclusivamente do aspecto formal do princípio fundamental, sem, porém, propiciar a **isonomia material**.

A política de ação do Estado Social, compromissada com a igualdade **material**, orientou-se, ao contrário, pela consagração da isonomia real, permitindo inclusive o recurso a **medidas compensatórias, discriminações positivas ou ações afirmativas** (como, por exemplo, políticas de cotas para acesso a universidades e à carreira pública), formalmente discriminatórias, mas que, em verdade, atuavam no sentido de **superar ou inibir** as condições ou situações provocadoras de **desequilíbrio subjetivo ou objetivo**, em prol, portanto, da redução, ou mesmo eliminação, das barreiras ao **desenvolvimento integrado e integral da Sociedade**.

Todavia, deve-se recordar que a **medida** da **desigualdade instrumentalmente necessária** para produzir a almejada **isonomia material** deve ser sempre **ponderada e avaliada**, com precisão e equilíbrio, pelo legislador, administrador público, e pela sociedade em geral, para que não seja a própria política de equalização social considerada inconstitucional, por **excesso ou desvio de finalidade**.

A consecução do princípio da isonomia não é atribuição exclusiva do **legislador**, a quem cabe o encargo constitucional de produzir a **igualdade na lei** (legislar, atribuindo conteúdo à norma, que privilegie a isonomia material), mas igualmente dos diversos **aplicadores do Direito** (administrador público, magistrado e sociedade em geral), dos quais se exige a promoção da igualdade **perante a lei**. Os operadores do sistema (públicos, segundo a sua competência, ou privados) são responsáveis pela **aplicação e adequação prática** do princípio da isonomia, **a partir da lei ou**, mesmo, **apesar da lei**.

Note-se, porém, que a busca da isonomia material, quando inconstitucional a lei ou ato normativo por **omissão parcial**, não permite superar a discriminação diretamente na esfera judicial, se a igualdade pretendida depender de **decisão normativa**, para a qual exista **reserva constitucional de competência**, que impede, consoante reiterada jurisprudência, a atuação do **Poder Judiciário** além da função e dos limites de mero **legislador negativo**.

A discriminação, por qualquer critério desprovido de razoabilidade e adequação lógica diante do caso concreto, produz **grave e idêntica inconstitucionalidade**, seja o ato oriundo do **Poder Público** ou do **setor privado**, uma vez que a Constituição protege o direito individual violado, em favor do respectivo titular, qualquer que seja o responsável pela lesão do princípio fundamental.

O tratamento **igual entre iguais e desigual entre desiguais, na medida da sua igualdade ou desigualdade**, encerra, pois, a **essência do princípio da isonomia material**, que exige o exame, a fundo, da **objetividade, lógica, razoabilidade, adequação e compatibilidade do fator ou critério de discriminação com o próprio tratamento jurídico** conferido ao caso concreto e, finalmente, a apuração da conformidade, ou não, do binômio **fator-tratamento** com os **valores e princípios** constitucionais aplicáveis à espécie.

São diversas as **cláusulas de igualdade** expressamente fixadas pela Constituição Federal, que veda a discriminação motivada, por exemplo, por **origem**, raça, sexo, cor, idade ou qualquer outra forma (artigo 3º, IV); assim como em relação a salário e emprego, em função de sexo, idade, cor, estado civil, deficiência, e natureza do trabalho ou do respectivo vínculo (artigo 7º, XXX, XXXI, XXXII e XXXIV); e, no campo tributário, entre contribuintes com a mesma capacidade contributiva para impostos e que estejam em condições equivalentes para efeitos fiscais (artigos 145, § 1º, e 150, II).

Sob o alcance do princípio da isonomia encontra-se, igualmente, o Direito Penal, como revela a exigência constitucional de individualização da pena, segundo a culpabilidade da conduta do agente, e de cumprimento em estabelecimentos distintos, de acordo com a natureza do delito, a idade e o sexo do apenado (artigo 5º, XLVI e XLVIII).

Algumas discriminações, porém, foram erigidas diretamente pela Constituição, a fim de superar desigualdades sociais, políticas, econômicas, culturais ou históricas. Assim ocorre no caso do tratamento diferenciado às mulheres, em termos de licença gestante, com garantia de emprego e salário, por 120 dias (artigo 5º, XVII); proteção especial ao respectivo mercado de trabalho, mediante incentivos específicos (artigo 5º, XX); aposentadoria com menor idade e tempo de contribuição (artigos 40, § 1º, III, a e b, e 201, § 7º, I e II); e isenção do serviço militar obrigatório em tempo de paz (artigo 143, § 2º).

Outras desigualdades foram instituídas no interesse nacional, como sucede com a reserva, em favor exclusivamente de brasileiros natos, dos cargos de Presidente e Vice-Presidente da República, Presidente da Câmara dos Deputados, Presidente do Senado Federal, Ministro do Supremo Tribunal Federal, da carreira diplomática, de oficial das Forças Armadas e de Ministro de Estado da Defesa, vedada, porém, qualquer outra distinção, pela lei, entre brasileiros natos e naturalizados (artigo 12, §§ 2º e 3º, CF).

O tratamento diferenciado previsto na legislação, nas mais diversas hipóteses, tem sido apreciado pelo Supremo Tribunal Federal, que declarou constitucional, por exemplo, o limite de idade em concurso público desde que logicamente justificado pela natureza e pelas atribuições do cargo (Súmula 683), assim como a exigência de altura mínima em concurso para Delegado de Polícia (RE nº 140.889, rel. p/ acórdão Ministro Maurício Corrêa, DJU de 15/12/2000). Em contrapartida, porém, foi declarada inconstitucional a fixação de idade máxima em concurso de ingresso no magistério (RE nº 212.066, relator Ministro Maurício Corrêa, DJU de 12/03/1999); a dispensa da prova de capacitação física e investigação social para candidatos já pertencentes ao quadro da carreira policial (ADI nº 1.072, relator Ministro Sidney Sanches, DJU de 16/05/2003; e RE nº 334.215, relatora Ministra Ellen Gracie, DJU de 25/02/2005); e o cômputo, como título, do mero exercício de função pública (ADI nº 3.443, relator Ministro Carlos Velloso, DJU de 23/09/2005), entre outras situações.

5.7.3. Princípio da Legalidade e Reserva Legal

O primado da legalidade, que envolve a **liberdade de ação**, foi a grande **bandeira ideológica** das revoluções liberais na luta pelo **Estado de Direito**, com o **deslocamento do eixo do poder**, através da substituição do arbítrio pessoal do monarca pela **vontade da lei**, enquanto **razão coletiva**, dotada de plena **legitimidade popular**, porque votada pelo Parlamento, na representação do povo.

A Constituição Federal instituiu o princípio da **legalidade genérica** no inciso II do artigo 5º, com a garantia de que *"ninguém será obrigado a fazer ou deixar de fazer alguma coisa senão em virtude de lei"*. O preceito adota o **pressuposto da liberdade individual**, e declara que a sua limitação, por meio da imposição da obrigação de fazer ou deixar de fazer, somente é possível em virtude de lei. A legalidade, neste sentido, é **negativa**, servindo como instrumento de limitação ou contenção do espaço de liberdade que, se não for expressa, confere plena liberdade de ação ao indivíduo.

A previsão do inciso II do artigo 5º, difere da legalidade do artigo 37, que vincula **positivamente** a Administração Pública, no sentido de exigir, pois, que toda a conduta administrativa seja previamente autorizada ou consentida pela lei, sem espaço de liberdade inata, tendo em vista o caráter instrumental da atividade pública e administrativa. A própria **discricionariedade administrativa** não é senão uma liberdade nos limites da lei, o que revela a imprescindibilidade da lei, com conteúdo mais ou menos aberto, ou com a concessão expressa ou implícita da competência de escolha para, no caso concreto, executar a **finalidade vinculada ao interesse público**.

O princípio da legalidade, na medida em que se traduza como disciplina **abstrata, genérica e impessoal** das relações jurídicas, promove, outrossim, a consecução da **isonomia, certeza e segurança jurídica**, daí a sua importância como instrumento necessário à própria realização da justiça material.

Na essência, o que o princípio da legalidade exige é a **observância da hierarquia normativa** para a imposição de obrigações ou ônus em restrição à liberdade de ação do indivíduo. Deve a lei formal fixar os princípios e fundamentos da restrição (fazer ou deixar de fazer), sem prejuízo, porém, de que preceitos de complementação sejam adotados por meio de atos infralegais. Observadas as restrições constitucionais próprias, a lei delegada e a medida provisória podem ser igualmente admitidas como fontes primárias, equivalentes à lei formal, para criar normas de tal natureza, em cumprimento ao princípio da legalidade. Note-se, porém, que o princípio da legalidade abrange a criação não apenas de deveres, como igualmente a de direitos, mesmo porque é certo que o reconhecimento de direitos gera a imposição de deveres, em contenção à liberdade individual. É essencial destacar que o princípio da legalidade não elimina a autonomia da vontade, manifestada validamente (capacidade do agente, forma prevista e objeto lícito), para contrair deveres e direitos, atuando, na verdade, no sentido de sua proteção, ao impedir que tal liberdade e tal vontade sejam suprimidas pela imposição forçada do "fazer ou deixar de fazer", sem previsão legal.

Mais restritivo e seletivo que o princípio da legalidade é o da **reserva legal, relativa ou absoluta**, que reflete uma questão, propriamente, de **competência** (do legislador natural, o Parlamento), e não de forma ou hierarquia normativa, como ensina José Afonso da Silva (Curso, 2006, p. 442).

Pelo princípio da **reserva legal absoluta**, a **lei formal**, votada pelo Parlamento, deve **disciplinar integralmente** a situação da vida, sem que qualquer outra espécie normativa seja admissível para substituição. A reserva absoluta impõe ao Parlamento o **exercício exclusivo da função legislativa** com a **extensão e o conteúdo imprescindíveis** à disciplina integral da questão ou matéria, e segundo o processo legislativo constitucional, ordinário ou complementar. A lei formal, no regime da reserva absoluta, tem a **função constitucional indelegável** de, por si mesma, dispor, criar, regular, organizar, definir os temas relacionados, especificamente, pela Constituição, o que, por subtrair a **atuação funcional cooperativa** do Poder Executivo, confere caráter excepcional ao princípio da reserva absoluta, a exigir, portanto, previsão constitucional expressa, sem espaço para qualquer presunção de existência.

A **reserva legal relativa** exige, igualmente, lei formal para a disciplina da matéria, mas admite substituição por outros atos normativos primários e, uma vez que sejam fixados os parâmetros gerais da regulamentação, permite a complementação dos seus espaços normativos por atos infralegais, inclusive do Poder Executivo, num processo de **composição normativa** que, porém, deve observar a posição hierárquica superior da lei, de modo a garantir, sempre e ao final, **unidade de sentido e de conteúdo** ao **complexo normativo**.

Como se observa, distinção conceitual e essencial existe mesmo entre o princípio da legalidade e o princípio da reserva legal absoluta, aquele estabelecendo apenas a **prevalência da lei**, sem prejuízo de outras fontes normativas, inclusive secundárias, em contraposição ao segundo, que estabelece a **exclusividade da lei**, necessariamente formal, na disciplina de temas específicos, aos quais a Constituição conferiu especial proteção, como ocorre na esfera do direito penal, em que a instituição de crimes ou o agravamento de penas exige lei exclusivamente formal (artigo 5º, XXXIX).

5.7.4. Direito à Liberdade de Locomoção, Circulação e Segurança Pessoal

O inciso XV do artigo 5º da Constituição Federal estatui que *"é livre a locomoção no território nacional em tempo de paz, podendo qualquer pessoa, nos termos da lei, nele entrar, permanecer ou dele sair com seus bens"*.

Tal liberdade **primária e física**, de **locomoção e circulação**, distingue o cidadão do vassalo ou escravo, permitindo o exercício de todos os demais direitos, daí a sua importância, que é de tal ordem a conferir-lhe previsão constitucional de tutela por remédio próprio, o *habeas corpus*, instrumento de garantia da **segurança pessoal**, que busca proteger o indivíduo contra **prisões ou detenções**, e outras formas **ilegais ou arbitrárias de constrangimento**, como, por exemplo, a **revista pessoal** sem a fundada suspeita prevista em lei (artigo 244, CPP) ou quando **não motivada no exercício proporcional do Poder de Polícia** (HC nº 84.270, relator Ministro Gilmar Mendes, DJU de 24/09/2004).

Dentro do território nacional, o direito de locomoção e circulação **não depende de lei para seu exercício**, nem de autorização do Estado, pois configura liberdade primária inerente à condição humana que, porém, **pode ser limitada**, considerada a sua relatividade. Por isso é que se impõe a conciliação de tal direito com o exercício, pelo Estado, por exemplo, do **Poder de Polícia**, nos seus diversos aspectos e sempre em favor do interesse público. Neste sentido, são restrições legítimas, quando necessárias, segundo as hipóteses legais, a **quarentena** de pessoas ou a **apreensão de bens** por motivo de **saúde pública**, a restrição de circulação em certos **locais** como medida imprescindível e proporcional de **segurança pública** e a **prisão cautelar ou definitiva**, no interesse da Justiça, com impedimento à livre locomoção, circulação e, sobretudo, saída do país, dentre outras hipóteses.

Não é legítima, porém, a restrição à liberdade de locomoção e circulação em **via ou bem de uso público**, sem que esteja concretamente configurada a **necessidade premente** de salvaguarda de um **interesse público ou social**, ou sem a **razoável proporcionalidade** entre a restrição imposta ao direito individual e o interesse coletivo protegido. A **ordenação do trânsito e circulação** de pessoas ou veículos, especialmente em grandes cidades, embora necessária, não admite, contudo, a limitação que imponha **gravame excessivo** à população, em detrimento do direito individual de locomoção e circulação, em cotejo com outros interesses e direitos.

Mais grave e preocupante é a restrição criada pela exclusiva **ação e vontade de particulares**, quando, por exemplo, limitam o acesso a vias públicas (criando verdadeiras "ruas particulares") ou ocupam integralmente, em **manifestações públicas desordenadas e violentas** ("badernaços"), os espaços de tráfego, impedindo a sua utilização por outros, prejudicando a operação de serviços de emergência (bombeiros, ambulâncias etc.), e colocando, sobretudo, em risco a própria integridade física dos usuários em geral (**desproporcionalidade entre o exercício do direito de reunião e de manifestação diante dos prejuízos impostos à liberdade individual de locomoção e circulação, à prestação de socorro público, e à integridade física das pessoas**).

Cabe ressaltar, por outro lado, que tal liberdade não se exerce em qualquer local, e tampouco em face de toda e qualquer pessoa, pois a **força normativa de direitos contrapostos**, como os de **propriedade privada e inviolabilidade do domicílio, intimidade e privacidade**, erige como que um freio inibitório à iniciativa de ir, vir, permanecer e circular que, no caso, somente pode ser exercida com o consentimento do titular do direito em aparente confronto, com a ressalva de situações, constitucionalmente delineadas, que permitem a quebra da inviolabilidade e, por certo, quando se cuidar do **direito de sair e de não permanecer contra a própria vontade no local**, exercício de liberdade que, por sua natureza, não é restringível fundada apenas na vontade de terceiros, sem justa causa e fundamento legal, podendo configurar, inclusive, crime, em princípio e em tese.

Em **tempo de guerra**, ou no caso de *"comoção grave de repercussão nacional ou ocorrência de fatos que comprovem a ineficácia de medida tomada durante o estado de defesa"* (artigo 137, I e II, CF), é possível, na vigência do **estado de sítio**, e se **necessária**, a restrição, excepcional e grave, ao direito de locomoção e circulação, mediante a imposição da *"obrigação de permanência em localidade determinada"* (artigo 139, I).

O direito de livre locomoção e circulação em território nacional não se confunde, porém, com o de **entrada e saída do território nacional**, sujeito, como referido no preceito, aos **"termos da lei"**. Aqui, reclama-se a disciplina legal, pois o exercício do direito mais diretamente interessa e afeta, por envolver a situação de **estrangeiros**, a **soberania nacional e territorial**, por isso as fronteiras nacionais não são, juridicamente, franqueadas a qualquer entrada e saída, mas objeto de regulamentação própria. Além do mais, como a liberdade de locomoção e circulação abrange tanto a pessoa, em si, como seu **patrimônio**, o exercício do direito, na entrada e saída dos limites do território brasileiro, exige a contrapartida da defesa, mais específica, do interesse nacional, com o controle da circulação para a tutela dos mais diversos fins (segurança nacional, interesse comercial, aduaneiro etc.).

Note-se, enfim, que os **estrangeiros** encontram-se sujeitos a **restrições próprias**, em relação à liberdade de locomoção, circulação e permanência no território nacional, em função da possibilidade, segundo a lei, constitucionalmente amparada, de **extradição** (prática de delitos no exterior e sob jurisdição do Estado requerente, com sentença final de privação de liberdade ou decreto judicial de prisão – artigo 78 da Lei nº 6.815/80), **deportação** (*"entrada ou estada irregular de estrangeiro, se este não se retirar voluntariamente do território nacional"* – artigo 57 da Lei nº 6.815/80), ou **expulsão** (*"atentar contra a segurança nacional, a ordem política ou social, a tranqüilidade ou moralidade pública e a economia popular, ou cujo procedimento o torne nocivo à conveniência e aos interesses nacionais"*; *"praticar fraude a fim de obter a sua entrada ou permanência no Brasil"*; *"havendo entrado no território nacional com infração à lei, dele não se retirar no prazo que lhe for determinado para fazê-lo, não sendo aconselhável a deportação"*; *"entregar-se à vadiagem ou à mendicância"*; ou *"desrespeitar proibição especialmente prevista em lei para estrangeiro"* – artigo 65).

5.7.5. Direito à Privacidade, Intimidade, Inviolabilidade do Domicílio, Sigilo de Correspondência, Comunicações e Dados, Honra e Imagem

O homem não é apenas um **ser político e social**, mas uma **individualidade**, cuja dignidade se projeta no plano tanto social, como, sobretudo, no **pessoal**, abrangendo os aspectos da **vida privada e da intimidade**. A Constituição Federal **supervaloriza a dignidade da pessoa humana**, enquanto **ser e indivíduo**, dotado de **personalidade** e, por isso mesmo, protege a sua expressão e desenvolvimento, reconhecendo, inclusive, para tanto, a cada um e a qualquer um, o **direito de ser diferente**, a salvo do **conhecimento, curiosidade, controle e crítica social**.

A personalidade humana, na sua complexidade, não é apenas um valor individual, mas um **patrimônio da humanidade**, porque essencial à afirmação da dignidade humana e à própria **construção de uma sociedade verdadeiramente pluralista**. A Constituição Federal, sem dúvida alguma, ampara o **direito personalíssimo de ser, conforme a sua consciência, e de responder, no exercício do livre-arbítrio, pelos atos praticados**. Evidente, porém, que não se pode ocultar sob o domínio da vida privada e da intimidade o desenvolvimento de **condutas patológicas** que, a pretexto de revelarem um modo particular e personalíssimo de ser, conduzem, na verdade, ao **exercício da intolerância ou da violência a princípios básicos da coexistência social**. Em casos que tais, o balanço e a ponderação de valores autorizam a sanção específica às patologias, para a proteção do **direito coletivo de existir sob dignidade e paz social**.

A esfera da **vida privada** alcança as **relações familiares**, as **amizades próximas** e todos os demais **contatos e vínculos** (como negócios pessoais, certas atividades profissionais etc.) que, pela sua **própria natureza** ou pela **forma habitual de ser** do indivíduo, são **excluídos do conhecimento público**. Ainda mais protegida, constitucionalmente, é a esfera da **intimidade**, por se tratar de um **círculo dentro do círculo da vida privada**, em que nem mesmo familiares podem adentrar, sem consentimento, porque nele se encontram, verdadeiramente ocultos, os **segredos personalíssimos da individualidade** (por exemplo, certos fatos da vida emocional e afetiva, convicções existenciais etc.), que não se prestam, por seu conteúdo e importância íntima, à revelação nas relações, mesmo que da vida privada e, menos ainda, da vida social.

A tutela constitucional, em termos de **inviolabilidade** do **domicílio** (para efeitos constitucionais, qualquer local de ocupação habitacional ou profissional, mesmo que provisória, não aberto ao público – HC nº 82.788, relator Ministro Celso de Mello, DJU de 02/06/2006), **correspondência, comunicações telegráficas, dados e comunicações telefônicas**, revela os diversos aspectos, locais e meios de projeção e desenvolvimento da vida privada e da intimidade, e, por outro lado, identifica a espécie de segredos, informações e dados, considerados de valor constitucional a ponto de justificar a especial proteção, inclusive de ordem penal.

Note-se que as inviolabilidades não são absolutas, prevendo a própria Constituição Federal a ruptura da proteção domiciliar nos casos de **flagrante delito, desastre, prestação de socorro, e cumprimento de ordem judicial durante o dia** (artigo 5º, XI); e quanto ao sigilo, objeto do artigo 5º, XI, a ressalva de sua quebra, relativamente aos dados e às comunicações telefônicas, por ordem judicial, nas hipóteses e na forma da lei **(Lei nº 9.296, de 24/07/1996**, sendo, antes de sua vigência, inadmissível a interceptação telefônica e ilícita a prova produzida, ainda que autorizada por ordem judicial – HC nº 69.912, rel. p/ acórdão Ministro Carlos Velloso, DJU de 26/11/1993) para fins de investigação criminal ou de instrução processual penal.

A controvérsia em torno da expressão **"dados"** foi corretamente superada pela Lei nº 9.296/96, que permitiu a interceptação das comunicações não apenas telefônicas, como por **fluxo de dados em sistemas de informática e telemática** (artigo 1º, parágrafo único), o que se revela atual e imprescindível em função da proliferação de lesões a direitos, algumas tipificadas como crimes, praticadas por via eletrônica e com o uso da internet.

Embora a ressalva permissiva da quebra do sigilo (artigo 5º, XII) esteja voltada à inviolabilidade dos dados e das comunicações telefônicas, a **relatividade de todos os direitos e garantias fundamentais**, em função da necessidade de coexistência de valores fundamentais, tem permitido, excepcionalmente, **mitigar a garantia do segredo** epistolar e das comunicações telegráficas. Na **ponderação de valores**, diante de um conflito concreto entre a inviolabilidade epistolar e o dever do Estado, perante o cidadão, de promover **segurança pública, disciplina prisional e preservação da ordem jurídica**, decidiu a Suprema Corte pela prevalência do valor coletivo, autorizando, assim, a **interrupção e quebra do sigilo de correspondência destinada a detentos** (HC nº 70.814, relator Ministro Celso de Mello, DJU de 24/06/1994).

O tema de maior controvérsia continua sendo, no entanto, o da inviolabilidade do sigilo das comunicações telefônicas. A doutrina majoritária reputa, a propósito, serem **ilícitas** as gravações efetuadas, por terceiro ou por um dos interlocutores sem o conhecimento do outro (**gravação clandestina**), por ofensa à privacidade (artigo 5º, X); assim como as efetuadas por terceiro, sem conhecimento dos interlocutores, e sem ordem judicial (**interceptação telefônica**), lesiva à inviolabilidade das comunicações telefônicas (artigo 5º, XII). Todavia, cabe ressaltar que a Suprema Corte não reputa ilícita a **gravação telefônica, ainda que com conhecimento de apenas um dos interlocutores**, se o outro estiver em **situação de autoria delitiva**, tornando, pois, legítima a ação defensiva daquele que produziu ou autorizou a produção de tal prova (AI – AgR nº 503.617, relator Ministro Carlos Velloso, DJU de 04/03/2005; e HC nº 75.338, relator Ministro Nélson Jobim, DJU de 25/09/1998).

Outro ponto de discussão é o denominado *sigilo bancário*, que uns consideram decorrente do direito à privacidade e intimidade, outros vinculam-no à inviolabilidade do sigilo de dados, e alguns à mera condição de garantia legal sem foro constitucional. A sua quebra, em qualquer dos casos, é possível, nos termos da legislação, observada a ponderação de valores, presente a justa causa, e preservada a essência do sigilo, de acordo com sua funcionalidade mínima, e desde que destinada à consecução de um interesse público, inclusive o da própria fiscalização tributária (artigo 145, § 1º, CF), que deve prevalecer sobre o interesse meramente privado.

Finalmente, a Constituição Federal ampara o **direito à honra e à imagem**, que projetam aspectos e elementos da vida privada e da intimidade da pessoa. São expressões do **patrimônio moral** de cada um: a **honra subjetiva**, enquanto o sentimento que emana da própria pessoa quanto a si, capaz de orientar para a formulação de um juízo de si a partir dos atributos de sua condição, individualidade, identidade e personalidade; e a **honra objetiva**, como o conceito social formado em torno do indivíduo, por sua personalidade e história de vida. A **imagem**, por sua vez, é a expressão do individual, a associação do ser a **dons materiais** (atributos estéticos, físicos, retrato, desenho, voz, corpo etc.) **ou imateriais** (atributos morais, virtudes do espírito e da alma, imagem ligada ao modo de viver etc.).

O desrespeito à privacidade e à intimidade do ser e a lesão à integridade moral, psíquica e física do indivíduo, produzindo danos materiais ou imateriais, são compensáveis, por expressa previsão constitucional, mediante indenização, garantia destinada a evitar ou reparar a violação aos direitos fundamentais declarados.

Neste campo da reparação do dano por violação da privacidade, intimidade, honra e imagem, decidiu o Supremo Tribunal Federal que as hipóteses de ofensa são autônomas, de tal modo que não é necessária a ofensa à honra para que o **uso indevido da imagem** seja dado como indenizável, bastando que a veiculação, não consentida, tenha gerado um significativo e incomum desconforto, aborrecimento ou constrangimento à pessoa retratada (RE nº 215.984, relator Ministro Carlos Velloso, DJU de 28/06/2002).

Tomemos como exemplo o caso da associação da imagem de uma pessoa a fato, evento ou atributo positivo, mas que, por não ter sido autorizada ou mesmo previamente conhecida pelo indivíduo, surpreende-lhe, negativamente, considerada a sua conduta pessoal de recato, de tal modo a atingir-lhe na sua privacidade pela forte exposição pública da imagem em tal circunstância. Qualquer conclusão, claro, depende do exame de uma série de circunstâncias da pessoa retratada e do evento em si, além da prova de que houve lesão significativa a qualquer dos bens constitucionalmente tutelados.

Por derradeiro, a tutela da intimidade, privacidade, honra e imagem não se limita às pessoas físicas, embora seja evidente que o resguardo de tais valores, em favor das **pessoas jurídicas**, guarde peculiaridades próprias da condição, o que, porém, não impede que o dano seja passível de reparação. As empresas são titulares de **segredos industriais**, de **reputação junto a seus clientes**, e de **imagens associadas a qualidades e a produtos estimados pelo mercado**, que podem, sim, ser atingidos por conduta lesiva, causando dano a seu **patrimônio material ou moral**, justificando, pois, a **indenização** (AI nº 244072 – AgR, relator Ministro Néri da Silveira, DJU de 17/05/2002; e AI nº 446.138, relator Ministro Sepúlveda Pertence, DJU de 15/10/2004), estando consolidada a jurisprudência, sob o plano legal, no sentido de que *"A pessoa jurídica pode sofrer dano moral"* (Súmula 227/STJ).

5.7.6. Direito à Liberdade de Pensamento, Opinião, Crença, Consciência, Informação e Comunicação

O direito à privacidade e à intimidade protege as **relações, o ambiente e o meio** (domicílio, comunicações telefônicas etc.), nos quais e pelos quais se exterioriza a personalidade do indivíduo. Tal individualidade tem como conteúdo e refere-se ao **pensamento e opinião,** cuja **formação, manifestação e expressão** constituem **liberdades** inexoravelmente associadas à **dignidade da pessoa humana** e, portanto, constitucionalmente protegidas (artigo 5º, IV, V, VI, VII, VIII, e IX), em suas variadas dimensões e aspectos.

Tais liberdades têm conteúdo **ideológico ou intelectual** e são estruturas necessárias do homem como **ser pensante,** no que se distinguem das liberdades próprias do domínio físico (por exemplo, o direito de locomoção). Embora tenham o cunho de direitos individuais, é certo que tais liberdades são instrumentos da **vida social,** que aproximam ou distinguem pessoas, em torno de visões do ser, da alma, da existência e do mundo, e que fundam ideologias para efeitos sociais, políticos, econômicos, filosóficos, culturais, religiosos etc.

A **individualidade** da pessoa humana encontra-se no seu direito, **primário e mais íntimo,** de formular **juízo de valor, pensamento e opinião** sobre si e outros, e sobre a realidade em geral.

Enquanto elaboração puramente intelectual, pensamento e opinião estariam, a princípio, sob o resguardo do **caráter indevassável da mente,** e pela proteção constitucional da **integridade física, psíquica e moral** da pessoa humana. Todavia, a Constituição avançou no sentido de ampliar a proteção deste patrimônio da individualidade, tornando, pois, expressamente **inviolável a própria liberdade íntima de pensar, e de ter consciência e crença,** mesmo antes de sua manifestação ou expressão no mundo exterior. Assim porque, certamente, quis enfatizar a inconstitucionalidade de qualquer **técnica ou procedimento destinado a extrair** – mesmo que sem tortura – informações, idéias, concepções e juízos de valor do indivíduo, porém **contra a sua própria vontade** e, pois, com violação, e sem justa causa, de sua **intimidade intelectual, pensante e ideológica.**

Embora o indivíduo possa eventualmente desejar guardar somente para si os seus pensamentos e opiniões, não é isso, porém, o que naturalmente ocorre. O ser humano, por sua própria natureza, não é apenas pensamento e opinião, sendo, sobretudo, **inquietação, iniciativa e ação na disseminação de valores e sentimentos para compreensão e mudança da realidade em que vive.** Neste ponto, é que surgem, então, as liberdades de **manifestação e expressão,** que envolvem não apenas os **pensamentos e opiniões** em geral (artigo 5º, IV), como, ainda, de modo específico, a **crença religiosa, a convicção política ou filosófica** (artigo 5º, VI e VIII) e a **atividade intelectual, artística, científica e de comunicação** (artigo 5º, IX).

A liberdade de opinião é tão essencial que impede a **extradição** de estrangeiro se verificada que a imputação de responsabilidade penal, pelo Estado requerente, destina-se, na verdade, a punir, não crimes comuns, mas **delitos políticos ou de opinião**, praticados no contexto da divergência, resistência e luta político-ideológica (artigo 5º, LII).

Não possuindo caráter absoluto, o direito de manifestação do pensamento exige a **identificação** de quem o exerce, por isso que **vedado o anonimato**, para a proteção do direito de **terceiro**, que se sinta eventualmente lesado (artigo 5º, IV), e em favor do qual foi assegurado tanto o **direito de resposta**, proporcional ao agravo, como a **indenização por dano material, moral ou à imagem** (artigo 5º, V), sendo **cumuláveis as reparações** (Súmula 37/STJ).

Note-se que a liberdade de pensamento, embora direito individual, tem elevada **importância social**, pois é reconhecida como princípio fundamental no processo de **educação e ensino** (artigo 206, II), e no de **comunicação social** (artigo 220), criando e projetando efeitos na construção de um **Estado Social e Democrático de Direito**.

A **liberdade de crença**, relacionada à convicção religiosa, foi declarada inviolável e garantida mediante o livre exercício dos cultos religiosos com a proteção, na forma da lei, dos locais de culto e a suas liturgias. O culto privado, exigido para as religiões não-oficiais ao tempo do Império, restou superado, na atual Constituição, pela **liberdade de culto** em templos, e em locais públicos consagrados pela religião, **independentemente de autorização ou permissão do Estado** que é proibido, expressamente, de *"estabelecer cultos religiosos ou igrejas, subvenciná-los, embaraçar-lhes o funcionamento ou manter com eles ou seus representantes relações de dependência ou aliança, ressalvada, na forma da lei, a colaboração de interesse público"* (artigo 19, I).

A **atuação legislativa** exigida pelo artigo 5º, VI, da Carta Federal, destina-se não a assegurar a liberdade de culto, garantida diretamente pela Constituição, mas a eventualmente limitar seu exercício na proteção a outros valores igualmente constitucionais, impedindo, por exemplo, que a liberdade se exerça com violação ao **direito à vida, integridade e dignidade humana** (por exemplo, sacrifício humano, mutilações etc.).

O mesmo preceito constitucional protege, ainda, a **liberdade de consciência**, abrangendo ideologias e valores de natureza **não-religiosa**, inclusive a **con-**

vicção filosófica ou política que seja contrária à própria adoção de qualquer crença religiosa (ateísmo), ou que não se confunda, específica e necessariamente, com qualquer doutrina religiosa (agnosticismo ou pacifismo).

Para os que professam a fé religiosa, no exercício da liberdade de crença, o artigo 5º, VII, da Constituição Federal, assegurou o direito à **prestação de assistência religiosa** nas entidades civis e militares de **internação coletiva** (penitenciárias, detenções, abrigo de menores infratores etc.), de modo que a limitação ao direito individual de locomoção não pode excluir o direito do interno ao exercício de sua religião, com a presença, pois, da autoridade religiosa para ministrar as orações, praticar as liturgias da crença e, de forma geral, dar o conforto espiritual necessário, observada a lei, cuja função é apenas a de adequar as limitações do regime e do ambiente de internação com o próprio exercício do direito à assistência religiosa, garantido constitucionalmente.

A liberdade de **crença religiosa e de convicção filosófica ou política** não pode ser a causa de privação de direitos (garantia do direito), salvo se houver a recusa ao cumprimento de obrigação legal a todos imposta e à prestação alternativa, fixada em lei (artigo 5º, VIII). A **escusa de consciência** tem limites, que se colocam em função do próprio princípio da **isonomia**, pois embora, por crença ou convicção, não possa ser eventualmente cumprida a obrigação geral (por exemplo, alistamento e serviço militar), ao menos uma **prestação alternativa**, como **prevista em lei**, deve ser observada, como expressão do compromisso do indivíduo com a sociedade em que vive. No entanto, evidente, que a eventual **falta de lei** sobre a prestação alternativa **impede** que a escusa de consciência, invocada para o descumprimento de obrigação geral, seja punida com a **privação de direitos** (artigo 15, IV, CF: perda ou suspensão de direitos políticos).

A liberdade de manifestação do pensamento, enquanto gênero, alcança, outrossim, a atividade **intelectual, artística, científica e de comunicação**, garantida contra qualquer espécie de **censura ou licença** (artigo 5º, IX), especialmente **política, ideológica ou artística** (artigo 220, § 2º). A produção, difusão e discussão crítica de idéias, mesmo no campo artístico, cultural e científico, com influência, potencial ou efetiva, na formulação da crítica política, social, filosófica e ideológica, decorrem do primado do **pluralismo**, verdadeira e essencial característica de todo **Estado Democrático de Direito**. Não apenas idéias (pensamentos e opiniões), como igualmente fatos (informação), devem ser livres à divulgação por quaisquer meios, especialmente através dos veículos de comunicação social, instrumentos de esclarecimento imprescindível à formação da opinião pessoal, base do exercício da democracia e de todos os direitos, tanto individuais, como coletivos.

A liberdade de pensamento e de manifestação envolve, por isso mesmo, o **direito de ser informado** pelos meios de comunicação social e pelo próprio Poder Público (artigo 5º, XIV e XXXIII), com a garantia do *habeas data* para acesso e retificação de dados pessoais em registros e bancos de dados governamentais ou de natureza pública (artigo 5º, LXXII); e assim, igualmente, o **direito de informar**, fundado na **liberdade de imprensa** e no **sigilo da fonte** (artigos 5º, XIV e 220).

5.7.7. Liberdade de Ação Profissional

O artigo 5º, XIII, da Constituição de 1988, assegura o direito à **liberdade de ação profissional**, estabelecendo que *"é livre o exercício de qualquer trabalho, ofício, ou profissão, atendidas as qualificações profissionais que a lei estabelecer"*.

Embora possa o Estado estimular a formação técnica em determinadas atividades, considerando as necessidades nacionais, é inconstitucional, porém, qualquer restrição à liberdade individual de escolha da formação e ocupação profissional, que importe, direta ou indiretamente, em **substituir a vontade individual pela estatal**.

O exercício profissional é, pois, e **em regra, livre**, cabendo exclusivamente à **lei**, no espaço da norma constitucional de **eficácia contida**, a fixação das condições e qualificações específicas para a atividade, cuja **constitucionalidade material** depende, porém, do exame da **necessidade, adequação, proporcionalidade e razoabilidade** dos requisitos exigidos para o desempenho funcional, diante da natureza da atividade regulamentada.

Cabe à **União** legislar sobre condições de **exercício profissional** (artigo 22, XVI), abrangendo a definição do grau de instrução necessário, conteúdo e tempo curricular, disciplina de estágio profissional, responsabilidade e registro profissional, entre outras medidas. Neste campo, a exigência de comprovação de qualificação técnica, por meio de exame de admissão ao registro em órgãos de fiscalização e controle profissional, tem sido discutida e mesmo adotada, sem qualquer inconstitucionalidade, como revela o artigo 8º, § 1º, da Lei nº 8.096, de 04/07/1994, que instituiu o denominado "Exame da Ordem".

A liberdade de exercício profissional não impede o legislador de criar, **em relação a cargos públicos e no concurso público** para admissão de pessoal, **requisitos especiais, formação ou condições diferentes** das previstas para o exercício de atividade equivalente no setor privado. Neste sentido, decidiu o Supremo Tribunal Federal, ao declarar constitucional o artigo 187 da LC nº 75/93, destacando que *"A exigência temporal de dois anos de bacharelado em Direito como requisito para inscrição em concurso público para ingresso nas carreiras do Ministério Público da União, prevista* no art. 187 da Lei complementar nº 75/93, não representa ofensa ao princípio da razoabilidade, pois, ao contrário de se afastar dos parâmetros da maturidade pessoal e profissional a que objetivam a norma, adota critério objetivo que a ambos atende (...)" (ADI nº 1.040, rel. p/ acórdão Ministra Ellen Gracie, DJU de 01/04/2005).

Em outro julgamento, na **ADI nº 3.460, relator Ministro Carlos Brito**, sessão de 31/08/2006, a Suprema Corte reiterou a orientação, declarando, por maioria, constitucional o *"art. 7º, caput e parágrafo único, da Resolução 35/2002, com a redação que lhe foi dada pelo art. 1º da Resolução 55/2004, do Conselho Superior do Ministério Público do Distrito Federal e Territórios, que estabelece que a **inscrição em concurso público para a carreira do Ministério Público será feita por bacharéis em Direito com, no mínimo, três anos de atividade jurídica, cuja comprovação dar-se-á pelos meios que elenca e no momento da inscrição definitiva** (...) No mérito, entendeu-se que a norma impugnada veio atender ao objetivo da Emenda Constitucional 45/2004 de selecionar profissionais experientes para o exercício das funções atribuídas aos membros do Ministério Público, asseverando-se que os três anos de atividade jurídica contam-se da data da conclusão do curso de Direito e que a expressão 'atividade jurídica' corresponde ao desempenho de atividades privativas de bacharel em Direito. Considerou-se, também, que o momento da comprovação desses requisitos deve ocorrer na data da inscrição no concurso, de molde a promover maior segurança jurídica tanto da sociedade quanto dos candidatos. (...)"* (Informativo STF nº 438).

Também não violam a liberdade de exercício profissional as **incompatibilidades**, previstas em lei, entre **atividade pública e privada**, como no caso da advocacia por servidores públicos, que se destinam à preservação da moralidade administrativa (RE nº 199.088, relator Ministro Carlos Velloso, DJU de 16/04/1999).

Ressalte-se, enfim, que a jurisprudência da Suprema Corte consolidou-se, a partir das Súmulas 70, 323 e 547, no sentido da **inconstitucionalidade das restrições** ao exercício de atividade econômica, freqüentemente impostas pelo Fisco como **meio coercitivo de pagamento de tributos** (por exemplo, exigência de quitação de tributos ou de oferecimento de garantia real ou fidejussória como condição para emissão de documentos fiscais), protegendo, pois, a liberdade individual do empresário de exercício profissional (artigo 5º, XIII) e, ainda, a vertente material do princípio do devido processo legal (RE – AgR nº 216.983, relator Ministro Carlos Velloso, DJU de 13/11/1998).

5.7.8. Direito de Propriedade

A Constituição de 1988 conferiu destaque ao direito de propriedade, como um dos cinco fundamentais, inseridos no *caput* do artigo 5º, a partir dos quais se desdobram diversos incisos, nos quais são disciplinadas situações específicas pertinentes a tal direito.

Porém, antes de ser apenas direito individual, a propriedade privada é, na verdade, um dos **princípios fundamentais do Estado Democrático de Direito**, inerente à **livre iniciativa** (artigo 1º, IV), e instrumento essencial para o objetivo do **desenvolvimento nacional** (artigo 3º, II), sendo a ordem econômica fundada nos princípios da **propriedade privada e função social**, como forma de *"assegurar a todos existência digna, conforme os ditames da justiça social"* (artigo 170, caput, II e III).

Neste contexto positivo, a concepção **individualista, patrimonialista, e absoluta** do domínio privado da propriedade (*ius fruendi, utendi et abutendi*) não se compatibiliza com a **função social da propriedade**, reconhecida como a **característica constitucional do direito**, na sua **origem e conformação essencial**, e que, por isso mesmo, é considerado **menos direito propriamente individual, e mais direito econômico**, instrumental para a consecução da **justiça social**.

A Constituição Federal reconhece a **propriedade pública e privada**. A primeira formada pelos bens corpóreos, ou não, da União, Estados, Distrito Federal e Municípios (artigos 20 e 26), e pelos afetados a serviços públicos, prestados ainda que por outras pessoas jurídicas de direito público (por exemplo, autarquias), e a atividades de exploração econômica direta pelo Poder Público ou sob monopólio estatal (artigos 173 e 177), ou integrados por desapropriação de bens particulares. São características dos bens públicos a impenhorabilidade, imprescritibilidade aquisitiva impeditiva do usucapião, e a disponibilidade, quando admitida, somente através de lei (artigos 100, 183, § 3º, e 191, parágrafo único).

A propriedade privada é, porém, a que predomina no regime da livre iniciativa econômica, sendo especialmente protegida pela Constituição Federal.

A propriedade, enquanto **direito real** sobre bem material ou imaterial, confere ao titular a respectiva **disponibilidade**, não, porém, para qualquer fim, porquanto condicionado o seu exercício à consecução de uma **função social**, concebida **não como limitação concernente ao Poder de Polícia**, mas como **instrumento da distribuição social dos benefícios da riqueza privada**, conforme pressuposto e previsto pela Constituição Federal.

A **propriedade imóvel urbana** cumpre a função social, exigida pela Constituição, *"quando atende às exigências fundamentais de ordenação da cidade expressas no plano diretor"* (artigo 182, § 2º); e a **propriedade imóvel rural**, quando, simultaneamente e *"segundo critérios e graus de exigência estabelecidos em lei"*, cumpre os requisitos de *"aproveitamento racional e adequado"*, *"utilização adequada dos recursos naturais disponíveis e preservação do meio ambiente"*, *"observância das disposições que regulam as relações de trabalho"*, e *"exploração que favoreça o bem-estar dos proprietários e dos trabalhadores"* (artigo 186).

Para as **demais espécies de propriedade** não se explicitou em que consistiria o cumprimento de sua função social que, no entanto, existe e deve ser extraída dos princípios ordenadores da atividade específica, conjugados com a natureza da propriedade, e observados os fundamentos e objetivos gerais da ordem econômica.

Assim, é possível ponderar que a **função social** da propriedade, por exemplo, de **empresa jornalística e de radiodifusão** sonora e de sons e imagens (artigo 222) esteja em atender ao **direito individual de ser informado** e, assim, cumprir o **poder-dever de informar**, com a observância dos princípios de *"preferência a finalidades educativas, artísticas, culturais e informativas"*, *"promoção da cultura nacional e regional e estímulo à produção independente que objetive sua divulgação"*, *"regionalização da produção cultural, artística e jornalística, conforme percentuais estabelecidos em lei"*, e *"respeito aos valores éticos e sociais da pessoa e da família"* (artigo 221); além da isenção, responsabilidade e, sobretudo, compromisso com a verdade, enquanto instrumentos para a promoção da *"existência digna, conforme os ditames da justiça social"* (artigo 170).

A Constituição Federal, depois de assegurar o direito de propriedade e associá-lo a uma função social (artigos 5º, XXII e XXIII e 170, II e III), reconheceu a existência de diversas espécies de bens e propriedades, fixando para cada qual um regime diferenciado.

Neste sentido, a Constituição Federal assegura e protege, **por exemplo**:

(1) a **impenhorabilidade** do **bem de família constitucional**, constituído da **pequena propriedade rural**, assim definida em lei, desde que trabalhada pela família, por *"débitos decorrentes de sua atividade produtiva, dispondo a lei sobre os meios de financiar o seu desenvolvimento"* (artigo 5º, XXVI);

(2) a **propriedade imaterial** sobre **obras literárias, artísticas, científicas e de comunicações**, reconhecendo **direitos morais inalienáveis e irrenunciáveis** (reivindicação da autoria, associação ou indicação do nome à obra, não-publicação para que permaneça inédita, conservação da sua integridade etc.) e **patrimoniais** de disponibilidade econômica, com a observância, porém, do domínio privado apenas durante a vida do autor ou, se houver herdeiros, pelo prazo máximo de até **setenta anos**, contados do falecimento do autor, quando, então, adentra ao **domínio público**, nos termos da Lei nº 9.610/98 (artigo 5º, XXVII);

(3) a proteção às **participações individuais em obras coletivas** e à **reprodução da imagem e voz humanas**, inclusive nas atividades desportivas, garantido o

direito de fiscalização do aproveitamento econômico a criadores, intérpretes e representações sindicais e associativas (artigo 5º, XXVIII);
(4) a garantia, por lei, de **privilégio temporário** (Lei nº 9.279/96: de 10 a 20 anos para patente de invenção, e de 7 a 15 anos para modelo de utilidade) a autores de **inventos industriais**, *"para sua utilização, bem como proteção às criações industriais, à propriedade das marcas, aos nomes de empresas e a outros signos distintivos, tendo em vista o interesse social e o desenvolvimento tecnológico e econômico do País"* (artigo 5º, XXIX);
(5) a **aquisição ou arrendamento de propriedade rural por estrangeiros**, mas com as limitações da lei, que deve prever, inclusive, os casos em que indispensável a autorização do Congresso Nacional (artigo 190); e
(6) a propriedade, **privativa** a brasileiros natos ou naturalizados há mais de dez anos, ou a pessoas jurídicas constituídas sob as leis brasileiras e com sede no País, de **empresa jornalística e de radiodifusão** sonora e de sons e imagens (artigo 222).

Em contrapartida ao reconhecimento do direito de propriedade privada sobre bens, inclusive de produção, a Constituição Federal estabeleceu o regime de limitações, no interesse público, e de aquisição e perda do domínio privado.

A Constituição Federal prescreve algumas **limitações ao direito de propriedade**, como a **requisição**, diante de iminente **perigo público**, em que a *"autoridade competente poderá usar de **propriedade particular**, assegurada ao proprietário indenização ulterior, se houver dano"* (artigo 5º, XXV), sendo da competência da União legislar sobre *"requisições civis e militares, em caso de **iminente perigo e em tempo de guerra***" (artigo 22, III); e **o tombamento de bens materiais ou imateriais**, enquanto forma de acautelamento e preservação do patrimônio cultural brasileiro (artigo 216).

A **servidão administrativa**, embora sem previsão constitucional expressa, é outra forma de limitação ao direito de propriedade, que afeta o **uso pleno e exclusivo** do bem pelo titular do direito, em função de interesse público relacionado, em regra, à execução de **obra ou serviço público**, gerando direito à **indenização**, conforme o grau de comprometimento do bem, podendo, inclusive, alcançar a indisponibilidade conducente à situação prática de desapropriação, em casos extremos.

A Constituição Federal prevê, outrossim, a **desapropriação**, a ser disciplinada por lei, em caso de **necessidade** (em virtude de obra ou serviço essencial) ou **utilidade pública** (por força de obra ou serviço que, embora não essencial, é relevante e conveniente à administração pública), ou de **interesse social** (motivos de ordem social, relacionados ao desenvolvimento e justiça social, especialmente distribuição de terras para reforma agrária), como **transferência compulsória de bem do domínio privado para o público, com garantia de indenização, justa** (valor econômico real) e **prévia** (pagamento ou depósito judicial como condição à imissão na posse, com complementação do valor, se necessária, antes da transferência definitiva do domínio) em **dinheiro**, salvo exceções (artigo 5º, XXIV).

No quadro das exceções, temos as **desapropriações-sanção ou impróprias**, por **descumprimento da função social**, tanto de imóvel urbano (artigo 182, § 4º, III), como rural (exclusivamente pela **União**, artigo 184), em que os pagamentos são efetuados com **títulos da dívida pública ou agrária**, sujeitos a prazo variável de resgate, garantido, porém, o pagamento, **em dinheiro**, as **benfeitorias úteis e necessárias** (artigo 184, § 1º).

Note-se, enfim, que a **desapropriação**, ao contrário da usucapião, pode atingir os **bens públicos**, desde que respeitada a **hierarquia**, existente para tal efeito específico, **entre os entes federativos**. Não são, porém, passíveis de desapropriação, para reforma agrária, além da *propriedade produtiva*, a *pequena e média propriedade rural*, "*assim definida em lei, desde que seu proprietário não possua outra*" (artigo 185).

A perda da propriedade privada, por interesse público, pode ocorrer, sem direito a qualquer indenização, nos casos de **expropriação**, como sanção pelo **uso da terra na cultura ilegal de plantas psicotrópicas**, com a destinação da terra ao cultivo de produtos alimentícios e medicamentosos, e o confisco dos bens de valor econômico, relacionados ao tráfico ilícito de entorpecentes e drogas afins, com reversão dos recursos "*em benefício de instituições e pessoal especializados no tratamento e recuperação de viciados e no aparelhamento e custeio de atividades de fiscalização, controle, prevenção e repressão do crime de tráfico dessas substâncias*" (artigo 243).

Finalmente, existem as denominadas **usucapiões constitucionais**, por prescrição aquisitiva da propriedade privada, vedada a de bens públicos (artigos 183, § 3º, e 191, parágrafo único).

São duas as hipóteses: primeiramente, em relação a **imóvel urbano** para quem, independentemente do estado civil e da prova da boa-fé ou justo título, "*possuir como sua área urbana de até **duzentos e cinqüenta** metros quadrados, por **cinco anos**, ininterruptamente e sem oposição, utilizando-a para sua **moradia** ou de sua família, adquirir-lhe-á o domínio, desde que não seja proprietário de **outro** imóvel urbano ou rural*" (artigo 183); e a segunda, para o caso de imóvel rural, igualmente sem a necessidade de prova de boa-fé ou justo título, a quem, "***não sendo proprietário** de imóvel rural ou urbano, possua como seu, por **cinco anos** ininterruptos, sem oposição, área de terra, em zona rural, **não superior a cinqüenta hectares**, tornando-a **produtiva** por seu trabalho ou de sua família, tendo nela sua **moradia**, adquirir-lhe-á a propriedade*" (artigo 191).

5.7.9. Direito de Petição e Certidão

O inciso XXXIV do artigo 5º da Carta Federal garante o **direito de petição ao Poder Público, independentemente de taxas,** na **defesa de direitos ou contra ilegalidade ou abuso de poder;** e o **direito de certidão em repartições públicas,** na defesa de **direitos e esclarecimento de situações de interesse pessoal.**

O **direito de petição** envolve o **postular, esclarecer, recorrer, representar** para providências ao Poder Público, entre outras ações, diante de situações, fatos, atos e controvérsias, envolvendo direito individual ou coletivo, ilegalidade ou abuso de poder. Trata-se de **atuação instrumental a serviço, não apenas do interesse do administrado, como especialmente da própria Administração Pública,** pois intrinsecamente vinculada à execução de princípios como publicidade, moralidade, eficiência, impessoalidade etc., aprimorando a atividade estatal.

O exercício do direito de petição deve orientar-se pelo princípio da **acessibilidade,** sem embargo de uma **formalidade mínima** para efeito de segurança jurídica. Não deve, porém, em regra, ser limitado com a exigência de **habilitação profissional ou capacidade postulatória,** em face do próprio **titular do direito,** em cuja defesa se reclama ou se peticiona perante a Administração Pública.

A identificação do **peticionário,** a **descrição do fato, a exposição da motivação, e a especificação da medida ou providência pleiteada** são elementos, dentre outros mais possíveis, integrados na instrumentalidade do direito de petição, e que podem ser exigidos por lei. No entanto, mesmo diante de **deficiência formal ou de instrução documental,** resta assegurado pela Constituição Federal o **direito ao protocolo da petição,** ainda que deva a autoridade administrativa determinar a sua **regularização,** conforme a lei, antes de deliberar sobre o mérito do requerimento.

Convém recordar, porém, que o direito de petição serve não apenas para a defesa de direito subjetivo, mas como meio de **denúncia e combate à ilegalidade ou abuso de poder,** exercendo o peticionário um **encargo no interesse de toda a coletividade,** em que o rigor da identificação pessoal, e mesmo da exposição circunstanciada dos fatos, pode ser dispensado, diante do risco à segurança e integridade do denunciante, e à própria **efetividade da apuração** das ocorrências narradas.

À **garantia constitucional** de petição corresponde o **poder-dever administrativo de agir, responder, decidir e solucionar** as situações, fatos, atos, e controvérsias colocados ao exame da autoridade competente, sendo inconstitucional a **omissão** sem justa causa, que pode gerar **discussão judicial,** se lesado ou ameaçado de lesão direito individual ou coletivo.

A **Lei nº 9.784/1999** regula o processo administrativo no âmbito da Administração Pública Federal, incluindo os Poderes Legislativo e Judiciário, estabelecendo, como princípios, a proteção dos direitos dos administrados e o melhor cumprimento dos fins da Administração; e cuidando, no mais, especificamente, dos direitos e deveres dos administrados; dos atos iniciais do processo; da definição de interessados; da competência, impedimentos e suspeição; da forma, tempo, lugar e comunicação dos atos do processo; da instrução, dever de decidir e motivação; da desistência e outros casos de extinção do processo; da anulação, revogação e convalidação de atos administrativos; do recurso e revisão; e dos prazos e sanções.

Em termos de prazos, a lei especial define, como regra, cinco dias, prorrogáveis até o dobro, por força maior, para a prática de atos ordinatórios (artigo 24); quinze dias, prorrogáveis, para parecer de órgão consultivo, quando necessário (artigo 42); e trinta dias, depois de concluída a instrução, para a decisão do processo, salvo prorrogação motivada e por igual prazo (artigo 49).

O **direito de petição**, constitucionalmente consagrado e impositivo, encontra-se, por isso mesmo, integrado nas diversas disposições da lei, quando, por exemplo, trata do direito do administrado de formular alegações, produzir provas, interpor recursos, e ter ciência de atos e decisões praticados; ou do dever de prestar informações e esclarecer fatos.

O **direito à certidão** é conseqüência ou instrumento para o exercício do **direito de petição**, e relaciona-se, igualmente, ao **direito à informação**, que possui o administrado sobre fatos atos, e controvérsias de seu interesse, para a **defesa de direitos ou esclarecimento de situações pessoais**, perante a própria Administração Pública ou terceiros.

A oposição de sigilo como fundamento para recusa à emissão de certidão somente é legítima quando as informações forem **confidenciais**, por imprescindíveis à **segurança da Sociedade e do Estado** (artigo 5º, XXXIII), e se houver dados protegidos por **inviolabilidade constitucional** (artigo 5º, X e XII) ou, no âmbito dos processos judiciais, tiver sido decretado o **segredo de Justiça**, que deve prevalecer para impedir o conhecimento no interesse de **terceiros**, mas, e apenas, quanto aos **dados cuja divulgação possa efetivamente violar a própria razão essencial do sigilo**.

Nada impede – e, pelo contrário, tudo recomenda – que, diante da **recusa da autoridade competente**, seja discutida, em Juízo, a existência, ou não, de impedimento legítimo ao fornecimento da certidão, quanto a dados considerados **confidenciais ou sigilosos**, de modo a permitir que, pelo **devido processo legal**, com contraditório e ampla defesa, seja, então, definida a efetiva existência, ou não, do **direito à certidão** e, em caso positivo, em que extensão, frente à natureza da informação solicitada.

Exatamente para que a autoridade administrativa avalie a existência, pertinência e adequação do sigilo, ou não, de informações, é que se justifica a necessidade de que o pedido de certidão seja **fundamentado, com a indicação, inclusive, dos motivos pelos quais é postulada a sua emissão**, mesmo porque pode o Poder Público **responder, perante terceiros, no caso de eventual divulgação, indevida e danosa, de dados sigilosos ou confidenciais.**

A Lei nº 9.051/95 dispôs sobre a expedição de certidões para a defesa de direitos e esclarecimentos de situações, estabelecendo o prazo improrrogável de **quinze dias**, contados do protocolo, para a expedição de certidões, por órgãos da administração centralizada ou autárquica, empresas públicas, sociedades de economia mista e fundações públicas da União, dos Estados, do Distrito Federal e dos Municípios (artigo 1º); e prevendo a exigência de que os interessados nas certidões façam constar os *"esclarecimentos relativos aos fins e razões do pedido"* (artigo 2º).

Todavia, algumas situações, qualquer que seja o alcance atribuído ao preceito ora em exame, não suscitam dúvidas quanto ao direito à certidão. Assim decidiu o Supremo Tribunal Federal, por exemplo, em relação à certidão sobre declarações prestadas em processo judicial ou administrativo, requerida pelo próprio depoente (RE nº 221.590, relator Ministro Sepúlveda Pertence, DJU de 13/03/1998).

O Superior Tribunal de Justiça, por sua vez, reconheceu a invalidade da recusa do INSS em fornecer **certidão de tempo de serviço** a segurados da Previdência Social, para defesa de direitos ou esclarecimentos de situações pessoais (artigo 5º, XXXIV, CF), assim como a **legitimidade do Ministério Público para ajuizar ação civil pública**, em prol de direitos de tal natureza (RESp. nº 554.960, relator Ministro Castro Meira, DJU de 15/08/2005).

5.7.10. Princípios Constitucionais Gerais da Jurisdição

Fixou a Constituição Federal um conjunto de princípios orientadores do exercício da jurisdição, qualquer que seja a sua natureza, reconhecendo-os como direitos e garantias não apenas das partes, inseridas no processo, como de toda coletividade, pela extensão dos valores envolvidos no modelo constitucional de solução de conflitos de interesse.

5.7.10.1. Princípio da Universalidade da Jurisdição

O princípio da **universalidade ou inafastabilidade da jurisdição, pleno acesso ou ampla proteção judicial**, é um dos pilares do Estado Democrático e Social de Direito. Na perspectiva conceitual e histórico-evolutiva, o **Poder Judiciário** surgiu da necessidade vital de **proteção da Constituição** por uma instituição, **menos política e mais técnica**, em resposta à **privatização do poder político no Estado Absoluto**, pelas mãos do Executivo, e ao **predomínio subseqüente do Parlamento, dado como soberano**, senhor das leis e dos destinos da Nação. O risco de um "**Governo de Juízes**", vivido historicamente nos Estados Unidos da América, em certo período de extrema influência da Suprema Corte, foi suprimido, em prol do **equilíbrio e harmonia dos Poderes**, ao ser exigida do Judiciário a condição de **poder politicamente neutro, imparcial diante dos interesses contrapostos, e inerte no exercício de sua função**, embora universal no acesso à jurisdição prestada.

O Poder Judiciário tem **legitimidade política e social**, não em função do domínio da força militar, disponibilidade de recursos do Tesouro ou lastro político-eleitoral, mas por força de sua **isenção ideológica, independência e capacidade técnica, e concepção estrutural como Poder universalmente acessível**, e sensível à provocação de **qualquer do povo**, para **decidir, sempre motivadamente**, as controvérsias, de fato e de direito, com a **autoridade** e a **força de coisa julgada**, capaz de vincular o próprio Estado e os particulares, nos limites da lide, para conferir, sob uma **jurisdição imparcial e monopolizada, segurança, certeza e eqüidade**, contra a violência e a prepotência da justiça privada.

O comando constitucional é **dirigido**, desde logo, ao **próprio legislador** ("*a lei não excluirá da apreciação do Poder Judiciário lesão ou ameaça a direito*"), mas **alcança**, por igual e evidentemente, o **intérprete e operador do Direito**, daí que a **jurisdição para o próprio Juiz, que a exerce, é indeclinável e indelegável**, como conseqüência de sua inafastabilidade, qualificada como garantia constitucional em prol da cidadania.

Certo, pois, que a garantia da **universalidade da jurisdição** é mais do que apenas mero princípio técnico, erigindo-se, na contextura da Constituição, como **fundamento político de legitimação do Poder Judiciário como poder republicano** numa democracia participativa, pluralista e socialmente justa. Toda e qualquer pessoa, física ou jurídica, nacional ou estrangeira, tem **direito público subjetivo à ampla proteção judicial**, acesso à jurisdição republicana, em **igualdade de condições**, por meio do **direito de ação e de defesa**, segundo o **devido processo legal**.

A amplitude de tal universalidade é medida pelo reconhecimento constitucional da existência não apenas de uma **jurisdição repressiva ou reparatória**, mas igualmente **preventiva** (lesão ou ameaça de lesão a direito), que **dispensa a** exigência de prévio requerimento e exaurimento da via administrativa, permitindo a discussão judicial diante do risco concreto de que a conduta, administrativa ou particular, venha a produzir lesão a direito.

Todavia, a universalidade da jurisdição não significa nem garante a invocação sem limites da prestação jurisdicional, nem impede que, em favor dos princípios da **celeridade, efetividade, segurança e eficiência**, sejam adotadas **restrições, justificáveis e razoáveis**, ao direito de ação, de defesa e de recurso, e impostas **sanções** às partes transgressoras. Não são inconstitucionais as exigências, por exemplo, de custas iniciais, formalidades na prática de atos processuais, representação processual, ônus processuais, preparo, alçada, defesa ou impugnação específica, prequestionamento, unicidade recursal, entre outras.

Os extremos, porque contrários ao princípio da razoabilidade, podem, certamente, conduzir à ofensa ao princípio da acessibilidade plena ao Poder Judiciário, como reconhecido, pela Suprema Corte, em relação às **custas processuais**, se, por exemplo, *"a alíquota excessiva ou a omissão de um limite absoluto as tornam desproporcionadas ao custo do serviço que remuneraram"* (ADIMC nº 1.926, relator Ministro Sepúlveda Pertence, DJU de 10/09/1999). É mister ressaltar que o valor elevado das custas judiciais, mais do que apenas questão tributária, envolve o problema do acesso à jurisdição que igualmente pode ser prejudicado se houver aplicação de multas processuais, de forma abusiva, com o fim de coibir o exercício regular de direito, especialmente se o pagamento antecipado dos valores, quando elevados, seja condição de admissibilidade do próprio recurso à instância superior.

O amplo acesso ao Poder Judiciário, para os economicamente carentes, é garantido pela Constituição Federal, pela **prestação de assistência judiciária integral gratuita** (artigo 5º, LXXIV, e Lei nº 1.060/50), com a instituição da Defensoria Pública para atuar na orientação jurídica e defesa dos necessitados em todos os graus de jurisdição (artigo 134).

A **carência de ação**, com extinção do processo sem exame do mérito, ou o **juízo de mérito desfavorável** ao autor da ação, não implicam, por evidente, a negativa de jurisdição (RE nº 145.023, relator Ministro Ilmar Galvão, DJU de 18/12/1992; e AI-AgR nº 151.853, relator Ministro Sepúlveda Pertence, DJU de 07/12/2000). Também, na mesma linha, não acarreta lesão a tal princípio, a decisão judicial que se nega a revisar o **mérito do ato administrativo**, assim preservando a esfera livre da discricionariedade administrativa; e tampouco a recusa judicial de exercício, no **controle concentrado e abstrato de constitucionalidade**, da função de **legislador positivo**, com a extensão de benefício, concedido apenas a alguns, com ofensa, por **omissão**, ao princípio da **isonomia**.

Sobre a Lei nº 9.307/96, que instituiu a arbitragem, decidiu o Supremo Tribunal Federal que *"a manifestação de vontade da parte na cláusula compromissória, quando da celebração do contrato, e a permissão legal dada ao juiz para que substitua a vontade da parte recalcitrante em firmar o compromisso não ofendem o artigo 5º, XXXV, da CF"*, que assegura o princípio da universalidade da jurisdição (SE – AgR nº 5.206, relator Ministro Sepúlveda Pertence, DJU de 30/04/2004).

A Constituição Federal excluiu da jurisdição universal, incondicionada e imediata do Poder Judiciário uma única hipótese de lesão ou ameaça de lesão a direito, relacionada às **controvérsias desportivas**, que devem ser previamente discutidas e exauridas na instância especializada, no prazo máximo de sessenta dias, antes do que não se reconhece direito de ação ao lesado ou ameaçado de lesão (artigo 217, §§ 1º e 2º).

5.7.10.2. Princípio do Juiz Natural

O princípio constitucional do **juiz natural** (artigo 5º, XXXVII, *"não haverá juízo ou tribunal de exceção"*) busca garantir que **autor e réu, em qualquer jurisdição** – e não apenas o réu na jurisdição penal, embora aqui a gravidade seja maior e presumida –, tenham assegurado o **direito ao Juiz e Tribunal** constituídos segundo o regime e a estrutura constitucional do Poder Judiciário. Não se reputa inconstitucional o deslocamento da jurisdição, como o decorrente da especialização de Juízos e Tribunais, ainda que posterior à propositura da ação. No entanto é inconstitucional a alteração da competência, por iniciativa legal ou mesmo constitucional, que se destine a **individualizar o julgamento** de um dado processo ou pessoa, por **interesses não relacionados à administração do aparelho da Justiça**, em si, mas por **imperativos escusos**, como perseguição ou favorecimento político-ideológico, entre outros **desvios incompatíveis com o regime de Estado de Direito**.

Não configura violação ao princípio do juiz natural o **foro privilegiado previsto na própria Constituição Federal**, o que tendo, porém, **caráter excepcional, não pode ser ampliado por lei**, ordinária ou complementar, em prejuízo da repartição constitucional de competências, como ocorreu com a **Lei nº 10.628/2002**, que acresceu os §§ 1º e 2º ao artigo 84 do Código de Processo Penal, e que, ao buscar preservar o foro criminal, por prerrogativa de função, mesmo depois de cessado o exercício de função pública, e nele ainda incluir o julgamento de ações de improbidade administrativa, foi declarada inconstitucional pelo Supremo Tribunal Federal, na **ADI nº 2.797, relator Ministro Sepúlveda Pertence**.

A mesma interpretação restritiva deve ser aplicada às competências excepcionais, como a originária do **artigo 102, I, n**, da Carta Federal, de modo a impedir, por exemplo, que **ação popular**, proposta perante a Justiça Federal, seja deslocada ao Supremo Tribunal Federal, sem a **prévia e suficiente comprovação** da *"incompatibilidade de todos os magistrados de 1ª instância"* (AO – AgR nº 1.031, relator Ministro Carlos Velloso, DJU de 19/03/2004). Também não se pode admitir o uso indevido da denunciação à lide para criar **conflito federativo**, entre União e Estado-membro (artigo 102, I, *f*, CF), em ação de desapropriação, para fixar, de forma artificial e em prejuízo ao princípio do juiz natural, a competência do Supremo Tribunal Federal (ACO-QO nº 280, relator Ministro Maurício Corrêa, DJU de 24/11/1995).

Como se observa, embora seja preponderante a proteção do réu em procedimentos ou processos de natureza criminal, o princípio do juiz natural atua, igualmente, na jurisdição civil para **proteção das partes** do processo contra a **supressão das instâncias ordinárias previstas**, promovida não apenas por **alterações de competência diretamente contrárias à Constituição** (leis ou emendas inconstitucionais), casuísticas e injustificáveis, como, inclusive, nas hipóteses, não raras, de deslocamento fundado em norma constitucional, porém de **aplicação excepcional e restrita**, considerada a estrutura constitucional de organização do Poder Judiciário.

Como decorrência do juiz natural, invoca-se o princípio do **"promotor natural"** como garantia das partes no sentido de que membro, diverso da prévia e legalmente vinculado ao órgão jurisdicional competente para processar e julgar a causa, seja designado para nela atuar. O Supremo Tribunal Federal decidiu, por maioria, que o princípio do promotor natural, embora imanente ao sistema constitucional, dependia, porém, de **interposição legislativa** (HC nº 67.759, relator Ministro Celso de Mello, DJU de 01/07/1993), vinda somente com a **Lei nº 8.625/1993**, razão pela qual em processo com denúncia anterior seria possível ao Procurador-Geral, fundado no **artigo 7º, VI, da LC nº 40/81**, promover a **substituição** de membro do Ministério Público no curso da ação penal, para prosseguimento, sem violação ao princípio do promotor natural (HC nº 69.599, relator Ministro Sepúlveda Pertence, DJU de 27/08/1993; e AI – AgR nº 169.169, relator Ministro Ilmar Galvão, DJU de 01/12/1995).

Na vigência da **Lei Orgânica Nacional do Ministério Público** (Lei nº 8.625/93) e da Lei Complementar do Ministério Público da União (LC nº 75/93), a jurisprudência da Corte Suprema, firmada sobre o tema, revela, por exemplo, que:

(1) *"não viola o princípio a designação de **Promotor Substituto** para prestar auxílio ao titular da comarca, mormente quando ambos subscrevem a denúncia questionada"* (HC nº 81.998, relator Ministro Sepúlveda Pertence, DJU de 28/06/2002);

(2) *"a Constituição vigente não veda a designação, no Ministério Público, de **grupos especializados por matéria**, na medida em que a atribuição aos seus componentes da condução dos processos respectivos implica a prévia subtração deles da esfera de atuação do Promotor genericamente incumbido de atuar perante determinado juízo"* (HC nº 69.599, relator Ministro Sepúlveda Pertence, DJU de 27/08/1993);

(3) *"a **escolha de Procurador de Justiça, mediante sorteio, para atuar nos processos penais originários em segunda instância**, decorre de critério objetivo que, precisamente por impedir manipulações casuísticas ou designações seletivas efetuadas pela Chefia da Instituição, ajusta-se ao postulado do Promotor Natural, que se revela incompatível com a figura do acusador de exceção"* (HC nº 71.429, relator Ministro Celso de Mello, DJU de 25/08/1995); e

(4) *"pode o **Procurador-Geral da República delegar a competência** de que trata o art. 48, II, da Lei Complementar nº 75, de 1993, **a Subprocurador-Geral pré-designado para atuar perante o Superior Tribunal de Justiça**"* (HC nº 84.488, relator Ministro Cezar Peluso, DJU de 05/05/2006).

Por sua vez, o Superior Tribunal de Justiça reconhece, a propósito, que:

(1) *"a delegação do oferecimento da denúncia efetuada pelo Procurador-Geral de Justiça, a **órgão especializado** em matéria criminal, dentro do quadro do Ministério Público, não ofende o princípio do promotor natural"* (HC nº 44.434, relatora Ministra Laurita Vaz, DJU de 05/12/2005);

(2) *"**não há falar em ofensa ao princípio do promotor natural apenas pelo fato de ser o subscritor do aditamento à denúncia diverso do signatário da inicial acusatória**, sendo necessária a demonstração inequívoca de 'lesão ao exercício pleno e independente das atribuições do parquet' ou 'possível manipulação casuística ou designação seletiva por parte do Procurador-Geral de Justiça a deixar entrever a figura do acusador de exceção' (...)"* (RHC nº 17.231, relator Ministro Arnaldo Esteves, DJU de 10/10/2005);

(3) *"**o promotor natural, quando oferece a denúncia, no gozo de sua prerrogativa da independência funcional, esgota a atividade do Ministério Público no que tange à propositura da ação penal. Ao Procurador-Geral de Justiça, portanto, não é dado o poder de rever** o conteúdo dessa manifestação e tampouco a incumbência de ser o revisor desse juízo de pertinência"* (RHC nº 13.887, relator Ministra Laurita Vaz, DJU de 14/03/2005);

(4) *"**se o representante do Ministério Público Federal confirma a denúncia anteriormente ofertada por Promotor Estadual, ratificando-se a peça acusatória e os atos processuais já praticados, não há que se falar em ofensa ao princípio do promotor natural**"* (HC nº 34.382, relator Ministro Gilson Dipp, DJU de 04/10/2004); e

(5) *"há violação ao princípio do promotor natural, se evidenciado que o Procurador-Geral da República **escolheu seletivamente** um dos membros daquela institui-*

ção para oferecer denúncia, **sem observar o critério objetivo de distribuição** dos feitos na Procuradoria" (RHC nº 11.821, relator Ministro Gilson Dipp, DJU de 18/11/2002).

5.7.10.3. Princípio do Devido Processo Legal, Contraditório e Ampla Defesa

Talvez seja este o princípio mais conhecido e importante, mas, ao mesmo tempo, dotado de **menor densidade constitucional específica**, no sentido de que sua **materialidade e conteúdo** dependem de uma **forte atuação do legislador infraconstitucional**, estabelecendo os limites em que se opera, caso a caso, o devido processo legal, o contraditório e a ampla defesa.

A Constituição Federal define, no entanto, o **conteúdo ideológico** do princípio do devido processo legal, como **instrumento de preservação dos direitos fundamentais**, que deve, no mínimo, contemplar o contraditório e a ampla defesa, além de outras garantias materiais e processuais, essenciais para que alguém possa ser, validamente, privado de sua liberdade ou de seus bens.

A idéia de um **processo justo**, na sua **forma** e mesmo no seu **conteúdo**, é o que permeia, na essência, o princípio que, porém, não deixa de ser complexo, na medida em que seja variável, e mesmo subjetivo, o conceito de justo. Alguns parâmetros de orientação e controle do processo legal, a fim de que possa ser-lhe reconhecido o atributo de "devido", regular, justo e adequado, segundo um critério de valor subjacente à norma constitucional, podem ser extraídos do próprio texto constitucional: além do contraditório e da ampla defesa com direito à **defesa técnica**, principalmente no campo da persecução penal, o processo, previsto para a garantia do cidadão contra a privação de direitos fundamentais, liberdade ou propriedade, deve ser conduzido por **órgão imparcial** e com **competência** previamente fixada na Constituição e nas leis; o **direito à instrução** assegura a produção de prova de qualquer gênero, salvo as ilícitas, ilegítimas e impertinentes; impõe-se promover a **igualdade** processual e material entre acusação e defesa; a decisão deve ser **motivada**; é imprescindível permitir a revisão do julgamento através de recurso apropriado etc.

Observe-se, porém, que, embora o inciso LV do artigo 5º da Carta de 1988 aluda à ampla defesa, com os meios e **recursos** a ela inerentes, e a despeito da previsão constitucional de recursos e instâncias revisoras (por exemplo, artigo 108, II), o Supremo Tribunal Federal decidiu que *"não há, em nosso ordenamento jurídico, a garantia ao duplo grau de jurisdição"*, seja o processo judicial ou administrativo (RE nº 357.311, relator Ministro Moreira Alves, DJU de 21/02/2003; AI – AgR nº 513.044, relator Ministro Carlos Velloso, DJU de 08/04/2005; e RHC nº 80.919, relator Ministro Nelson Jobim, DJU de 14/09/2001).

Note-se que os parâmetros gerais podem ser extraídos da própria Constituição, o que, no entanto, ainda assim, exige **forte atuação do legislador** infraconstitucional no sentido de preencher, específica e minuciosamente, o conteúdo normativo dos princípios, gerais e abstratos, com respostas concretas a indagações do tipo: Qual o meio e o prazo para o exercício do direito de contraditório e de ampla defesa? Quais recursos são cabíveis? Quando, até quando e em que extensão o direito à instrução pode ser garantido?

Recordemos que tais princípios, por não serem absolutos e unilaterais na sua força e extensão, devem interagir no contexto sistêmico da Constituição Federal, e provocar, portanto, **soluções legais de razoabilidade (o processo legal deve ser o devido, o razoável, e não o ideal no plano puramente abstrato e teórico, porém irrealizável na prática efetiva**), que não criem, portanto, um devido processo legal, sem contraditório ou sem defesa, mas que, em contrapartida, não adote, tampouco, infinitas e complexas formalidades, a ponto de impedir o exercício da própria jurisdição, que deve ser célere e eficiente.

Embora se cuide de disciplina constitucional e legal do processo, sua importância, como se observa, ultrapassa os limites da relação meramente processual, pois reflete a concepção de uma dada sociedade quanto ao **valor dos direitos fundamentais** para efeito de sua proteção, pelo instrumento da resolução imparcial e democrática dos conflitos de interesse.

Além da vertente processual do devido processo legal, existe uma outra, **material** ou **substancial**, que se manifesta no sentido de proibir que a restrição a direitos fundamentais, em função de outros valores igualmente essenciais, seja promovida fora dos parâmetros normais de **razoabilidade, proporcionalidade e adequação**, com a vedação, pois, de **excesso legislativo**, que conduziria à inconstitucionalidade na medida em que, para tutelar certo direito fundamental ou interesse do Estado, impusesse sacrifício, tanto demasiado como injustificado, a outro direito fundamental, igualmente resguardado pela Constituição. A cláusula do **"substantive due process of law"** tem sido regularmente aplicada pela Suprema Corte, nas hipóteses de conflito de direitos fundamentais, gerando uma fecunda jurisprudência a propósito dos mais variados temas (ADI – MC nº 1.407, relator Ministro Celso de Mello, DJU de 24/11/2000).

5.7.10.4. Princípio da Licitude das Provas
Tal princípio, previsto no artigo 5º, LVI, da Carta Federal (*"São inadmissíveis, no processo, as provas obtidas por meios ilícitos"*), impede que qualquer pretensão, de

autor, réu ou de terceiro, em qualquer espécie de procedimento, cível ou criminal, seja apreciada e julgada com base em provas ilícitas.

A gravidade da persecução, mesmo criminal, ou de seus reflexos sociais, políticos etc., não impede a formulação de um **juízo prévio de validade formal** quanto à prova produzida, antes da apreciação de seu próprio conteúdo. Se a **via, forma, circunstância ou meio** com que produzida a prova for ilícito, **por mais verdadeiros, convincentes e contundentes** que possam ser ou sejam os fatos por meio dela revelados, o processo não pode ser instruído com tal elemento de convicção que, tampouco, pode influir, minimamente que seja, na motivação do julgamento e na formulação da decisão judicial.

A **garantia à jurisdição** universal, célere e eficiente, é indissociável da concepção de **julgamento justo**, envolvendo não apenas a **decisão judicial, enquanto resultado**, mas o **processo como instrumento** para a sua definição. O devido processo legal não é apenas o direito ao contraditório ou à ampla defesa, mas igualmente o direito à **instrução regular**, por todos os **meios e provas, desde que lícitos**, mesmo porque mais importante do que o resultado prático de um caso concreto, ainda que gere crítica e incompreensão social, é a defesa exemplar e abnegada, por todos os operadores do Direito, do **princípio-valor de legitimidade do processo judicial e, portanto, da jurisdição** em si (legitimidade do processo = legitimidade da jurisdição), como monopólio do Estado na consecução da justiça em igualdade de condições entre as partes, mesmo que, num dos lados, esteja o próprio Estado-Administração, a Justiça Pública.

A caracterização da prova como ilícita decorre dos preceitos de tutela a valores e bens jurídico-constitucionais específicos (intimidade, inviolabilidade, sigilo etc.), anteriormente examinados, limitando-se o artigo 5º, LVI, a impedir sua admissão no processo, como garantia de legitimidade da decisão judicial, pelos elementos de convicção que a motivam.

A Suprema Corte fixou diretrizes gerais sobre os limites do direito à investigação e persecução penal em face da vedação constitucional à admissibilidade de provas ilícitas. Sobre a prova ilícita em si, não existe dúvida de sua imprestabilidade, cabendo apenas o exame, caso a caso, da caracterização da ilicitude, segundo as matizes da jurisprudência firmada.

A controvérsia mais expressiva no Excelso Pretório referiu-se à admissibilidade, ou não, das provas produzidas subseqüentemente e por derivação.

Houve, inicialmente, resistência ao reconhecimento da nulidade por contaminação, mas logo superada (HC nº 69.923, relator Ministro Sepúlveda Pertence, DJU de 25/03/1994), de tal modo que, na atualidade, a jurisprudência é pacífica quanto à inadmissibilidade, no processo, de provas ilícitas (quebra de sigilo telefônico ou bancário sem autorização judicial, apreensão domiciliar de documentos sem ordem judicial, confissão mediante tortura, exame toxicológico ou grafotécnico, ou de mapeamento genético sem prévio e válido consentimento do acusado etc.) ou contaminadas por derivação, nos termos da teoria da "**árvore venenosa e seus frutos**" ou dos "**frutos da árvore envenenada**", impedindo que, com base nelas, seja sustentada, pois, qualquer **investigação, acusação, instrução ou condenação**.

Ainda que em fase de inquérito, a constatação da ilicitude da prova garante o seu desentranhamento, para não contaminar a própria investigação e a eventual ação penal, por meio de *habeas corpus*, se sancionado o crime com pena privativa de liberdade (HC nº 80.949, relator Ministro Sepúlveda Pertence, DJU de 14/12/2001). Se a denúncia estiver fundada apenas em prova ilícita ou derivada, anula-se todo o processo com a soltura do réu, se preso (HC nº 74.116, relator Ministro Néri da Silveira, DJU de 14/03/1997). A condenação baseada apenas em tal espécie de prova não pode, tampouco, prevalecer. Todavia, se existentes outros **elementos autônomos de convicção** – não relacionados, pois, à prova ilícita, derivada ou contaminada –, é, em tese, possível a condenação, segundo as circunstâncias do caso concreto (HC nº 85.286, relator Ministro Joaquim Barbosa, DJU de 24/03/2006; HC nº 75.497, relator Ministro Maurício Corrêa, DJU de 09/05/2003).

5.7.10.5. Princípio da Celeridade e Eficiência na Prestação Jurisdicional
Dentre as inovações da EC nº 45/2004, encontra-se a consagração do princípio da celeridade e eficiência na prestação jurisdicional e nos processos administrativos (artigo 5º, inciso LXXVIII: *"a todos, no âmbito judicial e administrativo, são assegurados a razoável duração do processo e os meios que garantam a celeridade de sua tramitação"*).

Note-se que, agora, o constituinte derivado pretendeu garantir ao cidadão mais e além do que apenas a eficiência na administração judiciária (atividade-meio), sujeita desde a EC nº 19/1998 a tal princípio, segundo os termos do artigo 37. Por isso, consagrou, com destaque, o princípio da celeridade e eficiência nos feitos de natureza administrativa, mas, sobretudo, na **prestação jurisdicional (atividade-fim do Poder Judiciário)**, impondo **obrigação aos órgãos do Poder Judiciário** e, assim, igualmente, aos partícipes constitucionais do processo judicial, como **advogados, procuradores e membros do Ministério Público**.

Tal norma de garantia autoriza o legislador a adotar **mecanismos processuais de celeridade e eficiência processual**, adequando e simplificando ritos e procedimentos, reduzindo ou eliminando recursos, desde que, com ponderação e razoabilidade, não afete a essência de outros princípios, como contraditório e ampla defesa. Também parece decorrer de tal princípio a possibilidade de serem, inclusive, fixadas, por lei, **sanções, processuais ou não**, a órgãos judiciais, partes do processo e terceiros, que resistam, frustrem, ou atuem, de qualquer outra forma, no sentido de descumprir, sem justa causa, o postulado constitucional da celeridade e eficiência na prestação jurisdicional, sem prejuízo da cobrança da **responsabilidade do próprio Estado** por não fornecer os **meios e recursos humanos, materiais ou tecnológicos** para tal mister.

Algumas regras de controle e sanção, antes mesmo do advento da EC nº 45/2004, estavam presentes na legislação para coibir a violação aos princípios da efetividade e celeridade da prestação jurisdicional. Neste sentido, o Código de Processo Civil, ao impor perdas e danos ao juiz quando *"recusar, omitir ou retardar, sem justo motivo, providência que deva ordenar de ofício, ou a requerimento da parte"* (artigo 133, inciso II); e a Lei da Ação Popular (Lei nº 4.717/1965), ao fixar o limite de quinze dias, a partir da conclusão, para que seja proferida a sentença e, na seqüência, ao prescrever que o excesso de prazo *"**privará o juiz da inclusão em lista de merecimento para promoção**, durante 2 (dois) anos, e acarretará a **perda, para efeito de promoção por antigüidade, de tantos dias quantos forem os do retardamento**, salvo motivo justo, declinado nos autos e comprovado perante o órgão disciplinar competente"* (artigo 7º, VI e parágrafo único).

O maior desafio do Poder Judiciário, situado na questão do **acúmulo de processos** pendentes de julgamento, criando dificuldades para a própria tramitação eficiente de feitos novos, deve ser pragmática e urgentemente enfrentado como imposição da garantia constitucional da celeridade, que **vincula não apenas o legislador, mas os próprios órgãos administrativos do Poder Judiciário, juízes e tribunais, partes, advogados e membros do Ministério Público**. O aguardo por soluções legais, como reformas processuais ou ampliação de estruturas orgânicas e funcionais, apenas aprofunda a gravidade da lesão ao princípio, sem perspectiva e compromisso com a solução da crise, que exige, de imediato, e no âmbito propriamente administrativo-judicial, a adoção de inovações e racionalização da organização e dos sistemas de trabalho.

A jurisdição prevista para as causas cíveis de menor complexidade, ou penais por infrações de menor potencial ofensivo (artigo 98, *I*, CF), baseada na simplicidade e celeridade, é indicativa da revolução necessária na estrutura de prestação de serviços públicos, em especial os judiciais, exigida pela Carta de 1988, e agora ampliada, pela EC nº 45/2004, *"a todos"*, na dicção expressa do artigo 5º, inciso LXXVIII, da Constituição Federal.

O cidadão, enfim, tem presumido **direito líquido e certo** não apenas a uma decisão administrativa no prazo legal ou razoável, segundo as circunstâncias de cada caso concreto, mas, especialmente, a uma decisão judicial, nas mesmas condições, por força do princípio da celeridade e eficiência, universalidade da jurisdição, e devido processo legal, mas, sobretudo, como efeito necessário do princípio fundamental da dignidade da pessoa humana que, ao reclamar ao Estado por Justiça, não pode ser punida com a injustiça judiciária de uma demora prolongada, e injustificada na prestação jurisdicional.

A exigência de duração razoável é, particularmente, essencial no **direito penal** e no **processo penal** que, antes mesmo do artigo 5º, inciso LXXVIII, da Constituição Federal, fixavam, na tutela da liberdade individual, mecanismos de contenção do poder punitivo e persecutório do Estado diante da **morosidade, administrativa ou judicial**, assim, por exemplo, a **prescrição** como causa de extinção da punibilidade e, nas hipóteses de **prisão cautelar**, o direito à soltura, fundado no **excesso injustificado do prazo**, quando não provocado pela própria defesa, **antes da condenação penal**.

Recentemente, na linha das inovações procedimentais e tecnológicas, foi editada a **Lei nº 11.419, de 19/12/2006**, dispondo sobre a informatização do processo judicial e, alterando, neste sentido, o Código de Processo Civil, com a introdução dos meios eletrônicos na tramitação processual, comunicação de atos e transmissão de peças processuais.

5.7.11. Princípios Constitucionais da Jurisdição Penal

Além dos Princípios Constitucionais Gerais da Jurisdição, existem os específicos da jurisdição penal, que exigem, em função das características do direito penal e processual penal, uma abordagem própria, identificada com o compromisso do Estado de Direito no sentido de preservar o regime de liberdade individual e, por isso mesmo, exercer a persecução criminal com rigor, na defesa do interesse coletivo e social, mas sempre, porém, observando o princípio do devido processo legal.

5.7.11.1. Princípios da Anterioridade, Irretroatividade Gravosa e Reserva da Lei Penal

Tais princípios, sediados nos incisos XXXIX e XL do artigo 5º da Carta Federal (*"não há crime sem lei anterior que o defina, nem pena sem prévia cominação legal"* e *"a lei penal não retroagirá, salvo para beneficiar o réu"*), impõem limites ao exercício pelo Estado do poder punitivo, criando segurança e certeza jurídica para os indivíduos e a coletividade.

A criação ou ampliação de tipos penais e o agravamento das penas dependem de lei formal, segundo o processo legislativo previsto na Constituição Federal, não podendo ser objeto de medida provisória ou lei delegada (artigos 62, § 1º, I, b, e 68, § 1º, II), por isso que a limitação formal imposta decorre não do princípio da legalidade, mas da **reserva legal, sob a forma de tipo penal (tipicidade)**, segundo o qual deve o enunciado legal **exaurir a descrição do fato, de forma clara e objetiva**, com as **elementares e circunstâncias para a perfeita identificação** da conduta sancionada, conferindo, assim, **certeza jurídica quanto aos limites da repressão penal**.

Não basta, porém, apenas a descrição da conduta típica, mas a **precedência ou a anterioridade da norma sobre o fato praticado**, como forma de associar, não apenas objetiva, mas subjetivamente, a conduta voluntária (dolosa ou culposa) à lesão do bem jurídico tutelado. O conhecimento da lei é presumido pela sua regular publicação, sem importar a ciência pessoal efetiva, produzindo **efeitos prospectivos e jamais retroativos, salvo se para beneficiar o investigado ou réu**, quando **nem mesmo a coisa julgada** impede a *retroatio in mellius*.

5.7.11.2. Direito e Garantia ao Júri Popular

Prescreve o artigo 5º, XXXVIII, da Constituição Federal, que *"é reconhecida a instituição do júri, com a organização que lhe der a lei, assegurados: a) a plenitude de defesa; b) o sigilo das votações; c) a soberania dos veredictos; d) a competência para o julgamento dos crimes dolosos contra a vida"*.

Os crimes dolosos contra a vida estão sujeitos a processo e julgamento exclusivo pelo Tribunal do Júri, não podendo a legislação processual penal ou a lei estadual de organização judiciária (artigos 22, I, e 125, § 1º, CF) dispor diferentemente, quanto à competência material de forma a suprimir, restringir ou prejudicar a competência constitucional fixada. A **EC nº 45/2004**, na disciplina afeta à Justiça Militar dos Estados, incluiu na competência do **Tribunal do Júri** os **crimes militares**, quando **dolosos contra a vida** e praticados contra **vítimas civis** (artigos 125, § 4º, CF; e 205 do Código Penal Militar). Se, no entanto, forem praticados contra vítimas militares, os crimes dolosos contra a vida sujeitam-se ao julgamento colegiado pelo Conselho de Justiça Militar, ficando os demais crimes militares, se praticados contra civis, adstritos à competência singular do Juiz de Direito do Juízo Militar (artigo 125, § 5º, CF).

O Tribunal do Júri é órgão do Poder Judiciário com características singulares, de que são exemplos, sua competência material constitucionalmente fixada, composição (vinte e um jurados, dos quais sete formam o conselho de sentença em cada sessão de julgamento, sob a presidência de um juiz togado), critério de julgamento (votação por **convicção íntima** de cada jurado, **sem necessidade de motivação**, de forma **secreta** sem qualquer identificação pessoal do voto) e autoridade peculiar de suas decisões, **soberanas** no exame da matéria de fato.

Sobre esta última característica, cabe lembrar o ensinamento histórico do mestre Nélson Hungria no sentido de que *"o conceito de soberania do júri não é um tabu intratável ou impediente de que o Júri reveja a própria decisão, em segundo julgamento"* (HC nº 31.814, publicação de 18/01/1954). Embora a **decisão soberana do Júri** quanto ao mérito **não possa ser reformada pela Justiça Togada**, é possível, porém, sem qualquer risco de inconstitucionalidade, a **anulação do julgamento por vício formal, ou a cassação por contrariedade à prova dos autos** (artigo 593, III, *d*, CPP), para que **outro julgamento seja proferido pelo Tribunal do Júri**.

A propósito, como destaca o HC nº 77.809, rel. p/ acórdão Ministro Maurício Corrêa, DJU de 18/05/2001:

> *"A jurisprudência do Supremo Tribunal Federal consagra a soberania das decisões do Tribunal do Júri, as quais devem estar apoiadas numa das versões razoáveis dos fatos; entretanto, a versão adotada pelos jurados não pode ser inverossímil ou arbitrária. Precedente. 2. O art. artigo 593, III, d, do Código de Processo Penal, ao permitir recurso de apelação quando 'for a decisão dos jurados manifestamente contrária à prova dos autos', é um autêntico juízo de cassação, e não de reforma, pela instância ad quem, razão pela qual é compatível como o postulado constitucional que assegura a soberania dos veredictos do Tribunal do Júri (art. 5º, XXXVIII, c). Este permissivo, para apelar contra decisão absolutória do Tribunal do Júri, aliás, o único previsto, antes de ser um privilégio da acusação ou um malefício ao réu, é, simplesmente, mais um instrumento que busca aperfeiçoar o processo na incessante busca do ideal de justiça, porquanto visa afastar do repositório jurisprudencial decisões teratológicas."*

No mesmo sentido, não existe inconstitucionalidade, por ofensa ao princípio da soberania do veredicto, na previsão legal, seja do **protesto por novo Júri** que, como prerrogativa da defesa, devolve ao próprio Tribunal Popular o reexame do caso, não produzindo a sua reforma no sentido técnico-jurídico, com substituição de decisão de mérito; seja da **revisão criminal**, em relação à qual tem decidido a Suprema Corte, que *"a condenação penal definitiva imposta pelo Júri é passível de desconstituição, mediante revisão criminal (RTJ – 115/1114), não lhe sendo oponí-

vel a cláusula constitucional da soberania do veredicto do Conselho de Sentença (RT 475/352 – 479/321 – 488/330 – 548/331)" (HC nº 67.737, relator Ministro Celso de Mello, DJU de 16/02/1990).

O Tribunal do Júri integra-se na Justiça Comum, Federal ou Estadual, competente para julgamento de crimes dolosos contra a vida. A competência para o crime doloso contra a vida pertence à Justiça Federal nas hipóteses dos **incisos IV, V, V-A, e IX** do artigo 109 da Carta Federal. A competência do inciso XI somente atrai para o Tribunal do Júri, no âmbito da Justiça Federal, os crimes dolosos contra a vida praticados em detrimento de direitos indígenas, ou seja, *"quando o crime versa sobre* **questões ligadas à cultura indígena e aos direitos sobre suas terras** *(HC nº 81.827, 2ª Turma, Relator o Ministro Maurício Corrêa, DJ de 23.08.2002; HC nº 79.530, 1ª Turma, Relator o Ministro Ilmar Galvão, DJ de 25.02.2000; RE nº 263.010, 1ª Turma, Relator o Ministro Ilmar Galvão, DJ de 10.11.2000)"* (AI nº 530.677, relator Ministro Eros Grau, DJU de 01/02/2005).

A Súmula 140 do Superior Tribunal de Justiça (*"Compete à Justiça Comum Estadual processar e julgar crime em que o indígena figure como autor ou vítima"*) deve, pois, ser analisada no contexto da jurisprudência constitucional da Suprema Corte.

A competência constitucional do Tribunal do Júri não alcança, porém, os crimes dolosos contra a vida, quando praticados por titulares de cargo, função ou mandato, amparados pela **prerrogativa de foro**. Assim, por exemplo, o **homicídio doloso em que seja acusado Prefeito Municipal** é julgado pelo **Tribunal de Justiça** (artigo 29, X) ou **Tribunal Regional Federal**, mas não pelo Tribunal do Júri (RE nº 162.966, relator Ministro Néri da Silveira, DJU de 08/04/1994; e HC nº 28.738, relator Ministro Jorge Scartezzini, DJU de 24/05/2004).

Na hipótese de conflito entre competência do **Tribunal do Júri**, fixada no âmbito da **Constituição Federal**, e competência por **prerrogativa de função**, previsto na **Constituição Estadual**, decidiu o Excelso Pretório, na **Súmula 721**, que: *"A competência constitucional do Tribunal do Júri prevalece sobre o foro por prerrogativa de função estabelecido exclusivamente pela Constituição Estadual."* Note-se que a prevalência da competência do Tribunal do Júri **exclusivamente**, como sumulado, sobre o foro por prerrogativa de função, previsto na Carta Estadual, apenas confirma a jurisprudência da Corte quanto ao inverso, ou seja, quanto à regra da prevalência do foro funcional, quando previsto na própria Constituição Federal, em detrimento do Tribunal Popular.

5.7.11.3. Princípio da Presunção de Inocência ou de Não-Culpabilidade

Pelo princípio da presunção de inocência, *"ninguém será considerado culpado até o trânsito em julgado de sentença penal condenatória"* (artigo 5º, LVII), cabendo, portanto, ao Estado não apenas promover a investigação, denúncia, processamento e julgamento do acusado como, igualmente, aguardar o trânsito em julgado da condenação para a **definitiva imputação da condição de culpado**, para efeitos penais e extrapenais. É a **fundamentalidade** do direito à **liberdade** que se protege com a **presunção de inocência**, princípio que possui, por isso mesmo, enorme **importância ideológica no Estado de Direito**, em que a culpa deve ser resultado sempre e inexoravelmente do **devido processo legal, com direito a contraditório e ampla defesa, e julgamento pelo juiz natural.**

Para impedir o **arbítrio persecutório, a prisão ou detenção ilegal, e a privação de outros direitos fundamentais**, é que o acusado deve ser, primeiramente, despojado da condição de inocente presumido com o ônus estatal da **comprovação processual da culpa.**

O princípio constitucional não impede, porém, que em favor do **interesse social, coletivo e público**, o Estado possa promover (flagrante delito) ou requerer para apreciação do Poder Judiciário (prisão provisória), a **restrição, exclusivamente cautelar, de direitos, como o de locomoção** (artigo 5º, LXI), sem, contudo, qualquer conotação de **antecipação de culpa ou responsabilidade penal** que, pelo postulado constitucional, devem decorrer, na projeção de efeitos próprios, do trânsito em julgado da condenação.

A jurisprudência consolidada não vislumbra violação ao princípio constitucional da presunção de inocência na decretação da **prisão cautelar**, desde que observadas as **hipóteses legais de cabimento** e, mais, que seja **motivada a decisão**, com base em **circunstâncias e fatos específicos e concretos, e não genéricos ou abstratos**, que efetivamente revelem a **necessidade** da restrição ao direito de locomoção do investigado ou réu.

O Supremo Tribunal Federal vem rejeitando, diante do princípio da presunção de inocência, a decretação da prisão cautelar, quando fundada, por exemplo, em *"clamor público para restabelecimento da ordem social abalada pela gravidade do fato"* e *"necessidade de identificação dos co-réus e de prevenção de reincidência"* (HC nº 87.468, relator Ministro Cezar Peluso, DJU de 15/09/2006); *"periculosidade presumida do acusado"* e *"necessidade de rápida colheita das provas e, sem fatos que o justifiquem, na alegação de possível risco para as testemunhas e para aplicação da lei penal"* (HC nº 86.371, relator Ministro Cezar Peluso, DJU de 09/06/2006); *"clamor social e a credibilidade das instituições"* (HC nº 84.662, relator Ministro Eros

Grau, DJU de 22/10/2004); e *"grande repercussão nos veículos de comunicação"*, ou mesmo diante da *"presunção de que, livre o acusado, manterá contato com possíveis comparsas, fenômeno passível de ocorrer ainda que existente a custódia"* (HC nº 83.728, relator Ministro Marco Aurélio, DJU de 23/04/2004).

Em relação à prisão cautelar, depois de proferida sentença condenatória, recorda o HC nº 79.376, relator Ministro Celso de Mello, DJU de 22/10/2004, que *"A jurisprudência do Supremo Tribunal Federal firmou-se no sentido de reconhecer que a efetivação da prisão decorrente de sentença condenatória meramente recorrível não transgride o **princípio constitucional da não-culpabilidade do réu**, eis que, em tal hipótese, a privação da liberdade do sentenciado – por revestir-se de cautelaridade – não importa em execução definitiva da sanctio juris"*. E, ainda, conforme destacado no RHC nº 75.917, relator Ministro Maurício Corrêa, DJU de 05/06/1998, *"a determinação para expedição de mandado de prisão não conflita com o princípio constitucional da presunção de inocência (art. 5º, LVII) nem com a **Convenção Americana sobre Direitos Humanos (Pacto de São José da Costa Rica)**"*.

O Superior Tribunal de Justiça sumulou a interpretação no sentido de que *"A exigência da prisão provisória, para apelar, não ofende a garantia constitucional da presunção de inocência"* (Súmula 9); e de que *"A interposição de recurso, sem efeito suspensivo, contra decisão condenatória não obsta a expedição de mandado de prisão"* (Súmula 267).

Note-se, porém, que tais súmulas devem ser interpretadas em consonância com o princípio da presunção de inocência, exigindo motivação adequada à decretação da prisão provisória e cautelar, não sendo possível a restrição à liberdade de locomoção como efeito automático da condenação penal recorrível, como veremos.

Ainda que a presunção de inocência seja **gradativamente reduzida** na medida em que as **instâncias judiciais, sucessivamente, reconheçam a culpabilidade**, conquanto em juízo meramente provisório, é certo, de qualquer modo, que a decretação ou confirmação da prisão, mesmo depois da sentença ou acórdão condenatório, deve ser sempre **motivada**, com **fatos e circunstâncias concretas**, que revelem sua **necessidade**, para que, diante de condenação, ainda provisória, não se cogite de **antecipação da aplicação e do cumprimento da pena**, em violação, pois, ao princípio constitucional enfocado.

Na atualidade, não se pode reconhecer a validade da prisão cautelar fundada apenas na previsão pelo legislador de **periculosidade presumida**, diante da **gravidade abstrata** do crime, ou, mais genericamente, **pelo fato da condenação**, em si, ainda não definitiva (artigo 594, CPP). É possível, sim, a prisão cautelar, em caráter excepcional, mesmo por condenação provisória, desde que o juiz, por decisão motivada, identifique, em concreto, a necessidade, a partir dos pressupostos legais, da custódia cautelar, mas não como apenas efeito automático, abstrato, genérico e exclusivo de uma condenação criminal recorrível, ou com base somente numa periculosidade legal presumida, ou genericamente fundamentada pela decisão judicial.

No plano da persecução judicial, a presunção de inocência impõe ao Estado o **ônus processual** de produzir a prova de acusação, e o encargo de propiciar os **meios para a defesa técnica do acusado** (Defensoria Pública, se necessário) e de suportar, em caso de **dúvida**, as conseqüências da **absolvição**, em benefício do acusado (*in dubio pro reo*). A **motivação da decisão judicial**, embora exigível em qualquer situação, assume **importância capital** nos casos de condenação penal, em que se torna necessário construir uma **justificativa factual, concreta e lógica**, suficientemente **capaz de afastar exatamente a presunção de inocência** e caracterizar uma nova situação, a de culpa, fundada na verdade real apurada em processo regular.

Por isso mesmo, as **condenações genéricas ou sumárias**, fundadas em **premissas de culpa, criadas em abstrato pela lei** ou pelo **discurso teórico-formal da decisão judicial, sem substrato concreto**, e sem efetiva **apuração, cotejo e análise conclusiva** das provas, fatos, circunstâncias e situações, nada mais produzem do que **justiça formal, injustiça material** e, portanto, lesão ao princípio da presunção constitucional de inocência.

Assim como inviável a condenação motivada em presunções, a jurisprudência tem reconhecido, mas não sem divergências, que **inquéritos e ações penais em andamento** sequer podem ser considerados como **maus antecedentes**, para efeito de cominação de pena, ou para a decretação da prisão cautelar: HC nº 84.687, relator Ministro Celso de Mello, DJU de 27/10/2006; HC nº 39.515, relator Ministro Arnaldo Lima, DJU de 09/05/2005; e HC nº 47.381, relator Ministro Félix Fischer, DJU de 12/06/2006.

5.7.11.4. Princípios da Excepcionalidade da Prisão, Comunicabilidade e Integridade do Preso, Vedação à Auto-Incriminação, Identificação da Autoridade Policial e Vedação à Prisão Civil

A liberdade individual determina a **excepcionalidade** da prisão, possível apenas na hipótese de **necessidade**, segundo definição legal, da restrição ao direito fundamental por motivo de **interesse público, social e coletivo, especialmente qualificado**. Por isso, desde logo, a Constituição Federal define algumas diretrizes formais e materiais a serem observadas pela legislação a fim de tornar válida a prisão do indivíduo.

Primeiramente, o artigo 5º autoriza a prisão em **flagrante delito** (LXI), sem ordem judicial, pela própria autoridade policial ou por qualquer do povo, com a ressalva, porém, de que *"ninguém será levado à prisão ou nela mantido, quando a lei admitir a **liberdade provisória**, com ou sem fiança"* (LXVI). Na situação em que **inexistente prévio controle judicial**, a prisão em flagrante deve ser **imediatamente comunicada ao juiz competente** (artigo 306, CPP), assim como a familiares ou outra pessoa indicada, **vedada a incomunicabilidade** (LXII), para que seja, então, conferida a legalidade da prisão, garantindo a Constituição Federal que *"a prisão ilegal será imediatamente **relaxada** pela autoridade judiciária"* (LXV).

Permite-se, outrossim, a decretação da prisão, inclusive cautelar, de investigado ou réu, por **autoridade judiciária competente**, mediante **ordem escrita** e **fundamentada**, ou seja, baseada em fatos que revelem a **excepcionalidade** e a **necessidade da medida**, em restrição ao princípio da presunção de inocência, quando ainda inexistente condenação definitiva (artigo 5º, LXI, CF).

Pelo regime da Constituição Federal, é certo, pois, que a prisão em flagrante deve ser relaxada se ausentes os requisitos legais específicos, o que não impede, porém, que possa ser decretada, em substituição, a prisão preventiva, observadas as condições próprias da legislação processual penal. Em contrapartida, se, embora válido o flagrante, não se justificar, porém, a custódia cautelar, deve ser concedida ao preso a liberdade provisória.

A **prisão** do investigado ou réu, antes do trânsito em julgado da sentença, não pode servir de **instrumento de ameaça ou coação para a produção de prova** da acusação ou para a condenação, daí porque o artigo 5º da Constituição Federal exigir que a autoridade **informe ao preso sobre os seus direitos**, *"entre os quais o de **permanecer calado**, sendo-lhe assegurada a assistência da família e de advogado"* (LXIII).

O **direito ao silêncio** não pode acarretar qualquer **prejuízo processual** ao investigado ou réu, como previsto na redação anterior do **artigo 186 do Código de Processo Penal** (*"... o seu silêncio poderá ser interpretado em prejuízo da própria defesa"*) que, neste ponto, já havia sido reconhecido como **não-recepcionado** pela Constituição Federal (RE nº 199.570, relator Ministro Marco Aurélio, DJU 20/03/1998; e HC nº 80.949, relator Ministro Sepúlveda Pertence, DJU de 14/12/2001), tendo motivado, certamente, a edição da **Lei nº 10.792**, de 01/12/2003, alterando a redação do *caput* do artigo 186 do Código de Processo

Penal, e inserindo o parágrafo único, no sentido de dispor que *"o acusado será informado pelo juiz, antes de iniciar o interrogatório, do seu direito de permanecer calado e de não responder perguntas que lhe forem formuladas"* e que *"O silêncio, que não importará em confissão, não poderá ser interpretado em prejuízo da defesa"*.

A falta de advertência quanto a tal direito, pela autoridade, configura, segundo a jurisprudência do Superior Tribunal de Justiça, **nulidade apenas relativa**, exigindo demonstração de prejuízo, com argüição a tempo e modo, sob pena de preclusão (RHC nº 16.328, relatora Ministra Laurita Vaz, DJU de 17/12/2004; e HC nº 27.339, relator Ministro Jorge Scartezzini, DJU de 24/05/2004).

Tal direito, o de permanecer calado, apenas resulta e projeta uma **garantia maior**, que deriva do regime, consistente em **não ser o preso compelido à auto-incriminação** (*nemo tenetur se detegere*), da qual decorre, por necessária, a proibição de **tortura** ou qualquer outra prática de **coação física e moral**, que se destine a vencer a resistência natural de autoproteção, para favorecer a investigação, acusação ou condenação, no **contexto e à custa da fragilidade** em que se encontra o preso.

Por evidente, é válida a prova obtida pela autoridade policial com **cooperação voluntária** do preso, ainda que motivada pela expectativa de redução da pena ou por qualquer outra causa, legítima ou não. O direito do preso de não se auto-incriminar deve ser respeitado pelo Estado, enquanto liberdade individual que, no entanto, é disponível para o titular respectivo, no sentido de permitir-lhe que coopere com as autoridades, confessando, se for o caso e segundo os seus interesses, o crime imputado, desde que ausente fraude, violência ou coação por parte da autoridade custodiante.

A proteção constitucional ao preso, **provisório como definitivo**, mas, em especial, nesta fase investigativa ou persecutória é fundamental para impedir que o Estado adote **técnicas de apuração e instrução incompatíveis** com a **dignidade da pessoa humana**. A **integridade física e moral** do preso é, por um lado, direito e garantia individual, e, de outro, dever do Estado (artigo 5º, XLIX), que pode ser, inclusive, acionado, por **responsabilidade civil, criminal e administrativa**, se apurada qualquer violação praticada por seus servidores. O princípio da dignidade e integridade do preso não exige, claro, que o Estado forneça tratamento incompatível com a condição do indivíduo de preso, mas não justifica, tampouco, o seu abandono à própria sorte, sem a vigilância e os cuidados mínimos necessários à garantia de que possa ele responder pela imputação penal, mesmo porque, recorde-se, a restrição individual provocada pela prisão refere-se exclusivamente ao direito de locomoção, e não à integridade física ou moral, ou à própria vida.

Para assegurar que todos esses direitos do preso sejam respeitados é que consta do artigo 5º, LXIV, da Constituição Federal, a exigência da **identificação dos responsáveis pela prisão ou interrogatório policial**, buscando-se coibir, portanto, qualquer violação e permitir, em caso de sua ocorrência, a responsabilidade civil, criminal ou administrativa do agente público.

Finalmente, garante a Constituição Federal que a prisão, como restrição a direito de locomoção, é admitida como medida cautelar penal ou como resultado de condenação penal definitiva, por prática de delito sujeito à pena restritiva de liberdade. Não se admite, pois, como regra, a **prisão administrativa ou civil**. A ressalva encontra-se exclusivamente na própria Constituição Federal, que permite a **prisão disciplinar para militares** (artigo 142, § 2º, CF), e a civil, por dívidas, de *"responsável pelo inadimplemento voluntário e inescusável de obrigação alimentícia"* ou *"depositário infiel"* (artigo 5º, LXVII, CF).

Sobre a primeira espécie de prisão civil, a Súmula 309/STJ dispõe que *"O débito alimentar que autoriza a prisão civil do alimentante é o que compreende as três prestações anteriores ao ajuizamento da execução e as que se vencerem no curso do processo"*. Em relação à segunda espécie, a Súmula 619/ STF prevê que *"a prisão do depositário judicial pode ser decretada no próprio processo em que se constituiu o encargo, independentemente da propositura de ação de depósito"*.

A prisão civil, admitida no artigo 5º, LXVII, da Constituição Federal, alcançava, até muito recentemente, o **devedor na alienação fiduciária em garantia**, por sua condição legal de depositário (Decreto-lei nº 911/69), não sendo oponível a tal equiparação legal a previsão, em contrário, do artigo 7º, nº 7, do Pacto de São José da Costa Rica (HC nº 72.131, rel. p/ acórdão Ministro Moreira Alves, DJU de 01/08/2003; e HC nº 73.044, relator Ministro Maurício Corrêa, DJU de 20/09/1996). Todavia, uma **nova orientação** encontra-se na iminência de ser consagrada, a teor do que revela o julgamento do **RE nº 466.343** (relator Ministro Cezar Peluso) que, embora interrompido por pedido de vista, avançou com resultado parcial marcado por larga margem de votação contrária à equiparação, anteriormente admitida pela jurisprudência da própria Corte (Informativo STF nº 449 e 450).

5.7.11.5. Princípio da Personalização e Individualização da Pena, e da Vedação a Penas Capitais, Cruéis e Degradantes

A Constituição Federal estabelece, em relação ao regime de penas, a garantia de que *"nenhuma pena passará da pessoa do condenado, podendo a obrigação de reparar o dano e a decretação do perdimento de bens ser, nos termos da lei, estendidas aos sucessores e contra eles executadas, até o limite do valor do patrimônio transferido"* (artigo 5º, XLV).

Trata-se de restringir à pessoa do condenado a culpabilidade penal, para efeito de sobre ele, e tão-somente sobre ele, recaírem os **efeitos penais da condenação**, que não pode ser assumida ou transmitida a terceiros, ainda que sucessores, daí porque a **morte**, por decorrência do preceito constitucional e como previsto no Código Penal, ser causa de **extinção da punibilidade** (artigo 107, I). Como explícito no artigo 5º, XLV, da Constituição Federal, **somente os efeitos penais da condenação são personalíssimos, não, porém, os demais, como a reparação do dano ou perdimento de bens**, a serem suportados por sucessores **na medida da sucessão**, ou seja, do patrimônio transferido a cada qual.

O princípio da personificação vem associado ao da **individualização da pena**, que impõe ao Estado a obrigação de promover a persecução penal e a condenação sempre de acordo com a **conduta individualizada e pessoal de cada agente**. O artigo 5º, XLVI, da Constituição Federal, prescreve, neste sentido, que *"a lei regulará a individualização da pena e adotará, entre outras, as seguintes: a) privação ou restrição da liberdade; b) perda de bens; c) multa; d) prestação social alternativa; e) suspensão ou interdição de direitos"*. O princípio constitucional exige que a pena, para a sua devida individualização, seja cominada de forma **proporcional e adequada** às condições de cada agente e, sobretudo, de acordo com a **ação ou participação individual**, no aspecto **objetivo-material como subjetivo**, considerada a **conduta delitiva**, seja o crime unissubjetivo, embora praticado em concurso de agentes, ou plurissubjetivo.

A individualização da pena, como princípio constitucional, é garantida a partir dos critérios fixados no **artigo 59 do Código Penal**, cuja aplicação deve considerar a análise efetiva de fatos, situações e circunstâncias, **concretas como individualizadas**, de cada agente diante da respectiva imputação penal, com a rejeição de quaisquer abstrações ou generalidades, enquanto forma oblíqua de objetivação da punibilidade incompatível com o princípio da individualização da pena.

A individualização da pena exige a **individualização tanto da condenação como, antes dela, da própria acusação**. Por isso, a denúncia deve descrever, de forma individualizada a conduta imputada a cada agente, permitindo a ampla defesa no curso da ação, e a instrução criminal no sentido da comprovação da ocorrência, ou não, dos fatos específica e individualmente imputados, para que a sentença, limitada aos termos da acusação e orientada pela prova que se tenha produzido, possa julgar procedente, ou não, a denúncia.

Como ensina a Suprema Corte, a propósito, *"O sistema jurídico vigente no Brasil – tendo presente a natureza dialógica do processo penal acusatório, hoje impregna-*

do, em sua estrutura formal, de caráter essencialmente democrático – impõe ao Ministério Público a obrigação de expor, de maneira precisa, objetiva e individualizada, a participação das pessoas acusadas da suposta prática da infração penal, a fim de que o Poder Judiciário, ao resolver a controvérsia penal, possa, em obséquio aos postulados essenciais do direito penal da culpa e do princípio constitucional do due process of law, ter em consideração, sem transgredir esses vetores condicionantes da atividade de persecução estatal, a conduta individual do réu, a ser analisada, em sua expressão concreta, em face dos elementos abstratos contidos no preceito primário de incriminação. O ordenamento positivo brasileiro repudia as acusações genéricas e repele as sentenças indeterminadas"* (HC nº 73.590, relator Ministro Celso de Mello, DJU de 13/12/1996).

A jurisprudência da Suprema Corte era pacífica, anteriormente, quanto à dispensa da individualização da conduta nos denominados **crimes societários**, em circunstâncias próprias, como destacadas no seguinte precedente: *"Tratando de crime societário em que não se verifica, de plano, que 'as responsabilidades de cada um dos sócios ou gerentes são diferenciadas, em razão do próprio contrato social relativo ao registro da pessoa jurídica envolvida', não há inépcia da denúncia pela ausência de indicação individualizada da conduta de cada indiciado, sendo suficiente a de que 'os acusados sejam de algum modo responsáveis pela condução da sociedade sob a qual foram supostamente praticados os delitos' (HC 85.579, 2ª T., 24/5/2005, Gilmar, DJ 24/6/2005). A condição de gestores da empresa, nos sucessivos períodos da prática dos fatos delituosos, basta a fundar a imputação inicial feita a cada um dos pacientes, não se prestando o habeas corpus à verificação do efetivo exercício da gestão, no período em que por ela responsável"* (HC nº 85.549, relator Ministro Sepúlveda Pertence, DJU de 14/10/2005).

Todavia, foi superada tal jurisprudência pela compreensão de que a falta de individualização das condutas de cada indiciado, mesmo nos crimes societários, viola os princípios do devido processo legal (CF, art. 5º, LIV), da ampla defesa, contraditório (CF, art. 5º, LV) e da dignidade da pessoa humana (CF, art. 1º, III), conforme revelado no julgamento do HC nº 86.879, relator p/ acórdão Ministro Gilmar Mendes, DJU de 16/06/2006.

Também reflete o princípio constitucional da individualização da pena o **regime de cumprimento da pena**, que deve ser fixado de acordo com os mesmos parâmetros do **artigo 59 do Código Penal (artigo 33, § 3º, CP)**. A **Lei nº 8.072/90** estabeleceu, invocando o artigo 5º, XLIII, da Constituição Federal, a vedação a benefícios como anistia, graça, indulto, fiança e liberdade provisória, para crimes hediondos, de tortura, tráfico ilícito de entorpecentes e terrorismo (artigo 2º, incisos I e II). Além disso, o § 1º do artigo 2º previu o cumprimento da pena em **regime integralmente fechado**, vedando, pois, qualquer progressão, o que foi, por longo tempo, reconhecido como constitucional. A **Lei nº 9.455/97**, que previu a progressão de regime nos crimes de tortura, foi aplicada de forma estrita, pela jurisprudência do Supremo Tribunal Federal, sem afetar a vigência do artigo 2º, § 1º, da Lei nº 8.072/90, conforme assentado na **Súmula 698** (*"Não se estende aos demais crimes hediondos a admissibilidade de progressão no regime de execução da pena aplicada ao crime de tortura"*).

Tal súmula foi superada pela orientação recente da Suprema Corte, no sentido da **inconstitucionalidade da vedação à progressão de regime**, previsto no artigo 2º, § 1º, da Lei nº 8.072/90, diante da prevalência do princípio da **individualização da pena** (HC nº 82.959, relator Ministro Marco Aurélio, DJU de 01/09/2006), o que não se traduz, porém, no reconhecimento necessário do direito do preso à progressão, mas apenas na **possibilidade do benefício**, diante da nulidade da vedação genérica da lei, a ser aferida pelo **juiz da execução**, caso a caso, inclusive mediante **exame criminológico** (HC-ED nº 85.963, relator Ministro Celso de Mello, DJU de 27/10/2006).

O **regime de penas criminais** aplicáveis deriva da **conjugação dos incisos XLVI e XLVII** do artigo 5º da Carta Federal, ou seja, desde os exemplificados no primeiro (privação ou restrição da liberdade, perda de bens, multa, prestação social alternativa, e suspensão ou interdição de direitos) até o limite vedado no segundo (penas de morte, exceto em caso de guerra declarada, nos termos do artigo 84, XIX; de caráter perpétuo; trabalhos forçados; banimento; e cruéis). Embora penas elevadas não sejam, necessariamente, perpétuas, sendo constitucionais os valores fixados desde que proporcionais à importância do bem jurídico tutelado e à gravidade da lesão imposta, é certo que a possibilidade de cumulação de penas, por condenações diversas, foi tratada pelo legislador como risco de perpetuidade da prisão, daí porque ter sido limitado, pelo artigo 75 do Código Penal, a 30 anos o tempo máximo de cumprimento da pena.

A **medida de segurança**, através de internação ou tratamento ambulatorial, para inimputáveis, pode perdurar por *tempo indeterminado* (artigo 97, § 1º, CP), conforme critérios de **necessidade-periculosidade**, o que não se revela, porém, inconstitucional, uma vez que não se cuida, na espécie e propriamente, de pena criminal (artigo 32, CP), que se sujeite à vedação da perpetuidade, mas **instrumento de prevenção** social diante de pessoa que, *"por doença mental ou desenvolvimento mental incompleto ou retardado, era, ao tempo da ação ou da omissão, inteiramente incapaz de entender o caráter ilícito do fato ou de determinar-se de acordo com esse entendimento"*, daí porque a **isenção da pena** (artigo 26, CP).

5.7.11.6. Princípios da Adequação do Estabelecimento Penal e Proteção ao Aleitamento Materno

A Constituição Federal prescreve que *"a pena será cumprida em estabelecimentos distintos, de acordo com a natureza do delito, a idade e o sexo do apenado"* (artigo 5º, XLVIII), o que permite compreender a existência de um princípio de adequação do estabelecimento penal, cujo objetivo imediato é aprimorar as possibilidades de recuperação social do preso e, de forma mediata, garantir a própria segurança da coletividade. O Estado encontra-se, por tal princípio, obrigado a criar um **sistema penitenciário seletivo**, segundo a natureza do delito, idade e sexo do apenado, para impedir a convivência de condenados com diferentes graus de periculosidade, e com características que possam comprometer a efetividade, individual ou coletiva, das políticas de ressocialização nos estabelecimentos penais. Os **regimes disciplinares diferenciados**, criados segundo as necessidades decorrentes do cumprimento da pena, são compatíveis com os princípios da **adequação do estabelecimento** e da **individualização da pena e sua execução**, sem prejuízo, no entanto, à progressão no regime prisional, enquanto direito constitucionalmente tutelado.

O cumprimento da pena impede o exercício de liberdades e direitos incompatíveis com a condição de apenado, o que não significa, porém, que a segregação social, por força da condenação imposta, possa ou deva eliminar ou reduzir os **vínculos familiares** e os **laços de afetividade** inerentes a toda e qualquer pessoa humana. Ao contrário disso, a pena, no regime da Constituição Federal, deve ser compreendida não como mera retribuição estatal pelo delito, mas como **instrumento de recuperação social**, que objetiva restabelecer, no apenado, a **hierarquia dos valores sociais e o sentimento de pertinência a uma coletividade**, com a qual se **solidarize** e pela qual tenha alguma **responsabilidade social**, estimulando vínculos e laços indissociáveis da personalidade e condição humana e, por isso mesmo, imprescindíveis à **dignidade humana**. É disso que se cuida, quando a Constituição Federal assegura às presidiárias *"condições para que possam permanecer com seus filhos durante o período de amamentação"* (artigo 5º, L), preceito que, ademais, ao cumprir com a **função social de proteção da maternidade, da família e, sobretudo, do recém-nascido**, contribui, por certo, e enfim, para a própria recuperação social da apenada.

5.7.11.7. Princípio da Suficiência da Identificação Civil para Fins Criminais

O princípio constitucional da **personificação da pena** exige a **identificação prévia e pessoal** do investigado ou réu para que, observado o devido processo legal, seja definida a sua culpabilidade e responsabilidade penal. O artigo 5º, LVIII, da Constituição Federal, prevê que *"o civilmente identificado não será submetido à identificação criminal, salvo nas hipóteses previstas em lei"*, o que **limitou, então, o alcance do artigo 6º, VIII, do Código de Processo Penal**, que prescreve, sem ressalva, a identificação criminal e datiloscópica do indiciado.

Todavia, o preceito constitucional permite que, apesar da identificação civil, a lei possa exigir, especificamente, a identificação criminal, como ocorre, na atualidade, em relação aos acusados envolvidos com ações praticadas por **organizações criminosas (artigo 5º da Lei nº 9.034/1995)**.

Posteriormente, em consecução ao mandamento constitucional, foi editada a **Lei nº 10.054/2000**, dispondo que o preso em flagrante delito, o indiciado em inquérito policial, o acusado de prática de infração de menor potencial ofensivo, e aquele contra quem foi expedido mandado de prisão, desde que não identificados civilmente com a exibição de documento original reconhecido na legislação, devem ser identificados criminalmente pelo **processo datiloscópico e fotográfico**, com a juntada do material nos autos de prisão em flagrante e do inquérito policial em quantidade de vias necessárias (artigos 1º, 2º e 4º); e o civilmente identificado, por documento original, não deve ser identificado para fins criminais, salvo se *"I – estiver indiciado ou acusado pela prática de **homicídio doloso, crimes contra o patrimônio praticados mediante violência ou grave ameaça, crime de receptação qualificada, crimes contra a liberdade sexual** ou **crime de falsificação de documento público**; II – houver **fundada suspeita de falsificação ou adulteração do documento de identidade**; III – o estado de conservação ou a distância temporal da expedição de documento apresentado impossibilite a completa identificação dos caracteres essenciais; IV – constar de registros policiais o **uso de outros nomes ou diferentes qualificações**; V – houver registro de **extravio do documento de identidade**; VI – o indiciado ou acusado **não comprovar, em quarenta e oito horas, sua identificação civil"** (artigo 3º).

Cabe ressaltar que, além dos dados de identificação criminal, outras informações, extraídas de inquéritos e processos criminais, são centralizadas no **INI – Instituto Nacional de Identificação**, através do **SINIC – Sistema Nacional de Informações Criminais**, permitindo que seja fornecida a **Folha de Antecedentes**, a requerimento ou requisição de autoridades policiais, militares e judiciais, responsáveis pela prevenção e repressão da criminalidade, assim como a **Certidão de Antecedentes Criminais** a pedido do interessado.

5.7.11.8. Princípio de Vedação à Extradição de Nacionais

A extradição é o procedimento de **natureza executiva**, sob **controle judicial**, pelo qual um Estado (requerido), em cujo território esteja um indivíduo processado ou condenado **criminalmente** perante outro Estado (requerente), é solicitado a com este cooperar, fundado em obrigação decorrente de **tratado internacional** ou **promessa de reciprocidade**, com a **entrega da pessoa indicada**, independentemente de sua vontade, no interesse da **administração da Justiça do Estado requerente**.

No Brasil, a competência para firmar tratados internacionais e para dispor sobre a extradição é da **União** (artigos 84, VIII, e 49, I; e 22, XV, CF), estando em vigência a **Lei nº 6.815/1980**, que regula a situação jurídica do estrangeiro, e disciplina o processo de extradição. A Constituição Federal, desde logo, fixou algumas restrições expressivas à atuação do legislador ordinário, no sentido de que *"nenhum brasileiro será extraditado, salvo o naturalizado, em caso de crime comum, praticado antes da naturalização, ou de comprovado envolvimento em tráfico ilícito de entorpecentes e drogas afins, na forma da lei"* (artigo 5º, LI); e, ainda, de que *"não será concedida extradição de estrangeiro por **crime político ou de opinião**"* (artigo 5º, LII).

O brasileiro nato, ainda que eventualmente possua dupla nacionalidade, sendo a outra do próprio Estado requerente da extradição, não pode ser entregue à Justiça estrangeira (HC nº 83.113-QO, relator Ministro Celso de Mello, DJU de 29/08/2003), pois a proteção constitucional é absoluta, e não admite exceção.

O **Tratado de Roma de 1998** (ratificado pelo Decreto Legislativo nº 112/2002, e promulgado pelo Decreto nº 4.388/2002) instituiu o Tribunal Penal Internacional, em cujo Estatuto se prevê a figura da **"Entrega de Pessoas"** (artigos 89 e seguintes), sem distinguir entre nacionais e estrangeiros, em aparente conflito, pois, com o artigo 5º, LI, da Carta Federal. A questão exige enorme reflexão, inclusive discussão jurisprudencial, porém, com razão, defende-se, em favor da execução do tratado, que a hipótese não é, propriamente, de extradição (entrega de Estado a Estado), conforme distinção existente no próprio ato internacional, vez que o Brasil não estaria sujeitando um nato a uma jurisdição estrangeira, equivalente à nacional, mas, ao contrário e especificamente, a um **Tribunal Internacional**, cuja criação resultou da cooperação brasileira, e cuja jurisdição restou expressamente reconhecida pelo § 4º do artigo 5º da Carta Federal, incluído pela EC nº 45/2004.

A **vedação constitucional à extradição de brasileiros**, exceto os naturalizados nas condições previstas pelo artigo 5º, LI, decorre da **soberania** e da **indispo-**

nibilidade quanto à **jurisdição nacional** para o processo e julgamento dos **próprios nacionais**, ainda que cometido o delito no exterior, ao contrário do que ocorre com os cidadãos de outros Estados que podem ser extraditados para responder a crime praticado em território estrangeiro, ressalvados apenas os crimes de **natureza política ou de opinião**. Se naturalizado e o delito comum tiver sido praticado **antes da naturalização**, o brasileiro naturalizado pode ser extraditado para responder a tal crime, assim como igualmente cabe a extradição se houver envolvimento comprovado do naturalizado com o **tráfico ilícito de entorpecentes e drogas afins**, conforme disposto em lei.

Cabe destacar que a **Convenção da Igualdade de Direitos e Deveres entre Brasileiros e Portugueses, de 1971**, em consonância com o permissivo do **artigo 12, § 1º, da Constituição Federal**, instituiu para o português, equiparado ao brasileiro, o direito de **não ser extraditado**, salvo se a requerimento de Portugal, enquanto Estado da nacionalidade respectiva (artigo 9º).

A extradição deve ser requerida pelos canais diplomáticos, pelo Estado requerente, e apreciada, em sua juridicidade, pelo Supremo Tribunal Federal, segundo os princípios previstos na Carta Política e, especificamente, no Estatuto do Estrangeiro, que prevê como requisitos para o seu deferimento: a instrução do pedido com cópia autêntica ou certidão da sentença condenatória, de pronúncia ou decreto de prisão preventiva, proferida por autoridade judicial competente, com documentação contendo *"indicações precisas sobre o local, data, natureza e circunstâncias do fato criminoso, identidade do extraditando, e, ainda, cópia dos textos legais sobre o crime, a pena e sua prescrição"* (artigo 80); tratado internacional ou promessa de reciprocidade (artigo 76); dupla tipicidade, segundo a legislação estrangeira e brasileira (artigo 77, II); incompetência do Brasil para julgar, segundo a lei brasileira, o crime imputado (artigo 77, III); cominação, na lei brasileira, de pena superior a um ano (artigo 77, IV); inexistência, no Brasil, de processo ou decisão judicial, condenatória ou absolutória, pelo mesmo fato, contra o extraditando (artigo 77, V); punibilidade não extinta segundo a legislação brasileira e estrangeira (artigo 77, VI); comprovação de que o extraditando não responderá, no Estado requerente, perante Tribunal ou Juízo de exceção (artigo 77, VIII); ter sido o crime praticado no território do Estado requerente ou ser aplicável a sua legislação (artigo 78, I); existir sentença final de privação de liberdade, ou ter sido decretada a prisão por autoridade judicial competente, salvo o disposto no artigo 82 (artigo 78, II); e compromisso do Estado requerente em *"não ser o extraditando preso nem processado por fatos anteriores ao pedido"*, *"computar o tempo de prisão que, no Brasil, foi imposta por força da extradição"*, *"comutar em pena privativa de liberdade a pena corporal ou de morte, ressalvados, quanto à última, os casos em que a lei brasileira permitir a sua aplicação", "não ser o extraditando entregue, sem consentimento do Brasil, a outro Estado que o reclame",* e *"não considerar qualquer motivo político, para agravar a pena"* (artigo 91, I a V).

No processo de extradição, caracterizado pela **contenciosidade limitada**, não cabe ao Supremo Tribunal Federal o exame de aspectos do mérito ou substrato probatório do processo ou condenação judicial (EXT nº 1009, relator Ministro Sepúlveda Pertence, DJU de 10/11/2006), a que se refere o pedido de extradição, podendo o extraditando alegar, em sua defesa, apenas o erro de identidade (não ser a pessoa reclamada na extradição, e não a tese de negativa de autoria), defeito formal da documentação ou ilegalidade da extradição (85, § 1º).

A jurisprudência da Suprema Corte, firmada a propósito da extradição, revela a seguinte orientação, dentro o que mais relevante: o estrangeiro **casado com brasileira ou pai de filho brasileiro** pode ser extraditado (Súmula 421; e EXT nº 890, relator Ministro Celso de Mello, DJU de 28/10/2004); o Estado requerente deve provar que pode garantir ao extraditando um processo com **ampla defesa, contraditório, isonomia processual e a imparcialidade judicial** (EXT nº 953, relator Ministro Celso de Mello, DJU de 11/11/2005); **autoria e materialidade** do delito não são temas discutíveis na extradição (EXT nº 915, relator Ministro Gilmar Mendes, DJU de 14/11/2005); a **concordância do estrangeiro com a extradição** não dispensa o exame dos requisitos, legais e indisponíveis, exigidos para o deferimento do pedido (EXT nº 917, relator Ministro Celso de Mello, DJU de 11/11/2005); o julgamento à **revelia** não impede a extradição, se asseguradas as garantias básicas de defesa (idem); não cabe na extradição a discussão de **regras procedimentais** do direito estrangeiro, nem se exige a sua equivalência com as brasileiras para deferimento do pedido (EXT nº 830, relatora Ministra Ellen Gracie, DJU de 27/06/2003); é condição para a extradição, segundo nova orientação da Corte, o compromisso de **comutação da pena de prisão perpétua** por privativa de liberdade com o limite de 30 anos (EXT 985, relator Ministro Joaquim Barbosa, DJU de 18/08/2006); e a **variação terminológica** do delito, de um para outro direito, **não prejudica a dupla tipicidade**, se presentes, nas leis penais de ambos os Estados, os mesmos elementos estruturantes do tipo penal (EXT nº 977, relator Ministro Celso de Mello, DJU de 18/11/2005).

5.7.12. Princípio da Segurança Jurídica

Por **segurança jurídica** compreende-se a **certeza**, necessária a qualquer **sujeito ou titular de direito**, bem assim à sociedade em geral, quanto à **validade e efi-**

cácia das **relações jurídicas**, conforme a **lei vigente ao tempo** em que adquiridos os direitos, e firmados ou consolidados os vínculos; assim como das **decisões judiciais**, cujos efeitos tenham sido tornados definitivos, por inexistência de mais recursos disponíveis para sua revisão ou anulação. O que se busca assegurar, pois, diante do fato ordinário da **sucessão da lei no tempo**, conforme a discricionariedade do legislador e de acordo com as necessidades políticas, sociais, econômicas etc., é que seus efeitos não atinjam, de forma prejudicial à segurança jurídica, os direitos adquiridos ou as relações validamente constituídas, na conformidade da legislação anterior, ou definitivamente decididas pelo Poder Judiciário. O princípio da segurança jurídica envolve, por conseqüência, a solução de conflitos na esfera do **direito intertemporal**, em que a questão fundamental (qual a lei aplicável?) deve ser sempre respondida à luz do princípio adotado pela Constituição Federal da **irretroatividade da lei**, em favor da **estabilidade das relações jurídicas e dos direitos subjetivos delas decorrentes**, com a proteção do direito adquirido, ato jurídico perfeito e coisa julgada (artigo 5º, XXXVI).

5.7.12.1. Direito Adquirido e Ato Jurídico Perfeito

A Constituição Federal impede que o legislador crie **direito novo com eficácia retroativa prejudicial** a **direitos adquiridos**, que são conceituados como aqueles *"que o seu titular, ou alguém por ele, possa exercer, como aqueles cujo começo do exercício tenha termo pré-fixo, ou condição preestabelecida inalterável, a arbítrio de outrem"* (artigo 6º, § 2º, LICC); ou sobre o **ato jurídico perfeito**, que é o *"já consumado segundo a lei vigente ao tempo em que se efetuou"* (artigo 6º, § 1º, LICC).

A distinção conceitual entre **direito adquirido e ato jurídico perfeito**, conforme previsão genérica da Constituição e específica da legislação, encontra-se no seguinte: o primeiro garante a irretroatividade da lei nova prejudicial em relação a uma **situação jurídica abstrata**, ou seja, sobre um **direito**, legalmente previsto, cujos **requisitos de aquisição** foram preenchidos, na vigência da lei anterior, e que, **embora não exercido pelo sujeito jurídico, poderia tê-lo sido** (*"possa exercer, como aqueles cujo começo do exercício tenha termo pré-fixo, ou condição preestabelecida inalterável, a arbítrio de outrem"*); ao passo que o segundo constitui um **avanço em direção à concretização do direito** que, a partir da previsão abstrata e do preenchimento de seus requisitos de aquisição pelo sujeito jurídico, origina um **ato jurídico** (unilateral ou bilateral), que se denomina **perfeito, porque aperfeiçoado o processo de materialização, a partir do direito objetivo para a criação de direito subjetivo**, segundo e nos termos da lei anteriormente vigente (*"já **consumado** segundo a lei vigente ao tempo em que se efetuou"*).

O **ato jurídico somente é perfeito** se observar os requisitos legais de constituição, daí porque ser possível a sua discussão em Juízo, inclusive para efeito de **anulação**, em caso de **vício essencial**, como previsto no **artigo 486 do Código de Processo Civil**, e que, ocorrendo, por meio de decisão judicial definitiva, evidentemente impede que se cogite de ato jurídico perfeito, de modo que a sua renovação, se possível, sujeita-se à lei superveniente ao respectivo tempo, ainda que mais gravosa.

Não existe maior dificuldade na garantia da irretroatividade da lei nova prejudicial quando **consumado o gozo e exaurido o direito**, pois, neste caso, a eficácia da lei nova **não encontra** uma relação jurídica **em curso** sobre o qual possa projetar-se de forma prejudicial ao titular do direito subjetivo. A retroatividade da lei, em tais casos, é graduada como **máxima**, por atingir efeitos, tanto jurídica como materialmente consolidados (por exemplo, contrato de venda e compra com pagamento à vista, integralmente efetuado). Sucede, porém, que a relação jurídica pode **protrair-se no tempo**, produzindo **efeitos jurídicos contínuos, por certo período, ou permanentes** e, nesta situação, a lei nova poderia, em tese, interferir nos efeitos projetados ou decorrentes da situação consolidada, sob a forma de retroatividade **média** (por exemplo, no contrato de financiamento habitacional, as prestações vencidas antes da lei nova, e ainda não quitadas) ou **mínima** (prestações vincendas antes da lei nova, ainda na vigência da lei anterior, e não quitadas).

Há casos em que, por outro lado, o direito sequer foi exercido, embora **pudesse tê-lo sido**, mas por **vontade, conveniência e iniciativa exclusiva** do respectivo titular. Ainda assim, tal direito encontra-se alcançado pela cláusula de proteção contra a retroativa prejudicial da lei nova. Não se trata, no entanto, de uma mera expectativa de direito, mas de direito efetivamente adquirido, embora ainda não tenha sido exercido com o fim de produzir efeitos jurídicos. A proteção constitucional não atinge a mera **expectativa de direito**, enquanto situação jurídica cujos requisitos **não foram** plenamente completados antes da vigência da lei nova, impedindo, por isso mesmo, a sua implementação por quem, potencialmente, seria o seu titular. A hipótese é singular e distinta, vez que não se tem, em tal caso, direito adquirido e não exercido por decisão exclusiva do titular, mas mera expectativa de direito ou **direito em curso de formação** e que, antes de sua consolidação, como situação jurídica plena em abstrato, restou atingido por lei superveniente, cuja eficácia, de algum modo, alterou ou prejudicou a constituição do direito segundo o regime jurídico anteriormente vigente: aqui a lei nova tem validade e não retroage em detrimento de direito adquirido.

Embora, como regra geral de Direito, a normalidade esteja sempre na aplicação da lei nova de forma imediata, mas **prospectiva**, ou seja, para o futuro, é certo que a Constituição Federal, ao assegurar o direito adquirido e o ato jurídico perfeito, **impediu** a retroatividade apenas da **lei prejudicial** ao respectivo titular, mas não, em tese, da lei mais benéfica (cuja retroação depende, porém, de previsão legal expressa, pois não se presume), por isso que a cláusula constitucional é ordenatória, mas específica no sentido de que *"a lei não prejudicará o direito adquirido, o ato jurídico perfeito e a coisa julgada"* (artigo 5º, XXXVI).

Sendo a lei, no entanto, destinada a produzir eficácia, inclusive e especialmente na geração de relações jurídicas dotadas de **bilateralidade** e **reciprocidade**, em que, a princípio, a um direito ampliado em favor de uma parte corresponde, como contrapartida, uma obrigação, sujeição ou ônus à outra – que, se atingida pela lei nova, teria, então, prejudicada a respectiva situação jurídica consolidada –, é possível concluir que a irretroatividade é quase que um mandamento absoluto. Certo que a retroação pode ser admitida, excepcionalmente, se prevista em lei e não produzir prejuízo a quem quer que seja, ou se o prejuízo produzido esteja legitimado pela Constituição Federal, como ocorre, por exemplo, no caso da **lei penal mais benéfica ao investigado ou réu**, em que o Estado é obrigado a arcar com os seus efeitos, em prejuízo, parcial ou integral, da pretensão persecutória, punitiva ou executória, diante da opção adotada pelo constituinte de privilegiar a liberdade individual.

O direito adquirido não existe contra a própria Constituição Federal, considerando que a vedação à retroação prejudicial é oposta diretamente à lei ("a **lei não prejudicará**") e, por igual, à **emenda constitucional** que, por estar sujeita às **cláusulas pétreas**, não pode sequer tender a violar "**direitos e garantias individuais**" (artigo 60, § 4º, IV, CF), entre os quais os previstos no **artigo 5º, XXXVI**, da Constituição Federal.

A jurisprudência, a propósito da irretroatividade da lei nova prejudicial, firmada pelo Supremo Tribunal Federal, revela alguns parâmetros fundamentais.

Na **ADI nº 493** (relator Ministro Moreira Alves, DJU de 04/09/1992), em que se discutiu a validade da Lei nº 8.177/1991, em contratos de financiamento habitacional, foi decidido que: *"Se a lei alcançar os **efeitos futuros de contratos celebrados anteriormente** a ela, será essa lei retroativa (**retroatividade mínima**) porque vai interferir na causa, que é um ato ou fato ocorrido no passado. – O disposto no artigo 5º, XXXVI, da Constituição Federal se aplica a toda e qualquer lei infraconstitucional, sem qualquer distinção entre lei de direi-*

*to público e lei de direito privado, ou entre lei de ordem pública e lei dispositiva. Precedente do S.T.F. – Ocorrência, no caso, de **violação de direito adquirido**. (...) Também **ofendem o ato jurídico perfeito os dispositivos impugnados que alteram o critério de reajuste das prestações nos contratos já celebrados pelo sistema do Plano de Equivalência Salarial por Categoria Profissional (PES/CP).***"

Em relação a **cadernetas de poupança**, o **ato jurídico perfeito**, segundo decidido pelo Supremo Tribunal Federal, garante que o **período de depósito mensal em curso (ciclo remuneratório** iniciado ou renovado) não pode ser atingido por lei nova com alteração e redução do índice de correção monetária, independentemente da data do pagamento, sem prejuízo, porém, de que os **vencimentos posteriores sejam, então, adequados à nova política monetária**: RE nº 200.514, relator Ministro Moreira Alves, DJU de 18/10/1996.

Na questão de **política econômico-monetária**, existem precedentes do Supremo Tribunal Federal que, considerando a **alteração substancial da situação econômica** com base na qual firmado o ato jurídico perfeito, reconhecem que a **incidência imediata da lei nova**, antes de propriamente prejudicar, apenas **restabelece**, na verdade, **o equilíbrio da relação contratual**, o que afasta, pois, a validade da alegação de ofensa ao princípio da irretroatividade. Assim, por exemplo, o caso específico das aplicações em **CDB, com valor de resgate prefixado**, em que foi reconhecida a validade da **tablita** para deflação, enquanto "*instrumento para se manter a neutralidade distributiva do choque na economia*", diante da quebra da expectativa inflacionária pelo congelamento de preços, pelo Plano Bresser: Decreto-lei nº 2.335/87 (RE nº 141.190, rel. p/ acórdão Ministro Nélson Jobim, DJU de 26/05/2006).

Não existe, contudo, **direito adquirido a regime jurídico**, em tutela a servidores públicos, estando firmada a orientação da Suprema Corte no sentido de que "*O vínculo entre o servidor e a Administração é de direito público, definido em lei, sendo inviável invocar esse postulado para tornar imutável o regime jurídico, **ao contrário do que ocorre com vínculos de natureza contratual, de direito privado**, este sim protegido contra modificações posteriores da lei*" (RE-AgR nº 287.261, relatora Ministra Ellen Gracie, DJU de 26/08/2005). Por isso, "*Não há direito adquirido do servidor público à **inalterabilidade do regime jurídico pertinente à composição dos vencimentos**, desde que a modificação introduzida por ato legislativo superveniente preserve o montante global do estipêndio até então percebido e não provoque, em conseqüência, **decesso de caráter pecuniário**"* (RE – ED nº 468.076, relator Ministro Celso de Mello, DJU de 31/03/2006).

5.7.12.2. Coisa Julgada

O princípio da irretroatividade da lei nova não pode, tampouco, prejudicar a **coisa julgada**, enquanto *"decisão judicial de que já não caiba recurso"* (artigo 6º, § 3º, LICC); ou *"eficácia, que torna imutável e indiscutível a sentença, não mais sujeita a recurso ordinário ou extraordinário"* (artigo 467, CPC, coisa julgada material).

A **segurança jurídica**, quando a controvérsia sobre a aplicação do direito tenha sido decidida pelo Poder Judiciário em devido processo legal, exige que, em dado momento, não seja mais possível prolongar a lide e, uma vez formada a **coisa julgada**, que nenhuma lei possa afetar os seus efeitos materiais consolidados.

Todavia, a coisa julgada permite sua **rescisão**, observados os requisitos dos artigos 485 a 495 do Código de Processo Civil. O **juízo rescindendo** (*judicium rescindens*) anula a decisão judicial anterior, com sua substituição por outra, se possível e necessária, no âmbito do **juízo rescisório** (*judicium rescissorium*). A anulação justifica-se diante de um vício essencial (artigo 485 do Código de Processo Civil), e a rescisão deve ocorrer, segundo a jurisprudência da Suprema Corte, de acordo com os **pressupostos da lei vigente ao tempo do trânsito em julgado** da decisão a ser rescindida (RE nº 86.836, relator Ministro Moreira Alves, DJU de 15/04/1977; e ADI-MC nº 1.753, relator Ministro Sepúlveda Pertence, DJU de 12/06/1998), sem retroação, pois, da legislação processual nova, se editada. A **decisão de mérito substitutiva**, a ser proferida no juízo rescisório, deve, em face do direito material e de eventual legislação superveniente, observar, não a coisa julgada, pois esta foi desconstituída, mas **eventual direito adquirido ou ato jurídico perfeito**.

Nestes limites, a ação rescisória e o princípio da segurança jurídica encontram o seu ponto de adequação e compatibilidade, não se podendo afirmar, pois, que a ação rescisória seja, por si, um atentado à garantia da coisa julgada, ato jurídico perfeito e direito adquirido.

A força da coisa julgada tem sido repensada, por doutrina e jurisprudência, dentro da denominada teoria de **relativização da coisa julgada**, assentada no pressuposto lógico de que **somente a coisa julgada constitucional poderia ser constitucionalmente garantida**, ou seja, o princípio da segurança jurídica não existiria desvinculado de um requisito de mérito, no sentido da própria constitucionalidade da solução adotada pela decisão judicial.

Embora controvertida e criticada, a teoria foi adotada pelo legislador que permitiu à **Fazenda Pública** opor **embargos à execução**, por inexigibilidade do título, se *"fundado em lei ou ato normativo declarados inconstitucionais pelo Supremo Tribunal Federal, ou fundado em aplicação ou interpretação da lei ou ato normativo tidas pelo Supremo Tribunal Federal como incompatíveis com a Constituição*

Federal" (artigo 741 do Código de Processo Civil, com as alterações da Lei n° 11.232/2005).

Tal preceito legal, de caráter excepcional, é aplicado pelo Superior Tribunal de Justiça, porém de **forma estrita**, observada que sua disposição é *"restrita às sentenças fundadas em norma inconstitucional, assim consideradas as que (a) aplicaram norma inconstitucional (1ª parte do dispositivo), ou (b) aplicaram norma em situação tida por inconstitucional ou, ainda, (c) aplicaram norma com um sentido tido por inconstitucional (2ª parte do dispositivo). 4. Indispensável, em qualquer caso, que a inconstitucionalidade tenha sido reconhecida em precedente do STF, em controle concentrado ou difuso (independentemente de resolução do Senado), mediante (a) declaração de inconstitucionalidade com redução de texto (1ª parte do dispositivo), ou (b) mediante declaração de inconstitucionalidade parcial sem redução de texto ou, ainda, (c) mediante interpretação conforme a Constituição (2ª parte). 5. Estão fora do âmbito material dos referidos embargos, portanto, todas as demais hipóteses de sentenças inconstitucionais, ainda que tenham decidido em sentido diverso da orientação do STF, como, v.g, as que a) deixaram de aplicar norma declarada constitucional (ainda que em controle concentrado), b) aplicaram dispositivo da Constituição que o STF considerou sem auto-aplicabilidade, c) deixaram de aplicar dispositivo da Constituição que o STF considerou auto-aplicável, d) aplicaram preceito normativo que o STF considerou revogado ou não recepcionado, deixando de aplicar ao caso a norma revogadora. 6. Também estão fora do alcance do parágrafo único do art. 741 do CPC as sentenças, ainda que eivadas da inconstitucionalidade nele referida, cujo trânsito em julgado tenha ocorrido em data anterior à da sua vigência. 7. O dispositivo, todavia, pode ser invocado para inibir o cumprimento de sentenças executivas lato sensu, às quais tem aplicação subsidiária por força do art. 744 do CPC (...)"* (REsp. n° 826.494, relator Ministro Teori Zavascki, DJU de 30/06/2006).

5.8. DIREITOS COLETIVOS OU DE EXPRESSÃO COLETIVA

O artigo 5° da Constituição Federal revela a predominância dos direitos e garantias individuais, restando, em categorias diversas, apenas alguns **direitos individuais de expressão coletiva** (reunião e associação) e outros **propriamente coletivos** (direitos dos consumidores, de informação, representação e participação).

5.8.1. Direito de Reunião

O direito de reunião, previsto no artigo 5°, XVI, da Constituição da República, garante que *"todos podem reunir-se pacificamente, sem armas, em locais abertos ao público, independentemente de autorização, desde que não frustrem outra reunião anteriormente convocada para o mesmo local, sendo apenas exigido prévio aviso à autoridade competente"*.

Trata-se de um direito individual, porém de **expressão coletiva**, no sentido de que somente se justifica se exercido por **mais de uma pessoa**, uma vez que ninguém pode, de forma lúcida, reunir-se consigo mesmo. A reunião, em locais abertos ao público, pode ser justificada por uma infinidade de motivos (lazer, entretenimento, manifestação do pensamento, protesto, mobilização etc.), envolvendo duas ou mais pessoas, coletividade maior, ou mesmo sem qualquer limite predefinido e objetivando, ou não, a maior adesão, visibilidade e publicidade possíveis.

A Constituição não perquire sobre o **motivo** ou a **finalidade** da reunião, por isso que **dispensa autorização prévia** de qualquer órgão ou autoridade, exigindo apenas **aviso** para **evitar a frustração de outra reunião** convocada anteriormente para o mesmo local (e, portanto, o **risco de sobreposição com tumulto** e, mesmo, **confrontação**, inclusive violenta, na hipótese de colisão de interesses entre os públicos envolvidos). O prévio aviso somente pode ser exigido no sentido de garantir que a reunião seja **pacífica, sem armas ou qualquer forma de violência, vedado o controle político-ideológico ou de qualquer outra natureza**, de modo que a passeata, por exemplo, a favor do próprio direito ao armamento do cidadão, se organizada sem armas e violência, não pode ser coibida pela autoridade pública. No entanto, a conduta que, além da mera manifestação de pensamento ou expressão coletiva, avance para a verdadeira **apologia a crimes**, sujeita os infratores aos ditames da lei penal.

É possível, em circunstâncias **excepcionais** e, sobretudo, diante da inexistência de direito absoluto na Constituição Federal, que a autoridade, além de acompanhar, **limite, não o direito de reunião em si, mas a sua extensão**, para, por exemplo, evitar que **torcidas esportivas rivais**, aglomeradas inicialmente e, de forma pacífica, em locais distintos, possam encontrar-se, criando o risco concreto à **segurança** pública e individual. Não é necessário, pois, que a violência ocorra, para que a intervenção se legitime na proteção de direitos fundamentais, bastando que se comprove o risco concreto capaz de retirar da reunião o seu caráter pacífico, como exigido pelo preceito constitucional. Todavia, se a autoridade intervier na reunião, não na proteção de um direito fundamental em situação de grave risco, mas por conveniência administrativa, ou movida pelo propósito de **censurar e reprimir a liberdade de expressão coletiva** de opiniões, idéias, pensamentos, e informações, a conduta não apenas configura **ilegalidade e abuso de poder** como, igualmente, **ofensa constitucional da maior gravidade**.

Para comprovar o caráter não-absoluto do direito de reunião, em locais públicos, e a possibilidade de que o legislador justifique uma restrição, fundada na defesa de princípios, valores ou direitos de igual estatura, basta verificar que **comícios e reuniões eleitorais podem ser, como geralmente o são, proibidos no período mais próximo às eleições**, sem que se possa cogitar de inconstitucionalidade na vedação.

Na abordagem do direito de locomoção, afirmamos, e agora reiteramos, que não é legítima a restrição criada por manifestações públicas desordenadas e violentas, em prejuízo da operação de serviços de emergência (bombeiros, ambulância etc.) e com risco à integridade física dos usuários das vias públicas. O direito de reunião não é, de fato, um pretexto para mobilização impeditiva do exercício, por outros titulares, dos respectivos direitos, mas uma garantia atribuída pela Constituição Federal para que, de alguma forma, possam as pessoas, congregadas, dividir, formar, somar, expressar, discutir e fortalecer **opiniões, idéias, pensamentos e informações** no exercício do próprio **direito de cidadania em prol das liberdades individuais e públicas**.

O direito de reunião refere-se a um **vínculo físico ocasional** entre pessoas, embora possa existir alguma espécie de identidade intersubjetiva decorrente da comunhão de opiniões, idéias, pensamentos e modos de vida. Por isso, não se confunde com o direito de associação, de modo que o **caráter público da reunião** – diferentemente das realizadas em locais privados entre pessoas previamente identificadas, que são tuteladas por outras normas constitucionais –, gera o **direito a qualquer do povo de participar** do evento e reunir-se, como igual ou não, mesmo porque a reunião não exige, necessariamente, **convergência**, mas pode expressar, inclusive, a **diversidade ou pluralidade**, desde que respeitada, sempre, a **convivência pacífica**.

5.8.2. Direito de Associação

São diversos os incisos do artigo 5º da Constituição Federal, que cuidam do direito de associação, definindo que *"é **plena** a liberdade de associação para fins **lícitos**, vedada a de caráter **paramilitar**"* (XVII); *"a criação de associações e, na forma da lei, a de cooperativas independem de **autorização**, sendo vedada a **interferência estatal em seu funcionamento**"* (XVIII); *"as associações só poderão ser compulsoriamente **dissolvidas** ou ter suas atividades **suspensas por decisão judicial**, exigindo-se, no primeiro caso, o trânsito em julgado"* (XIX); e *"ninguém poderá ser compelido a **associar-se** ou a **permanecer associado*** (XX)".

O direito de associação protege a liberdade individual, fundada na **autonomia da vontade** (base contratual e estatutária), para a criação de **vínculo de caráter permanente**, ainda que não-perpétuo, objetivando um **fim comum e lícito**, de natureza econômica, social, política, cultural, esportiva, religiosa etc.

Existem apenas **duas limitações:** em primeiro lugar, não pode a associação ter **fim ou objeto ilícito**, segundo a legislação, e não apenas penal (a licitude do objeto é condição do negócio jurídico, e sua violação acarreta nulidade, de acordo com os artigos 104, II, e 166, II, ambos do NCC; e, no direito penal, é punível a associação que, formada por mais de três pessoas, em quadrilha ou bando, seja destinada à prática de crimes: artigo 288, CP). Por outro lado, é vedada a associação de **caráter paramilitar**, pois incompatível com a idéia de **organização civil para fins lícitos e pacíficos**, tutelada pelo artigo 5º, XVII, da Carta Federal, na medida em que o uso de estrutura, organização, técnica, equipamento ou armamento militares, coloca em risco o regime de Estado de Direito, em que a **força, militar e armada, é monopólio estatal**, destinado exclusivamente para a prevenção e repressão da violência, e para a garantia da paz, estabilidade das instituições democráticas e da segurança nacional e pública (artigos 142 e 144, CF), e não para a consecução ou proteção de fins meramente associativos.

As associações, inclusive cooperativas, podem ser livremente constituídas, desde que lícito o objeto e ausente o caráter paramilitar, sem que o Estado possa exigir **autorização**, ou **interferir no seu funcionamento**. Não se cuida, porém, de impedir que a lei discipline, de forma geral, os requisitos para o exercício e a proteção específica dos direitos de **criação, adesão ou desligamento** (*"ninguém poderá ser compelido a associar-se ou a permanecer associado"*) **e dissolução** espontânea da associação, que decorrem da tutela constitucional. Para isso existe, precisamente, a legislação civil e comercial, entre outras, próprias à disciplina de tal liberdade e que, por isso mesmo, não pode ser invocada para impedir o **poder de polícia administrativa**, certo, neste sentido, de que a proibição refere-se, pontualmente, à intervenção do Estado, que se destine a promover um **controle político-ideológico, ou similar**, sobre as iniciativas, protegidas pela Constituição Federal, da sociedade civil, relacionadas à criação e ao funcionamento regular de associações.

A liberdade de associação preserva, na essência, o direito, próprio da **economia interna** da entidade e seus associados, de definição do **objeto lícito a ser buscado** e, de forma geral, da estrutura institucional de **auto-organização, planejamento e formulação decisória**, sem prejuízo de que lei discipline aspectos gerais de observância compulsória, especialmente na defesa de **direitos fundamentais e indisponíveis dos próprios associados** e de eventuais minorias. Veda-se, é claro, a **interferência administrativa ou normativa** que, por sua natureza, alcance ou efeitos, importe em ameaça ou lesão à própria liberdade associativa, **sem justa causa, razoabilidade, proporção, pertinência e adequação.** Para que a licitude do objeto, o caráter não-paramilitar, e a sujeição geral ao regime da Constituição e das leis, sejam observados é essencial que a associação, ainda que privada, tenha seus **estatutos constitutivos registrados** em órgãos próprios, o que demonstra, por conseqüência, que não existe proteção constitucional para as **associações secretas**.

A Constituição Federal veda, de forma expressa e peremptória, **a suspensão e a dissolução compulsória de associações, por via administrativa,** exigindo o **devido processo legal e judicial** (e, particularmente, o trânsito em julgado no caso da dissolução compulsória), o que demonstra que, observadas tais exceções, é possível o **exercício regular do poder de polícia administrativa,** mesmo porque a licitude do objeto e do fim associativo não se exaure na mera previsão estatutária, mas exige, ao revés, a **fiscalização da prática e da dinâmica associativa,** sem o que perderia efetividade a proteção geral da sociedade e dos próprios associados diante de eventual abuso de direito, praticado por dirigentes, em lesão a interesse público, coletivo ou social, que pode ocorrer em qualquer espécie de associação, com ou sem fins lucrativos.

Existe uma clara **reserva constitucional de jurisdição**, no sentido de impedir que qualquer ato, mesmo lei, seja editado para **suspender ou dissolver,** individual ou genericamente, qualquer associação ou espécie de associação. Mesmo as que sejam consideradas ilícitas, ou de caráter paramilitar, em face de critério legal ou por ato administrativo, têm o direito ao **devido processo legal e judicial** para que, sendo assim qualificadas, depois do contraditório e ampla defesa, possam ser judicialmente suspensas ou dissolvidas. É possível, no entanto, que os seus associados, em tais casos, respondam, pessoalmente conforme a conduta praticada, por **infrações penais, civis ou administrativas**, em função da autonomia das infrações e das instâncias.

A imunidade fiscal e as subvenções econômicas, concedidas, na forma da lei e da Constituição, a associações ou entidades beneficentes, devem ser fiscalizadas pelo Poder Público, sem que seja possível invocar a liberdade ou autonomia associativa para impedir o controle estatal sobre as condições exigidas para o gozo de tais benefícios, e mesmo quanto ao emprego dos recursos no caso das subvenções.

O inciso XVIII do artigo 5º da Carta Federal destaca a situação das **cooperativas**, sujeitas, na **forma da lei**, a requisitos para sua criação. Tal distinção (*"e, na forma da lei, a de cooperativas"*) decorre da imposição, igualmente constitucional, de que *"A lei apoiará e estimulará o cooperativismo e outras formas de associativismo"* (artigo 174, § 2º), e de que, em setor mais específico, *"A política agrícola será planejada e executada na forma da lei, com a participação efetiva do setor de produção, envolvendo produtores e trabalhadores rurais, bem como dos setores de comercialização, de armazenamento e de transportes, levando em conta, especialmente: (...) VI - o cooperativismo"* (artigo 187).

Algumas outras formas de associação, em sentido constitucional, são objeto de **proteção constitucional específica**, por sua importância ou particularidade, como ocorre, por exemplo, com os **sindicatos e partidos políticos**, que não estão abrangidos pelo artigo 5º, XVII, da Constituição Federal (RE nº 207.858, relator Ministro Marco Aurélio, DJU de 14/05/1999).

5.8.3. Direito de Representação

As entidades associativas são titulares da prerrogativa constitucional de exercício da **representação associativa**, enquanto *"legitimidade para representar seus filiados judicial ou extrajudicialmente"*, *"quando expressamente autorizadas"* (artigo 5º, XXI).

O objetivo da norma é fortalecer não apenas o vínculo associativo, como de forma direta os interesses pertinentes aos respectivos associados, na condição de integrantes de uma categoria específica, congregada em torno de objetivos e fins comuns.

Trata-se de hipótese de **representação**, e não de substituição processual, como no mandado de segurança coletivo, daí porque imprescindível a **expressa autorização**, conforme destacado na Carta Federal.

A jurisprudência e a doutrina não são, porém, uniformes na interpretação do que seja "expressa autorização". Alguns afirmam a suficiência da **autorização genérica, estatutária ou legal**, de defesa pela associação dos direitos próprios, mas não exclusivos, dos associados; outros preconizam a necessidade, além da previsão estatutária, de **deliberação social específica**, comprovada por ata da assembléia-geral ou outro órgão representativo, independentemente de identificação nominal dos associados; e, enfim, os remanescentes sustentam que a exigência constitucional extrapola a mera previsão estatutária (genérica) ou da assembléia-geral (coletiva), para situar-se na **autorização individual**, prevista em ata ou por outorga de procuração à associação.

Na **AO nº 152**, a Suprema Corte, vencido o relator, decidiu, nos termos do voto do Ministro Sepúlveda Pertence, que para *"dar algum efeito útil à inovação constitucional do art. 5º, XXI, não creio se possa ficar aquém de reconhecer presente a autorização expressa nele reclamada pela **deliberação do órgão titular da competência estatutária para manifestar a vontade do corpo social da entidade, sempre que – como sucede no caso – os estatutos incluam entre suas finalidades institucionais a defesa em juízo dos direitos de seus filiados"* (DJU de 03/03/2000).

Não basta, pois, apenas a autorização genérica, legal ou estatutária, nem se exige, no extremo oposto, autorização individual de cada associado, inclusive com outorga de mandato ou procuração (RE nº 192.305, relator Ministro Marco Aurélio, DJU de 21/05/1999). O essencial é que a previsão estatutária de defesa dos direitos dos associados seja confirmada, diante de cada caso concreto, mediante **deliberação social específica**, observados a forma e os procedimentos estatutários e legais, mas sem exigência posterior de ratificação individual da autorização.

O artigo 4º da MP nº 2.180, de 24/08/2001, ainda em vigor por força da EC nº 31/2002, acrescentou à Lei nº 9.494/1997 o artigo 2-A, cujo parágrafo único, dispõe que: *"Nas ações coletivas propostas contra a União, os Estados, o Distrito Federal, os Municípios e suas autarquias e fundações, a petição inicial deverá obrigatoriamente estar instruída com a **ata da assembléia da entidade associativa que a autorizou, acompanhada da relação nominal dos seus associados e indicação dos respectivos endereço"*.

O requisito da relação nominal não deve ser interpretado, diante da jurisprudência do Supremo Tribunal Federal, como uma exigência de autorização individual dos associados para a ação coletiva da associação, mas apenas como meio de identificação dos atingidos pelos efeitos da ação civil pública, na medida em que o *caput* do supracitado artigo 2-A prescreveu que: *"A sentença civil prolatada em ação de caráter coletivo proposta por entidade associativa, na defesa dos interesses e direitos dos seus associados, abrangerá apenas os substituídos que tenham, na data da propositura da ação, domicílio no âmbito da competência territorial do órgão prolator."*

5.8.4. Direitos dos Consumidores

Os direitos dos consumidores não são apenas direitos individuais, mas **coletivos, propriamente**, e, sobretudo, constitutivos e integrados como **princípio fundamental da ordem econômica** (artigo 170, V), ao lado do direito de propriedade, e dos princípios da função social e livre iniciativa.

Um outro princípio, aliás, fundamental na proteção dos consumidores é o da **livre concorrência** (artigo 170, IV), que objetiva não apenas o desenvolvimento econômico através da competitividade, mas, sobretudo, a produção de **bens e serviços, a menor custo e com maior qualidade**, em favor do próprio mercado consumidor. Por isso, integrado no dever estatal de proteção do consumidor encontra-se o de promover a repressão ao *"abuso do poder econômico que vise à dominação dos mercados, à eliminação da concorrência e ao aumento arbitrário dos lucros"* (artigo 173, § 4º).

Embora o constituinte não tenha criado um estatuto constitucional para a tutela do **cidadão-consumidor**, tal como a existente em favor do **cidadão-contribuinte**, a mera previsão, no inciso XXXII do artigo 5º da Carta Federal, da obrigação do Estado de promover, nos termos da lei, a defesa do consumidor, teve enorme relevância, primeiramente por reconhecê-lo, enfim, como a **parte hipossuficiente** na relação econômica, para efeito de atribuição de direitos próprios e prerrogativas essenciais à melhoria de sua condição.

O dever de legislar, especialmente em termos de **responsabilidade por danos ao consumidor**, foi atribuído, **concorrentemente**, à União, Estados e Distrito Federal (artigo 24, VIII), ampliando, assim, o **campo de proteção legal**, que deve abranger, inclusive, o direito do consumidor de ser **informado sobre os impostos incidentes** em mercadorias e serviços (artigo 150, § 5º).

A Lei nº 8.078/1990, cuja elaboração urgente foi exigida pelo constituinte (artigo 48, ADCT), criou o estatuto do consumidor, cuja implementação tem sido paulatina, embora preciosa e essencial. Ainda nos tempos atuais, remanescem controvérsias quanto à extensão e ao conteúdo dos direitos do consumidor, cuja amplitude e autoridade devem, porém, ser resguardadas com a força decorrente da dimensão constitucional que se lhe atribuiu de princípio da ordem econômica.

Uma das principais e recentes controvérsias, neste campo, envolveu a inclusão dos serviços prestados por instituições financeiras no regime do Código de Defesa do Consumidor.

A Confederação Nacional do Sistema Financeiro – Consif impugnou, sem o êxito pretendido, o **§ 2º do artigo 3º da Lei nº 8.078/1990**, no que considerou abrangidos pelas relações de consumo os serviços de natureza bancária, financeira, de crédito e securitária. Embora tenha sido julgada improcedente a ADI, o Supremo Tribunal Federal destacou que **não se sujeitam** às regras do Código de Defesa do Consumidor a política de *"custo das operações ativas e a remuneração das operações passivas praticadas por instituições financei-*

ras na exploração da intermediação de dinheiro na economia", cabendo, respectivamente, ao Conselho Monetário Nacional e ao Banco Central do Brasil a definição das taxas de juros e a fiscalização dos contratos elaborados pelas instituições financeiras (**ADI nº 2.591**, rel. p/ acórdão Ministro Eros Grau, DJU de 07/06/2006).

Capítulo 6
Garantias Processuais: Remédios Constitucionais

6.1. GENERALIDADES

Os **remédios constitucionais** são os meios mais diretos de defesa dos direitos fundamentais, uma vez que colocam o conflito, qualquer que seja a sua origem, natureza e conteúdo, ao exame do Poder Judiciário, para a solução definitiva, em tempo razoável, com força de coisa julgada.

Não se preocupou a Constituição Federal em estabelecer, senão princípios gerais de regramento dos remédios constitucionais, daí porque o estudo minucioso das particularidades, derivadas da interpretação da lei e da jurisprudência a partir dela firmada, deve ser desenvolvido em seara própria, ficando o presente estudo voltado, prioritariamente, a aspectos constitucionais e, por sua relevância, a algumas abordagens legais, necessárias à melhor compreensão sistemática dos institutos.

6.2. HABEAS CORPUS

O *habeas corpus* foi o **primeiro** dentre os remédios constitucionais incorporados ao direito positivo brasileiro, a partir da **Constituição Republicana de 1891**, embora houvesse a previsão legal anterior do instituto no **Código de Processo Criminal do Império (1832)**. Como único remédio constitucional, então existente, a **doutrina brasileira do** *habeas corpus* buscou nele incluir a proteção de **outros direitos fundamentais**, além da liberdade de locomoção. Cabe ressaltar, porém, que mesmo no direito inglês, anterior à própria **Magna Carta de 1215**, o *writ* não surgira como meio próprio e exclusivo de tutela da liberdade de locomoção, o que somente ocorreu e consolidou-se com o *"Habeas Corpus Amendment Act" de 1679*, pois, na sua origem, o *writ of habeas corpus* era e consistia, especificamente, numa **garantia de julgamento regular** pelos pares ou em harmonia com as leis, diante da prisão ou privação de bens.

No Brasil, a Reforma Constitucional de 1926 e, sobretudo, o advento de outros remédios, particularmente o mandado de segurança, a partir da Constituição de 1934, permitiu, então, o refluxo do *habeas corpus* ao seu campo próprio de tutela e inserção, estando, por isso mesmo, previsto na Constituição de 1988 que *"conceder-se-á habeas corpus sempre que alguém sofrer ou se achar ameaçado de sofrer violência ou coação em sua* **liberdade de locomoção**, *por* **ilegalidade ou abuso de poder**" (artigo 5º, LXVIII).

A liberdade de **locomoção** é o objeto único e específico a ser amparado, estando, por isso, consolidada a jurisprudência da Suprema Corte, no sentido de que *"Não cabe habeas corpus quando já extinta a pena privativa de liberdade"* (Súmula 695); *"(...) contra a imposição da pena de exclusão de militar ou de perda de patente ou de função pública"* (Súmula 694); *"(...) contra decisão condenatória à pena de multa, ou relativo a processo em curso por infração penal a que a pena pecuniária seja a única cominada"* (Súmula 693); ou *"(...) cujo objeto seja resolver sobre o ônus das custas, por não estar mais em causa a liberdade de locomoção"* (Súmula 395).

Todavia, se o crime é punido com pena privativa de liberdade, a **mera existência** do **inquérito policial ou da ação penal**, ainda que sem decretação da prisão ou sem perspectiva de restrição imediata ao direito de locomoção, pode ser discutida em *habeas corpus*. Também é cabível a impetração, no curso da investigação ou da instrução criminal se, deferida a **quebra de sigilo bancário, fiscal ou telefônico**, existir a possibilidade de restrição ao direito de ir, vir e permanecer como conseqüência da própria persecução criminal (HC nº 79.191, relator Ministro Sepúlveda Pertence, DJU de 08/10/1999). Mas não cabe *habeas corpus*, como via adequada, se a quebra do sigilo telefônico busca a proteção, não do direito de locomoção, mas da **intimidade** ou **relação de confidencialidade** entre clientes e advogados, sem demonstração de qualquer ato concreto, ilegal e abusivo de poder praticado, em prejuízo da liberdade fundamental, pela autoridade impetrada (HC – AgR nº 83.966, relator Ministro Celso de Mello, DJU de 25/11/2005).

O *habeas corpus* é, pois, **ação constitucional libertária**, de natureza **preventiva** (salvo-conduto) **ou repressiva** (liberatório ou suspensivo, alvará de soltura ou contramandado de prisão), que se destina a impedir ou eliminar a restrição ao direito de locomoção, oriunda de **ilegalidade ou abuso de poder**, praticado por **quem quer que seja**, uma vez que inexistente restrição subjetiva, tal como ocorre no mandado de segurança, que somente pode ser impetrado contra autoridade pública ou agente de pessoa jurídica no exercício de atribuições do Poder Público (artigo 5º, LXIX).

Somente no caso de **punições disciplinares militares** (artigo 142, § 2º, CF) não cabe *habeas corpus* e, mesmo assim, apenas no sentido da revisão do **mérito** do ato, vez que possível a discussão mandamental da sua **regularidade formal** (RHC nº 8.846, relator Ministro Hamilton Carvalhido, DJU de 24/09/2001).

Note-se, porém, que qualquer espécie de prisão, salvo a disciplinar militar e dentro dos limites indicados, pode ensejar a discussão de sua validade em sede de *habeas corpus*, assim, por exemplo, a **prisão civil** de **depositário infiel** ou por **dívida alimentar** (HC nº 86.097, relator Ministro Eros Grau, DJU de 04/08/2006; e HC nº 87.134, relator Ministro Sepúlveda Pertence, DJU de 29/09/2006); ou a **prisão administrativa**, em caso de **expulsão** de estrangeiro (HC nº 66.919, relator Ministro Carlos Madeira, DJU de 03/03/1989).

Pela **natureza do bem jurídico protegido**, a Constituição Federal estabeleceu o **regime de gratuidade** das ações de *habeas corpus* (artigo 5º, LXXVII), legitimando, por efeito e lógica, toda a legislação e jurisprudência, firmada no sentido da **plena acessibilidade em defesa do direito de locomoção**, inclusive com a dispensa de formalidades processuais, permitindo-se, por exemplo, a impetração por qualquer um do povo ("ação penal popular"), capaz ou incapaz, e mesmo sem representação processual, assim como a concessão de ofício da ordem, inclusive para suprir a ausência ou mesmo a deficiência do *writ* impetrado.

A **prioridade no julgamento**, pela primazia do valor tutelado, dispensa certas formalidades, próprias do processamento ordinário, por isso que *"é nulo o julgamento de recurso criminal, na segunda instância, sem prévia intimação, ou publicação da pauta, salvo em habeas corpus"* (Súmula 431); ou seja, o julgamento deve ocorrer com o processo em Mesa, pelo relator, no prazo fixado pela legislação, sendo que, ocorrendo **empate** na votação, prevalece a **decisão mais favorável** ao paciente.

Mesmo a regra da irrecorribilidade ou da recorribilidade restrita das decisões da **Justiça Eleitoral** não atinge o *habeas corpus denegado*, assim como o mandado de segurança nas mesmas condições (artigo 121, § 3º, CF), comprovando a especial proteção conferida aos *writs* constitucionais em função da natureza do direito discutido. Em termos de ampliação de admissibilidade, o Supremo Tribunal Federal tem conhecido de *habeas corpus* como recurso ordinário, em caso de denegação da ordem originária por Tribunal Superior (HC nº 78.844, relator Ministro Nelson Jobim, DJU de 30/06/2000), mas, em contrapartida, não conhece de *habeas corpus* originário se for cabível o recurso ordinário ao próprio Superior Tribunal de Justiça porque, nesta hipótese, ocorreria **supressão de instância** (HC nº 74.006, relator Ministro Celso de Mello, DJU de 19/12/1996).

A Constituição Federal estabeleceu o regime de competência para o *habeas corpus* de acordo com a **autoridade coatora ou paciente**, cabendo o processamento e julgamento **originário** do *writ*:

(1) ao **Supremo Tribunal Federal**, quando impetrado **em favor** do Presidente da República, Vice-Presidente, membros do Congresso Nacional, seus próprios Ministros, Procurador-Geral da República, Ministros de Estado, Comandantes da Marinha, do Exército e da Aeronáutica, membros dos Tribunais Superiores, do Tribunal de Contas da União e chefes de missão diplomática de caráter permanente (artigo 102, I, *d*); e quando o **coator** for Tribunal Superior, ou quando **coator ou paciente** for autoridade ou funcionário cujos atos estejam sujeitos diretamente à jurisdição do Supremo Tribunal Federal, ou se tratar de crime sujeito à mesma jurisdição em instância única (artigo 102, I, *i*, CF);

(2) ao **Superior Tribunal de Justiça**, quando **coator ou paciente** for Governador de Estado ou do Distrito Federal, Desembargador dos Tribunais de Justiça dos Estados e do Distrito Federal, membro dos Tribunais de Contas dos Estados e do Distrito Federal, dos Tribunais Regionais Federais, dos Tribunais Regionais Eleitorais e do Trabalho, membro dos Conselhos ou Tribunais de Contas dos Municípios e do Ministério Público da União que oficie perante Tribunais; ou quando **coator** for Tribunal sujeito à sua jurisdição, Ministro de Estado ou Comandante da Marinha, do Exército ou da Aeronáutica, ressalvada a competência da Justiça Eleitoral (artigo 105, I, *c*, CF);

(3) ao **Tribunal Superior Eleitoral**, em matéria eleitoral, quanto aos *"atos do Presidente da República, dos Ministros de Estado e dos Tribunais Regionais"*, ou *"quando houver perigo de se consumar a violência antes que o juiz competente possa prover sobre a impetração"* (artigo 22, I, *e*, da Lei nº 4.737/1965 – Código Eleitoral c/c artigo 121, CF); aos **Tribunais Regionais Eleitorais**, *"em matéria eleitoral, contra ato de autoridades que respondam perante os Tribunais de Justiça por crime de responsabilidade"* ou *"quando houver perigo de se consumar a violência antes que o juiz competente possa prover sobre a impetração"* (artigo 29, I, *e*, CE); e aos Juízes Eleitorais, *"em matéria eleitoral, desde que essa competência não esteja atribuída privativamente à instância superior"* (artigo 35, III, CE);

(4) ao **Superior Tribunal Militar**, *"nos casos permitidos em lei"*, conforme disposto no artigo 6º da Lei nº 8.457/1992 c/c artigos 469 do Código Penal Militar e 124 da Constituição Federal, sendo definida, pela jurisprudência, que tal competência abrange apenas a coação praticada por ato de autoridade e por crimes sujeitos à sua jurisdição, afastando, pois, o cabimento do *writ*, em favor de policiais militares por crimes sujeitos à jurisdição militar dos Estados (HC nº 2006.01.034148-0, relator Ministro Alencar da Silveira, DJU de 24/03/2006);

(5) aos **Tribunais Regionais Federais**, quando o **coator for Juiz Federal** (artigo 108, I, *d*, CF), **Turma Recursal do Juizado Especial Federal Criminal** (HC nº 86.834, relator Ministro Marco Aurélio, sessão de 23/08/2006, Informativo 437, com superação, pois, da Súmula 690), e, por extensão lógica, **membro do Ministério Público Federal** de primeira instância; e aos **Juízes Federais** *"em matéria criminal de sua competência ou quando o constrangimento provier de autoridade cujos atos não estejam diretamente sujeitos a outra jurisdição"* (artigo 109, VII, CF);

(6) aos **Tribunais de Justiça** dos Estados e do Distrito Federal, e aos **Juízes de Direito** – incluindo a **Justiça Militar** –, de acordo com a **respectiva Constituição**, observados os princípios da Constituição Federal (artigo 125); sendo, conforme precedentes do Supremo Tribunal Federal, da competência dos Tribunais de Justiça os *habeas corpus* contra atos da **Turma Recursal do Juizado Especial Criminal** (HC nº 86.834, idem); e

(7) à **Justiça do Trabalho**, *"quando o ato questionado envolver matéria sujeita à sua jurisdição"* (artigo 114, IV, CF), como, por exemplo, no caso de **prisão civil de depositário infiel**, decretada por Juiz do Trabalho em **reclamação trabalhista**, que era, anteriormente, afeto à competência dos Tribunais Regionais Federais (CC nº 6.979, rel. p/ acórdão Ministro Ilmar Galvão, DJU de 26/20/1993) e que, depois da EC nº 45/2004, foi atribuído aos Tribunais Regionais do Trabalho.

6.3. MANDADO DE SEGURANÇA

Previsto desde a Carta Federal de **1934**, embora suprimido em 1937, o mandado de segurança é contemplado como remédio constitucional destinado a *"proteger direito líquido e certo, não amparado por habeas corpus ou habeas data, quando o responsável pela ilegalidade ou abuso de poder for autoridade pública ou agente de pessoa jurídica no exercício de atribuições do Poder Público"* (artigo 5º, LXIX, CF). Pode ser proposto para proteção de direito, tanto individual como coletivo, neste último caso através de *"partido político com representação no Congresso Nacional"* ou *"organização sindical, entidade de classe ou associação legalmente constituída e em funcionamento há pelo menos um ano, em defesa dos interesses de seus membros ou associados"* (artigo 5º, LXX, *"a"* e *"b"*, CF).

6.3.1. Mandado de Segurança Individual

O mandado de segurança é remédio de **caráter subsidiário**, destinado à proteção de **qualquer direito**, excluído apenas os que sejam próprios do *habeas corpus* e *habeas data*, e desde que **líquido e certo**, ou seja, aquele direito cuja **existência, certeza e conteúdo**, por não envolver **controvérsia fática**, pode ser apurado independentemente de **dilação probatória**, através da **juntada** de **prova pré-constituída e documental**, ou por requisição judicial se houver resistência ou negativa da autoridade administrativa em fornecê-la (artigo 6º, parágrafo único, da Lei nº 1.533/1951).

O **direito é líquido e certo** somente se os **fatos** necessários e pertinentes à sua formação forem incontroversos no plano probatório, independentemente de qualquer discussão em termos de **complexidade jurídica** da questão ou da **interpretação das normas** aplicáveis (Súmula 625/STF). Tal característica do direito discutido é que determina o **rito célere**, próprio do instrumento, como meio de prevenir (**preventivo**) ou reprimir (**repressivo**) a prática de **ilegalidade ou abuso de poder** por **autoridade pública**, ou particular (pessoa física, ou agente de empresa privada ou paraestatal) no exercício de **função pública**.

A celeridade procedimental do mandado de segurança, e a previsão de liminar, em reconhecimento à urgência da tutela em favor do direito violado ou ameaçado de lesão, justificam a contrapartida da fixação legal de **prazo decadencial** para a impetração (artigo 18, LMS: cento e vinte dias da ciência do ato), **declarado constitucional** pelo Supremo Tribunal Federal (Súmula 632).

Trata-se de uma ação de **índole civil** – sujeita, pois, à legislação processual própria –, mesmo quando proposta contra autoridade em função policial ou jurisdição criminal, e que pode ser ajuizada por **qualquer sujeito jurídico**, titular de direito (pessoa física, jurídica, órgão público, ente despersonalizado em defesa de prerrogativas próprias, universalidade patrimonial etc.) – ou titular do **direito decorrente**, e em resguardo ao direito originário em caso de inércia do respectivo titular (artigo 3º da Lei nº 1.533/1951) –, contra **ato** do Poder Público (**pessoa jurídica de direito público, sujeito passivo**), em favor do qual atua, como **substituto processual**, a autoridade responsável, diretamente ou por **encampação** (defesa do mérito do ato, ainda que não praticado pessoalmente pelo informante), pela **ação ou omissão** impugnada, ou competente, na forma da lei, para sua **revisão ou correção**.

Embora a Carta Federal não estabeleça o procedimento, a **celeridade** é inerente ao conceito constitucional de *"direito líquido e certo"*, daí a tendência da legislação e jurisprudência de fixar requisitos, por vezes restritivos, em prol da **tramitação e instrução sumária** necessária e associada à garantia de **eficácia mandamental** da ordem judicial. Por isso, no procedimento do mandado de segurança admite-se apenas o **litisconsórcio** (que, se passivo necessário, gera o ônus ao impetrante da citação, sob pena de extinção: Súmula 631/STF), mas não a **assistência** ou outra forma de **intervenção de terceiros** (MS nº 24.414, relator Ministro Cezar Peluso, DJU de 21/11/2003; e AGP nº 4.337, relator Ministro Arnaldo Esteves, DJU de 12/06/2006).

A possibilidade de **alteração na indicação da autoridade impetrada**, quando erroneamente apontada pela inicial, é objeto de controvérsia, resolvida, ora favoravelmente à emenda (Rcl nº 367, relator Ministro Marco Aurélio, DJU de 06/03/1998; e RESp. nº 685.567, relator Ministro Luiz Fux, DJU de 26/09/2005), ora desfavoravelmente (MS nº 21.382-QO, rel. p/ acórdão Ministro Celso de Mello, DJU de 03/06/1994; MS nº 22.970-QO, relator Ministro Moreira Alves, DJU de 24/02/1998; MS nº 23.709-AgR, relator Ministro Maurício Corrêa, DJU de

29/09/2000; e MS nº 26.171, relator Ministro Eros Grau, DJU de 09/10/2006; e MS nº 10.724, relatora Ministra Eliana Calmon, DJU de 12/06/2006).

Dentre os **atos** passíveis de mandado de segurança encontram-se os **comissivos e omissivos**, praticados ou atribuídos à autoridade impetrada, de que resulte ou possa resultar lesão ou ameaça de lesão a direito líquido e certo. Não justifica a tutela preventiva a mera existência formal de lei ou ato normativo e abstrato contrário ao interesse do impetrante (Súmula 266/STF), porém se restar comprovado que, mais do que apenas **lei em tese**, existe o justo receio de sua **aplicação concreta**, em relação ao impetrante e com ofensa a direito líquido e certo, o mandado de segurança pode assumir caráter preventivo para ensejar apreciação judicial.

Algumas **restrições** ao cabimento do mandado de segurança são colocadas, como no caso da existência de recurso administrativo com eficácia suspensiva e sem exigência de caução, ou de recurso próprio ou correição capaz de revisar a decisão judicial. As interlocutórias e as sentenças são passíveis de recurso, com possibilidade de efeito suspensivo ou antecipação de tutela recursal, impedindo o uso do mandado de segurança como **sucedâneo recursal** (Súmula 267/STF). O remédio constitucional é, porém, admissível, se, presente teratologia jurídica, não for concedida eficácia suspensiva ou antecipação de tutela ao recurso interposto, ou se, embora concedida uma ou outra, o provimento, ainda assim, seja insuficiente, inadequado ou impróprio, na situação do caso concreto, a impedir a lesão ou ameaça de lesão a direito líquido e certo.

Com maior razão, se houver decisão judicial definitiva, com **trânsito em julgado**, não se pode impetrar mandado de segurança para a sua desconstituição, como substitutivo de **ação rescisória** (Súmula 268/STF).

O artigo 5º da Lei nº 1.533/1951 impede, enfim, a impugnação mandamental do ato disciplinar, salvo por vício de **incompetência** ou **irregularidade formal** e, como acrescido pela jurisprudência, por vício de *"ilegalidade da sanção disciplinar"*, a indicar que a vedação de reexame refere-se, tão-somente, ao **mérito do ato**, na hipótese em que exercida legalmente a **discricionariedade administrativa**, que não pode ser revisada nem substituída pela judicial, e menos ainda na via célere do mandado de segurança, que presume direito líquido e certo (MS nº 20.999, relator Ministro Celso de Mello, DJU de 25/05/1990).

São igualmente insusceptíveis de cognição judicial e mandamental os atos *interna corporis*, essencialmente políticos e discricionários, como os que, por exemplo, no âmbito do Poder Legislativo, envolvam a discussão de **questões regimentais**, sem repercussão legal ou constitucional (MS nº 24.356, relator Ministro Carlos Velloso, DJU de 12/092003; MS nº 22.183, relator Ministro Marco

Aurélio, DJU de 12/12/1997; e MS – AgR nº 21.754, rel. p/ acórdão Ministro Francisco Rezek, DJU de 21/02/1997).

A legislação coíbe a concessão de liminar para liberação de bens de procedência estrangeira (Lei nº 2.770/1956); e reclassificação ou pagamento de vantagens, ou de aumento de vencimentos de servidores públicos (Leis nº 4.348/1964 e nº 5.021/1966), sendo que a sentença concessiva da ordem não pode ter efeitos patrimoniais, neste e em qualquer outro caso, pretéritos, ou seja, atingindo situações anteriores à impetração, em substituição à ação de cobrança (Súmulas 269 e 271/STF).

A decisão é **mandamental**, tendo **eficácia imediata, embora provisória**, para fins de execução, na pendência de apelação ou reexame necessário, mas se a sentença **denegar a ordem cessam os efeitos da liminar** (Súmula 405/STF), sem embargo de que seja postulado – e, concedido, em casos excepcionais – efeito suspensivo à apelação, inclusive por **medida cautelar** na instância *ad quem*, para preservar a situação jurídico-processual até o julgamento do recurso.

Se, por hipótese, for reconhecida a inexistência de direito líquido e certo, por força de **controvérsia fática impeditiva** ao exame do mérito, a pretensão pode ser rediscutida em **via ordinária própria**, com dilação probatória (Súmula 304/STF), porém o mandado de segurança denegado, com julgamento do mérito pela sentença, produz **coisa julgada material**, mas sem que seja possível a condenação do impetrante em **verba honorária** (Súmulas 512/STF e 105/STJ).

A Constituição Federal estabeleceu o regime de competência para o mandado de segurança, conforme a **autoridade coatora**, cabendo o processamento e julgamento originário do *writ*:

> (1) ao **Supremo Tribunal Federal**, *"contra atos do Presidente da República, das Mesas da Câmara dos Deputados e do Senado Federal, do Tribunal de Contas da União, do Procurador-Geral da República e do próprio Supremo Tribunal Federal"* (artigo 102, I, *d*, CF);
> (2) ao **Superior Tribunal de Justiça**, *"contra ato de Ministro de Estado, dos Comandantes da Marinha, do Exército e da Aeronáutica ou do próprio Tribunal"* (artigo 105, I, *b*, CF);
> (3) ao **Tribunal Superior Eleitoral**, em matéria eleitoral, quanto a *"atos do Presidente da República, dos Ministros de Estado e dos Tribunais Regionais"* (artigo 22, I, *e*, da Lei nº 4.737/1965 – Código Eleitoral c/c artigo 121, CF); aos **Tribunais Regionais Eleitorais**, *"em matéria eleitoral, contra ato de autoridades que respondam perante os Tribunais de Justiça por crime de responsabilidade"* (artigo 29, I, *e*, CE); e aos **Juízes Eleitorais**, *"em matéria eleitoral, desde que essa competência não esteja atribuída privativamente à instância superior"* (artigo 35, III, CE);

(4) ao **Superior Tribunal Militar**, *"contra seus atos, os do Presidente do Tribunal e de outras autoridades da Justiça Militar"* (artigo 6º, I, *d*, da Lei nº 8.457/1992 c/c artigo 124, CF);
(5) aos **Tribunais Regionais Federais**, contra seus **próprios atos** ou de **Juiz Federal** e, por extensão lógica, de **membro do Ministério Público Federal** de primeira instância (artigo 108, I, *c*, CF); às **Turmas Recursais do Juizado Especial Federal**, contra seus **próprios atos** ou dos **Juizados Especiais Federais** (MS-QO nº 24.691, rel. p/ acórdão Ministro Sepúlveda Pertence, DJU de 24/06/2005); e aos **Juízes Federais** *"contra ato de autoridade federal, excetuados os casos de competência dos tribunais federais"* (artigo 109, VIII, CF);
(6) aos **Tribunais de Justiça** dos Estados e do Distrito Federal, e aos **Juízes de Direito** – incluindo a **Justiça Militar** –, de acordo com a **respectiva Constituição**, observados os princípios da Constituição Federal (artigo 125); e
(7) à **Justiça do Trabalho**, *"quando o ato questionado envolver matéria sujeita à sua jurisdição"* (artigo 114, IV, CF).

Além da competência **funcional e material**, de acordo com os critérios apontados supra, o mandado de segurança, como regra geral, sujeita-se à **competência absoluta** fixada pelo **domicílio funcional** da autoridade impetrada. Nem sempre prevalece, porém, a competência, fundada no exame da situação ou condição da autoridade impetrada ou da matéria discutida. Há casos em que a **condição do impetrante ou o interesse jurídico envolvido são determinantes**, em prejuízo do exame da natureza ou origem da coação. Assim, por exemplo, se o mandado de segurança é impetrado por **entidade sujeita à jurisdição federal** (artigo 109, I, CF) ou quando presente **interesse federal**, ainda que praticada a ilegalidade ou o abuso de poder por **autoridade estadual ou municipal**, a competência que prevalece é a da Justiça Federal, e não Estadual (RE nº 94.057, relator Ministro Oscar Corrêa, DJU de 18/03/1983; e CC nº 5.248, relator Ministro Garcia Vieira, DJU de 18/10/1993).

6.3.2. Mandado de Segurança Coletivo

Além das regras comuns, aplicáveis a ambas as modalidades, o que existe como específico e próprio do mandado de segurança coletivo é apenas a **legitimidade ativa** (como **substituto processual**) e **o objeto tutelado**, conforme consignado na Constituição Federal, ao referir-se que sua impetração somente cabe a *"partido político com representação no Congresso Nacional"* ou *"organização sindical, entidade de classe ou associação legalmente constituída e em funcionamento há pelo menos um ano, em defesa dos interesses de seus membros ou associados"* (artigo 5º, LXX, *"a"* e *"b"*, CF).

Em termos de legitimidade, define-se que **partido político, com representação no Congresso Nacional**, é aquele que possui, ao menos, um parlamentar em qualquer das Casas, quando da impetração do mandado de segurança. A eventual **perda posterior** da representação, por qualquer motivo, inclusive e especialmente em virtude do tempo normal de tramitação da ação, não deveria impedir o curso regular da discussão da ilegalidade ou abuso de poder, oriundo da prática do Poder Público. Embora não exista uma identidade perfeita de situações, é possível considerar como diretriz, pela natureza da ação e do direito protegido, a solução dada pela Corte Suprema, ao revisar sua jurisprudência, agora firmada no sentido de não mais reputar prejudicada a ADI pela perda superveniente de representação congressual pelo partido político (ADI nº 2.159 – AgRg, rel. p/ acórdão Ministro Gilmar Mendes, DJU de 24/08/2004).

A apuração da existência de representação congressual, restrita agora ao tempo do ajuizamento da ADI, resultou no **fortalecimento do sistema de proteção dos direitos e garantias fundamentais** que, por evidente, exige o **funcionamento amplo e adequado**, tanto do controle abstrato de constitucionalidade de leis e atos normativos, como do controle concreto de constitucionalidade e legalidade dos atos do Poder Público, em mandado de segurança, na defesa de direitos e garantias fundamentais, o que reforça e consolida, pois, a proposição de que a perda superveniente da representação não deveria prestar-se a impedir a tramitação do mandado de segurança coletivo, impetrado por partido político.

A **espécie de direito tutelável** no mandado de segurança coletivo, impetrado por partido político, **não foi expressamente definido** na alínea *a* do inciso LXX do artigo 5º da Carta Federal, ao contrário do que ocorre na alínea *b* (*"defesa dos interesses de seus membros ou associados"*). Poderia presumir-se uma legitimidade ampla do partido político para o mandado de segurança, no sentido da defesa de direito de seus filiados, da própria entidade, e mesmo da sociedade de uma forma geral (direitos individuais homogêneos, coletivos e difusos). Todavia, os precedentes da jurisprudência, contrariando parcela respeitável da doutrina, têm sido restritivos, impedindo, por exemplo, que partido político defenda **direito individual homogêneo**, como os de natureza tributária (RE nº 196.184, relatora Ministra Ellen Gracie, DJU de 18/02/2005), ou previdenciária, definindo como pertinente à legitimidade do partido político apenas a discussão judicial dos **direitos dos seus filiados e em questões político-eleitorais** (MS nº 197, relator Ministro José de Jesus, DJU de 20/08/1990), conforme os **objetivos sociais e com a autorização prevista no respectivo estatuto ou, genericamente, na lei** (Edcl. no MS nº 197, relator Ministro Garcia Vieira, DJU de 15/10/1990).

No que concerne ao artigo 5º, LXX, *b*, a Constituição Federal foi mais específica, em relação tanto à legitimidade como ao objeto tutelável, ao dispor que podem impetrar o mandado de segurança *"organização sindical, entidade de classe ou associação legalmente constituída e em funcionamento há pelo menos **um ano**, em defesa dos interesses de seus membros ou associados"*.

Se a restrição fundada na regra da coletividade filiada e da pertinência à finalidade estatutária foi exigida mesmo dos partidos políticos, embora inexistente norma constitucional de forma expressa e específica, evidente que a interpretação não seria diferente diante do texto, mais claro, da alínea *b* do inciso LXX do artigo 5º da Carta Federal. O que a jurisprudência assentou, inclusive instituindo enunciados sumulares, foi que o mandado de segurança pode ser limitado à defesa de uma **parcela da categoria associada**, sem a perda da natureza coletiva (Súmula 630/STF), e que a **previsão estatutária da defesa de direitos da categoria** basta para legitimar a impetração coletiva, independentemente de autorização específica e individual para cada caso concreto (Súmula 629/STF), justamente porque a hipótese não é de mera representação, mas de **substituição processual** (RE nº 182.543, relator Ministro Carlos Velloso, DJU de 07/04/1995).

Tais entidades têm legitimidade para a defesa de seus associados, no que concerne a direitos, ainda que **não exclusivos** (RE nº 193.382, relator Ministro Carlos Velloso, DJU de 20/09/1996), mas desde que **comuns e inerentes à coletividade** substituída, como, por exemplo, os relativos a certos tributos (RE nº 175.401, relator Ministro Ilmar Galvão, DJU de 20/09/1996), vencimentos de uma dada categoria de servidores públicos (MS nº 21.075, relator Ministro Sepúlveda Pertence, DJU de 21/10/1997), dentre outras hipóteses. No entanto, não pode ser compreendido como direito coletivo, da categoria ou de seus membros, o pertinente a apenas e especificamente alguns deles, enquanto indivíduos diante de situações concretas, como no caso de impugnação à pena disciplinar aplicada pela Administração Pública a determinados associados (ROMS nº 19.548, relator Ministro Félix Fischer, DJU de 01/07/2005), pois a hipótese é, aqui, de discussão de **direitos individuais**, em cuja defesa a entidade pode impetrar, claro, o mandado de segurança individual, na condição de representante dos prejudicados, mas, não, o mandado de segurança coletivo, como substituto processual da coletividade.

6.4. HABEAS DATA

A Constituição de 1988 inovou com a criação do ***habeas data***, enquanto remédio destinado *"a assegurar o conhecimento de informações relativas à pessoa do impe-*

trante, constantes de registros ou bancos de dados de entidades governamentais ou de caráter público"; e a garantir *"a retificação de dados, quando não se prefira fazê-lo por processo sigiloso, judicial ou administrativo"* (artigo 5º, LXXII, *a* e *b*).

Em causa, encontra-se a defesa do **acesso** à **informação pessoal** (*"informações relativas à pessoa do impetrante"*, **pessoa física ou jurídica**), que não se confunde, porém, com o direito, mais **amplo e geral**, de **informação**, não necessariamente pessoal, mas de interesse do requerente, previsto no inciso XXXIII do artigo 5º da Carta Federal, e em relação ao qual é ressalvada a possibilidade de **restrição e sigilo**, se **imprescindível** à garantia da **segurança da sociedade e do Estado**.

O *habeas data* ampara o conhecimento de uma **outra espécie de informação**, a de natureza e conteúdo exclusivamente pessoal, daí o seu **caráter de remédio personalíssimo**, que se comunica com aspectos da **intimidade** e da **vida privada**, garantindo ao impetrante, não apenas o direito de **acesso** a dados e informações pessoais (artigo 5º, LXXII, *a*, CF), mas, ainda, o de sua **retificação** em sentido amplo (**exclusão, alteração ou complementação, inclusive explicativa ou elucidativa**), para a proteção da **dignidade pessoal** do atingido pelos registros ou bancos de dados (artigos 5º, LXXII, *b*, da CF; e 7º, I a III, da Lei nº 9.507/1997).

O remédio propõe-se a assegurar não apenas a retificação de **informação pessoal falsa, coletada ou registrada de forma fraudulenta ou abusiva**, lesiva ou potencialmente lesiva, mas igualmente de informação ou dado que, **embora verdadeiros, não devam estar abertos e expostos a terceiros**, por terem **significado existencial, íntimo e privado, para a própria pessoa do impetrante**, não gerando a mais ninguém interesse legítimo no conhecimento (convicção filosófica, ideológica, superstições, preferência sexual etc.). Se a informação não for relacionada à intimidade ou vida privada e, por sua natureza, puder ser exposta a terceiros, ainda assim pode o impetrante discutir a **retificação** para que conste, embora verdadeira a descrição, a **explicação necessária** à sua **correta compreensão contextual** (por exemplo, a informação de título protestado pode ser retificada com a explicação de que a sua exigibilidade é discutida em ação judicial: artigo 7º, III, da Lei nº 9.507/1997).

A impetração do remédio constitucional, tutelar de **direito personalíssimo**, cabe a **terceiro** apenas excepcionalmente, quando atue como **sucessor** e, mesmo assim, na **defesa do interesse e, sobretudo, da memória** do sucedido, e deve dirigir-se contra a **negativa de acesso ou de retificação** (artigo 8º, parágrafo único, I a III, da Lei nº 9.507/1997), oposta ao próprio titular ou sucessor na tentativa de exercício do direito respectivo, e praticada tanto por **entidade governamental**, que possua ou mantenha registros ou bancos de dados, como ainda por **entidade particular, que possa tornar público, ainda que forma restrita, gratuita ou remunerada** (a exemplo dos cadastros de clientes em entidades de proteção ao crédito), **informações pessoais** de terceiros (artigo 1º da Lei nº 9.507/1997).

Não cabe o *habeas data* para garantir o acesso a outros tipos de informação, como, por exemplo, *"fornecimento ao impetrante da **identidade dos autores de agressões e denúncias** que lhe foram feitas"* (RMS nº 24.617, relator Ministro Carlos Velloso, DJU de 10/06/2005); *"revelação, a ex-empregada, do **conteúdo da ficha de pessoal**, por não se tratar, no caso, de registro de caráter público, nem atuar o impetrado* (Banco do Brasil) *na condição de entidade Governamental"* (RE nº 165.304, relator Ministro Octávio Gallotti, DJU de 15/12/2000); divulgação, em **concurso público**, de *"critérios utilizados por instituição de ensino na correção de prova discursiva realizada com vista ao preenchimento de cargos na Administração Pública"* (HD nº 127, relator Ministro Otávio Noronha, DJU de 14/08/2006); *"obtenção de **informações em processo administrativo** que visa à apuração de eventuais **irregularidades cometidas por terceiro**"* (HD nº 123, relator Ministro Castro Meira, DJU de 03/04/2006) etc.

Por conta de impugnar a negativa de acesso, exige-se como condição específica do *habeas data* a **prova de que houve pedido ou requerimento administrativo de informações, e que tenha sido negada ou omitida qualquer resposta ou providência** (RHD nº 22, rel. p/ acórdão Ministro Celso de Mello, DJU de 01/09/1995; e Súmula 2/STJ, revelando jurisprudência anterior à própria legislação, que explicitou a necessidade de tal prova com a inicial).

O **procedimento** do *habeas data* foi disciplinado pela **Lei nº 9.507/1997**, com o regime de competência, fixado pela Constituição Federal, de acordo com a **condição funcional da autoridade impetrada**, indo desde a Justiça de Primeira Instância, dos diversos ramos do Poder Judiciário (embora a Lei nº 9.507/1997 não se refira à Justiça Eleitoral e nem à Trabalhista, a esta última porque somente com a EC nº 45/2004 foi-lhe atribuída competência para o *habeas data*), até o Supremo Tribunal Federal, tal como no mandado de segurança, conforme exposto no item próprio, a que nos reportamos.

A decisão no *habeas data* tem **caráter mandamental**, garante e ordena a quem de direito e em favor do impetrante o **acesso** às informações pessoais de registros e bancos de dados, de entidades governamentais ou de caráter público, bem como a **retificação** se assim reconhecido presente o **direito líquido e certo**, tendo a decisão judicial, neste caso em específico, natureza **mandamental e constitutiva**.

6.5. MANDADO DE INJUNÇÃO

O mandado de injunção é outra grande inovação da Carta de 1988 que, ao lado da ação direta de inconstitucionalidade omissiva, foi criada para superar a **inércia do legislador e do administrador**, quanto às **obrigações constitucionais de legislar e normatizar**, geradora de prejuízo ao exercício, pelos titulares constitucionalmente designados, de **direitos fundamentais específicos**, firmados em normas que, embora dotadas de **alguma eficácia (mínima, revocatória** de qualquer preceito legal incompatível e **impeditiva da edição** de lei contrária à respectiva disposição), dependam, porém, de **legislação infraconstitucional** ou **disciplina infralegal** para a efetiva definição de seu **conteúdo e alcance**, como condição para a respectiva eficácia plena.

Diferentemente do controle abstrato da omissão inconstitucional, por ação direta, o mandado de injunção discute **direito subjetivo**, em processo **concreto de controle**, objetivando, **satisfazer**, além da mera declaração de inércia com apelo ao legislador, a pretensão do titular no sentido do efetivo gozo de **direitos, liberdades ou prerrogativas** da nacionalidade, soberania e cidadania, obstada pela falta de **regulamentação normativa** (artigo 5º, LXXI, CF). Não se atribuiu ao Poder Judiciário a competência de editar lei ou disciplina normativa em substituição ao Poder Legislativo, mas apenas o de **prover para situações concretas**, e somente **na falta e pendência do cumprimento**, pelo legislador ou administrador, da tarefa e dever de legislar ou normatizar, nos termos da Constituição Federal.

Trata-se de verdadeiro **poder-dever** imposto ao Poder Judiciário, que decorre não apenas do artigo 5º, LXXI, da Carta Federal, como, em especial, do seu § 1º que, ao prescrever a **aplicação imediata**, consagrou a **essencialidade constitucional da efetivação** dos direitos e das garantias fundamentais, ainda que de forma provisória e concreta, por meio de provisão judicial, em sede de mandado de injunção. Certo que se preconiza, outrossim, que o § 1º do artigo 5º da Lei Maior nada mais consagra do que a **aplicação imediata das normas segundo a respectiva eficácia**, de modo que as dependentes de interposição legislativa seriam eficazes, enquanto não edita lei, apenas de **forma negativa**, no sentido de revogar a legislação precedente contrária e proibir, para o futuro, a subsistência de normas incompatíveis com os valores constitucionais. Tais interpretações não se incompatibilizam, uma vez que a **eficácia imediata e negativa** das normas, considerado o seu conteúdo abstrato e alcance genérico, não satisfaz, nem invalida ou dispensa a necessidade, constitucionalmente reconhecida, da **eficácia concreta e provisória** de uma decisão judicial de tutela de direito ou garantia fundamental, enquanto não editada a lei ou norma exigida pela Constituição Federal.

O **risco de usurpação de competência** constitucional não poderia existir, porque o próprio artigo 5º, LXXI, da Carta Federal, excluiu tal possibilidade: a decisão judicial apenas pode reconhecer à parte, com **eficácia concreta e provisória**, um determinado direito, liberdade ou prerrogativa decorrente de norma constitucional, mas sem prejuízo de sua regulamentação, genérica e abstrata, pelo próprio legislador, garantido ao impetrante do mandado de injunção a **irretroatividade** da disciplina normativa superveniente (artigo 5º, XXXVI, CF), se mais gravosa do que a coisa julgada, no provimento judicial concreto do direito, liberdade ou prerrogativa.

Embora fosse este o sentido do remédio constitucional, a jurisprudência **inicial** do Supremo Tribunal Federal, mesmo reconhecendo a **auto-aplicabilidade** do artigo 5º, LXXI, da Carta Federal (MI-QO nº 107, relator Ministro Moreira Alves, DJU de 21/09/1990), conteve a inovação constitucional, reduzindo-lhe substancialmente o alcance, ao praticamente decidir pela **equiparação dos seus efeitos** aos próprios da ação direta de inconstitucionalidade por omissão, ou seja, uma mera declaração de mora ou inércia inconstitucional com apelo ao legislador, sem qualquer **resultado efetivo** em termos de proteção dos jurisdicionados contra a lesão, ou ameaça de lesão, produzida pela **omissão estatal na regulamentação**, legal ou infralegal, **necessária à eficácia de normas constitucionais**, instituidoras de **direitos, liberdades ou prerrogativas**.

O reconhecimento da aplicabilidade do **procedimento do mandado de segurança** ao mandado de injunção, embora neste **não caiba liminar** e nem **medida cautelar** preparatória ou incidental (AC-AgR nº 124, relator Ministro Marco Aurélio, DJU de 12/11/2004), permitiu que o Supremo Tribunal Federal fosse divisando meios para, sem incorrer na seara da **atividade político-legislativa ou governamental**, conferir uma maior proteção aos direitos, liberdades e prerrogativas, diante da omissão legislativa ou regulamentadora do Estado, particularmente, nos casos de reiterada inércia, depois de proferidas decisões de efeito cientificatório, e superados os prazos necessários e concedidos para suprimento da mora. Com isso, a jurisprudência veio, em situações excepcionais, a **avançar da mera declaração ou reiteração da mora legislativa**, para uma **progressiva seqüência de provimentos com eficácia adicional**.

É o que ocorreu, por exemplo, no **MI nº 283**, relator Ministro Sepúlveda Pertence, DJU de 14/11/1991, em que se discutiu a mora do Congresso Nacional diante do **artigo 8º, § 3º, do ADCT** (reparação econômica a perseguidos políticos, por restrição de atividade profissional), em que decidiu o Supremo Tribunal Federal pelo *"deferimento do mandado de injunção para: a) declarar em mora o legislador com relação a ordem de legislar contida no art. 8º, par. 3º, ADCT, comunicando-o ao Congresso Nacional e a Presidência da República; b) assinar o prazo de 45 dias, mais 15 dias para a sanção presidencial, a fim de que se ultime o processo legislativo da lei reclamada; c) se ultrapassado o prazo acima, sem que esteja promulgada a lei, reconhecer ao impetrante a faculdade de obter, contra a União, pela via processual adequada, sentença líquida de condenação a reparação constitucional devida, pelas perdas e danos que se arbitrem; d) declarar que, prolatada a condenação, a superveniência de lei não prejudicara a coisa julgada, que, entretanto, não impedira o impetrante de obter os benefícios da lei posterior, nos pontos em que lhe for mais favorável".*

No **MI nº 232**, relator Ministro Moreira Alves, DJU de 27/03/1992, decidiu a Corte, de forma ainda mais incisiva, diante da mora parlamentar em editar a lei prevista no **§ 7º do artigo 195 da Carta Federal c/c artigo 59 do ADCT**, deferindo, no que conhecido, o mandado de injunção, *"para declarar-se o estado de mora em que se encontra o Congresso Nacional, a fim de que, no prazo de seis meses, adote ele as providências legislativas que se impõem para o cumprimento da obrigação de legislar decorrente do artigo 195, par. 7., da Constituição, sob pena de, **vencido esse prazo** sem que essa obrigação se cumpra, **passar o requerente a gozar da imunidade requerida**".*

A **legitimidade ativa** para o mandado de injunção exige que o impetrante tenha a **titularidade, segundo a Constituição Federal**, de direito, liberdade ou prerrogativa, e que seu exercício esteja sendo obstado pela falta de norma regulamentadora, cuja edição configure dever imposto ao legislador ou administrador. No **mandado de injunção coletivo**, admitido pela Corte Suprema, se impetrado por *"organização sindical, entidade de classe ou associação legalmente constituída e em funcionamento há pelo menos um ano"*, tal como na segurança coletiva (MI nos 20, 73, 342, 361 e 363), a legitimidade ativa decorre do exercício, em nome próprio, de direito alheio, titularizado pelos respectivos membros e associados, na típica figura da **substituição processual**. Assim, em última análise, o que cabe sempre considerar é a existência, ou não, da titularidade, segundo a Constituição Federal, de direito, liberdade ou prerrogativa pelo impetrante individual, ou pelos substituídos processualmente, no caso do mandado de injunção coletivo.

A **legitimidade passiva** é exclusivamente do Poder, órgão, entidade ou autoridade, **especificamente em mora** diante da obrigação constitucional de legislar ou normatizar para garantir a aplicabilidade de direito, liberdade ou prerrogativa, o que envolve, pois, discutir, caso a caso, a competência, constitucionalmente fixada, para a **iniciativa legislativa, regulamentadora ou normatizadora**. Cabe destacar que a existência de **projeto de lei** em curso não afasta o reconhecimento da mora inconstitucional diante do dever constitucional de legislar (MI nº 323, relator Ministro Moreira Alves, DJU de 09/12/1994). Sendo o dever de legislar próprio do Poder Público, não cabe mandado de injunção por inércia de particulares (MI-QO nº 352, relator Ministro Néri da Silveira, DJU de 12/12/1997).

Não se pode invocar o mandado de injunção, por restrição a direito, liberdade ou prerrogativa, com base em norma constitucional auto-aplicável (MI-QO nº 97, relator Ministro Sidney Sanches, DJU de 23/03/1990) ou que, ao contrário de exigir lei regulamentadora, apenas faculta ao legislador a criação de **campo de exceção ou contenção** à aplicação de um preceito constitucional. O Supremo Tribunal Federal examinou tal situação, no que tange ao artigo 40, § 4º, da Carta Federal, com a redação da EC nº 20/1998, e antes da EC nº 47/2005, que permitia à lei complementar fixar critérios diferenciados de aposentadoria nas atividades sob condições especiais, prejudiciais à saúde ou integridade física. Neste ponto, o mandado de injunção não foi admitido, pois inexistente, propriamente, obrigação de legislar, mas apenas a faculdade de fazê-lo, no sentido da contenção dos limites do regime geral, constitucionalmente previsto, em favor de um outro, de natureza especial, cuja criação legal, porém, não constituía direito subjetivo dos prováveis favorecidos exatamente porque inexistente obrigação constitucional de legislar, mas apenas opção político-legislativo, cujo exercício foi discricionariamente atribuído ao legislador, sem possibilidade de controle judicial (MI – AgR nº 592, relator Ministro Marco Aurélio, DJU de 30/04/2004).

Necessário, outrossim, que a falta de norma regulamentadora seja o fundamento da restrição ao exercício do direito, liberdade ou prerrogativa constitucional. Existindo legislação, nova ou pré-constitucional recepcionada, descabe cogitar do mandado de injunção que, por exigir omissão legislativa ou administrativa, não pode ser impetrado para discutir a **insuficiência, deficiência ou inadequação** da lei ou ato normativo editado (MI – QO nº 608, relator Ministro Sepúlveda Pertence, DJU de 25/08/2000; e MI – AgR nº 600, relator Ministro Carlos Velloso, DJU de 09/05/2003), salvo se tais vícios, a partir de sua gravidade, conteúdo e extensão, equivalerem, na prática, a uma omissão, plena ou parcial (**diferente da recusa expressa** do legislador ou administrador em reconhecer o direito, liberdade ou prerrogativa, com eventual **negativa de vigência** à Constituição Federal, de modo a produzir situação específica de ação, e não omissão, inconstitucional), diante do dever constitucional de legislar, regulamentar ou normatizar.

Ainda que se afirme a inconstitucionalidade da lei, por vício material ou formal, não se tem, apenas por isso, a falta de regulamentação necessária a exercício de direito, liberdade ou prerrogativa constitucional (MI nº 605, relator Ministro Ilmar Galvão, DJU de 28/09/2001). Exige-se, para tanto, a **declaração da inconstitucionalidade em abstrato** pela Suprema Corte e, mais, que dela resulte **vazio normativo**, qualificado por um resultado, no sentido de impedir ou frustrar o gozo de direito, liberdade ou prerrogativa constitucional. A **súmula vinculante**, decorrente de reiteração da jurisprudência no controle difuso e concreto de constitucionalidade, não afeta a existência da lei, nem obriga o Senado Federal a suspender sua vigência, muito embora crie uma situação progressiva de vácuo legislativo, se outra norma válida não subsistir para a disciplina do direito, liberdade ou prerrogativa constitucional.

A competência no mandado de injunção é definida pela origem da mora, cabendo o julgamento ao **Supremo Tribunal Federal**, *"quando a elaboração da norma regulamentadora for atribuição do Presidente da República, do Congresso Nacional, da Câmara dos Deputados, do Senado Federal, das Mesas de uma dessas Casas Legislativas, do Tribunal de Contas da União, de um dos Tribunais Superiores, ou do próprio Supremo Tribunal Federal"* (artigo 102, I, *q*, CF); e ao **Superior Tribunal de Justiça**, *"quando a elaboração da norma regulamentadora for atribuição de órgão, entidade ou autoridade federal, da administração direta ou indireta, excetuados os casos de competência do Supremo Tribunal Federal e dos órgãos da Justiça Militar, da Justiça Eleitoral, da Justiça do Trabalho e da Justiça Federal"* (artigo 105, I, *h*, CF); preceito este que confere à lei, embora não explicitamente, a atribuição de definir a competência das Justiças Militar, Eleitoral, Trabalhista e Federal, em mandado de injunção; reforçada, no caso da Justiça Eleitoral, pela regra de competência expressa dos Tribunais Regionais Eleitorais, e do Tribunal Superior Eleitoral para recurso (121, § 4º, V, CF).

6.6. AÇÃO POPULAR

Finalmente, cabe examinar o artigo 5º, LXXIII, da Constituição Federal, segundo o qual *"qualquer cidadão é parte legítima para propor **ação popular** que vise a anular ato lesivo ao patrimônio público ou de entidade de que o Estado participe, à moralidade administrativa, ao meio ambiente e ao patrimônio histórico e cultural, ficando o autor, salvo comprovada má-fé, isento de custas judiciais e do ônus da sucumbência"*.

Presente desde a Constituição Federal de 1934, a ação popular difere dos demais remédios, porque se revela como **garantia constitucional política, expressão da democracia participativa**, e **instrumento de participação direta** do cidadão, especificamente, **no controle da administração pública**. Anteriormente, o autor popular era considerado substituto processual de toda a coletividade na defesa do patrimônio público (o que repercute, ainda hoje, na Lei nº 4.717/1965, quando prevê, por exemplo, a legitimidade de qualquer outro cidadão para recorrer na defesa da ação popular e, pois, da coletividade: artigo 19, § 2º), diferentemente da concepção atual, em que sua atuação é considerada própria e individual, como cidadão e titular do **direito subjetivo** à legalidade, impessoalidade, moralidade, publicidade e eficiência da Administração Pública (artigo 37, CF).

A ação popular exige, portanto, que o autor seja **cidadão** (titularidade e gozo de direitos políticos, possível aos maiores de **16 anos**, mediante alistamento eleitoral, nos termos do artigo 14, § 1º, II, c, CF, existindo controvérsia doutrinária quanto à necessidade, ou não, de assistência ao eleitor, em tal idade, para propositura da ação popular), atuando na defesa da Administração Pública contra **atos ou omissões lesivas** ao **patrimônio público ou, ainda que sem lesão patrimonial, em detrimento da moralidade administrativa, meio ambiente ou patrimônio histórico e cultural**. O Supremo Tribunal reconheceu a autonomia das **lesões, patrimoniais e imateriais**, como fundamentos suficientes, cada qual, para a ação popular (RE nº 170.768, relator Ministro Ilmar Galvão, DJU de 13/08/1999), delineando o exato contorno atual da espécie de conduta administrativa, comissiva ou omissiva, passível de controle judicial por meio deste remédio constitucional.

Trata-se de remédio de efeito **preventivo** (suspensivo ou proibitivo da prática do ato) ou **repressivo** (anulatório do ato), destinado ao controle da Administração Pública, direta, indireta ou fundacional, empresas públicas, sociedades de economia mista, entes de colaboração (serviços sociais autônomos) e demais pessoas jurídicas de direito privado subvencionadas pelo Poder Público, entre outros (artigo 1º da Lei nº 4.717/1965), em que devem ser acionados, além dos órgãos, entes ou personalidades jurídicas, os respectivos **administradores e beneficiários** do ato impugnado para efeito de responsabilidade pessoal (artigo 6º da Lei nº 4.717/1965).

A especificidade da ação popular, a adequação de sua forma ao respectivo objeto, impede que por outra via seja buscada a mesma tutela, daí porque consolidada na jurisprudência, por exemplo, a **vedação do mandado de segurança como sucedâneo da ação popular** (Súmula 101/STF).

Não cabe a ação popular para a impugnação de **lei em tese**, e como sucedâneo de ação direta de inconstitucionalidade, mas é possível para fins de controle da constitucionalidade ou legalidade de **ato concreto**, quando presente a suspeita de vício, em termos de **competência, forma, objeto, motivação, finalidade** etc., ou de **lesão ao patrimônio material ou imaterial** da coletividade.

Não podem propor ação popular as **pessoas jurídicas** (Súmula 365/STF), assim como o **Ministério Público**, este, porém, deve participar, obrigatoriamente, do processo, como **fiscal da lei** e, em caso de **desistência**, como **parte excepcional, em substituição ao autor popular**, para garantir o regular prosseguimento do feito, se nenhum outro cidadão assumir o pólo ativo, cumprindo-lhe, finalmente, **promover a execução**, se omisso quem de direito (artigos 6º, § 4º; 9º; e 16 da Lei nº 4.717/1965).

A ação popular é processada e julgada segundo a **competência** fixada, de forma genérica – e, não especificamente, como ocorre, por exemplo, no mandado de segurança –, pela Constituição Federal, e legislação processual civil e de organização judiciária (artigo 5º da Lei nº 4.717/1965). Embora, como regra, caiba ao Juízo de primeira instância processar e julgar a ação popular, a **competência originária do Supremo Tribunal Federal** pode ser reconhecida, assim, por exemplo, se a lesão ao patrimônio público, à moralidade administrativa, ao meio ambiente e ao patrimônio histórico e cultural, for provocada ou resultar em **conflito federativo**, considerado o interesse, por um lado, do Estado-membro e, de outro, o ato praticado pela União (Rcl nº 3.331, relator Ministro Carlos Britto, DJU de 17/11/2006).

O procedimento é regulado pela Lei nº 4.717/1965, com algumas peculiaridades, como a previsão do prazo de **quinze dias, contados da conclusão, para a sentença**, se não proferida em audiência, sob pena de **privação do juiz da lista de promoção por merecimento**, durante dois anos, e **perda, na promoção por antigüidade, de tantos quanto sejam os dias de atraso**, salvo justo motivo declinado e comprovado pela Corregedoria-Geral (artigo 7º, VI e parágrafo único, da Lei nº 4.717/1965).

A sentença de procedência, em ação popular repressiva, tem, como regra, efeito **constitutivo-negativo e condenatório** (invalidade do ato e perdas e danos: artigo 11 da Lei nº 4.717/1965). A execução da condenação ao **ressarcimento do dano** é promovida, se convier ao interesse público e o réu perceber dos cofres públicos, mediante **desconto em folha**, sem prejuízo de **seqüestro e penhora**, e **responsabilidade administrativa e penal** (artigos 14, §§ 3º e 4º, e 15 da Lei nº 4.717/1965). O réu, se procedente o pedido, ressarcirá custas, despesas e honorários advocatícios (artigo 12 da Lei nº 4.717/1965); mas se improcedente o pedido e comprovada a **má-fé do autor popular**, este responde pelo ônus da sucumbência (artigo 5º, LXXIII, *fine*, da CF), inclusive custas em décuplo (artigo 13 da Lei nº 4.717/1965).

A sentença produz **coisa julgada e eficácia** *erga omnes*, salvo se decretada a improcedência do pedido por **falta de provas** (artigo 18 da Lei nº 4.717/1965). Existe **duplo grau de jurisdição** obrigatório nas sentenças de carência e improcedência do pedido; sendo que os **recursos, em favor do autor popular** (agravo de instrumento ou apelação), podem ser interpostos por **qualquer outro cidadão** ou mesmo pelo **Ministério Público** (artigo 19, *caput* e § 2º, da Lei nº 4.717/1965).

Capítulo 7
Direitos Sociais

7.1. DIREITOS SOCIAIS

São sociais, enquanto categoria, os direitos surgidos, historicamente, do **conflito entre capital e trabalho**, revelador da **distribuição social desigual** dos recursos e vantagens do **modelo de produção**, que orientou o desenvolvimento de grande parcela dos países, inclusive o Brasil, desde a Revolução Industrial. A ascensão política da burguesia a partir das revoluções liberais, a adoção do absenteísmo estatal e da concepção do equilíbrio natural do mercado, de que resultou a prevalência absoluta do capital com a prática de abusos sobre a massa operária, motivou a revolta de classe, ideologicamente fomentada por ideais e movimentos comunistas, que, ao lado da própria crise econômica do mercado de capitais (1929), propiciou o surgimento do ambiente político, econômico e social de tensão, esgotando o modelo, então adotado.

O Estado do bem-estar social, em contraposição ao Estado comunista, é a resposta ocidental à necessidade de uma nova estrutura de relação entre capital e trabalho, fiscalizada e garantida pelo Poder Público, para permitir pleno desenvolvimento econômico, social e político. É neste contexto histórico, que surgem os **direitos sociais do trabalho**, como **deveres impostos ao poder econômico e avalizados pelo poder político**, para a garantia da **igualdade, liberdade e dignidade social** do trabalhador e das classes hipossuficientes em geral.

A Constituição Federal declara como **sociais** – e, pois, vinculados aos **objetivos fundamentais do Estado Brasileiro** (artigo 3º, incisos I a IV: *"construir uma sociedade livre, justa e solidária; garantir o desenvolvimento nacional; erradicar a pobreza e a marginalização e reduzir as desigualdades sociais e regionais; promover o bem de todos, sem preconceitos de origem, raça, sexo, cor, idade e quaisquer outras formas de discriminação"*) – os **direitos à educação, saúde, trabalho, moradia, lazer, segurança, previdência social, proteção à maternidade e à infância, e assistência aos desamparados** (artigo 6º). Alguns são **universais** e outros derivados e próprios de **relações jurídicas específicas,** como a de emprego, por exemplo, destacando-se, no particular, os **direitos do trabalhador,** individuais no artigo 7º, e coletivos nos artigos 8º a 11, que encerram o tratamento, neste capítulo, dos direitos sociais. Os demais são disciplinados, em especial, no Título VIII, Da **Ordem Social**, a partir do artigo 193, dos quais cuidaremos oportunamente.

Por ora, o que se destaca a exame são, pois, apenas os **direitos do trabalhador**, em observância à estrutura adotada pela Constituição Federal no Capítulo II do Título II, que cuida dos Direitos e Garantias Fundamentais.

A **melhoria da condição social**, no ambiente urbano e rural de trabalho, é a meta da descrição, não exaustiva, dos direitos dos trabalhadores, que não são apenas os que possuem vínculo formal e relação de emprego, mas todos os que participam do processo produtivo. Tendo em vista a extensão dos direitos e garantias sociais do trabalho, o que cabe, em obra como a presente, é ressaltar a sua classificação, para melhor compreensão estrutural e sistemática.

7.1.1. Direitos Sociais Individuais

Embora os direitos sociais sejam, por sua natureza, supra-individuais, uma vez que projetam eficácia sobre toda uma coletividade, nem sempre perfeitamente identificável, é certo, no contraponto, que o exercício individual existe e não prejudica, antes renova, a força normativa de seu conteúdo, daí porque a categoria dos direitos sociais individuais, que domina o rol do 7º da Constituição Federal.

Os 34 incisos do artigo 7º da Constituição Federal podem ser agrupados segundo a natureza de direito especialmente protegido. Não se trata de uma classificação absoluta, bastante a afastar qualquer discussão, mas fundada apenas num critério de predominância para efeito de melhor compreensão da extensão da tutela constitucional.

Neste sentido, a primeira categoria protegida é a do direito à **relação de emprego** *"contra despedida arbitrária ou sem justa causa, nos termos de lei complementar, que preverá indenização compensatória, dentre outros direitos"*; secundada por instrumentos de garantia como *"seguro-desemprego, em caso de desemprego involuntário"*; *"fundo de garantia do tempo de serviço"*; *"aviso prévio proporcional ao tempo de serviço, sendo no mínimo de trinta dias, nos termos da lei"*; e a própria *"proteção em face da automação, na forma da lei"* (incisos I a III, XXI e XXVII).

A segunda categoria é a que protege, de forma geral, as **condições de trabalho**, com o *"reconhecimento das convenções e acordos coletivos de trabalho"*, enquanto mecanismos de **ampliação de direitos** dos trabalhadores, além dos instrumentos legais. Outros direitos, com idêntica objetividade jurídica, são classificados nesta mesma classe de direitos, embora possam produzir, em alguns casos, efeitos remuneratórios: *"remuneração do* **trabalho noturno** *superior à do diurno"*; *"duração do trabalho normal não superior a* **oito horas diárias** *e quarenta e quatro semanais, facultada a compensação de horários e a redução da jornada, mediante acordo ou convenção coletiva de trabalho"*; *"jornada de* **seis horas** *para o trabalho realizado em* **turnos ininterruptos de revezamento***, salvo negociação coletiva"*; *"***repouso semanal remunerado***, preferencialmente aos domingos"*; *"***remuneração do serviço extraordinário** *superior, no mínimo, em cinqüenta por cento à do normal"*; *"gozo de* **férias anuais remuneradas** *com, pelo menos, um terço a mais do que o salário normal"*; *"***redução dos riscos** *inerentes ao trabalho, por meio de normas de* **saúde, higiene e segurança***"*; *"***adicional de remuneração** *para as atividades* **penosas, insalubres ou perigosas***, na forma da lei"*; e *"***seguro contra acidentes de trabalho***, a cargo do empregador, sem excluir a indenização a que este está obrigado, quando incorrer em dolo ou culpa"* (incisos XXVI, IX, XIII a XVII, XXII, XXIII e XXVIII).

Em termos específicos de **remuneração**, foram reconhecidos diversos direitos, como: *"***salário mínimo***, fixado em lei, nacionalmente unificado (...)"*; *"***piso salarial proporcional** *à extensão e à complexidade do trabalho"*; *"***irredutibilidade do salário***, salvo o disposto em convenção ou acordo coletivo"*; *"***garantia de salário***, nunca inferior ao mínimo, para os que percebem remuneração variável"*; *"***décimo terceiro salário** *com base na remuneração integral ou no valor da aposentadoria"*; e *"proteção do salário na forma da lei, constituindo* **crime sua retenção dolosa***"* (incisos IV a VIII e X).

Houve, outrossim, especial tratamento às **categorias especiais de trabalhadores**, ou trabalhadores em **condições especiais**. É o que ocorre na *"***licença à gestante***, sem prejuízo do emprego e do salário, com a duração de cento e vinte dias"*; *"***licença-paternidade***, nos termos fixados em lei"*; *"proteção do* **mercado de trabalho da mulher***, mediante incentivos específicos, nos termos da lei"*; *"proibição de qualquer discriminação no tocante a salário e critérios de admissão do trabalhador* **portador de deficiência***"*; e *"proibição de* **trabalho noturno, perigoso ou insalubre a menores de dezoito e de qualquer trabalho a menores de dezesseis anos***, salvo na condição de aprendiz, a partir de quatorze anos"* (incisos XVIII a XX, XXXI e XXXIII).

A Constituição Federal previu **benefícios** aos trabalhadores, inclusive de caráter previdenciário, mas não exclusivamente, como, por exemplo, *"***participação nos lucros***, ou resultados, desvinculada da remuneração, e, excepcionalmente, participação na gestão da empresa, conforme definido em lei"*; *"***salário-família** *pago em razão do dependente do trabalhador de baixa renda nos termos da lei"*; *"***aposentadoria***"*; e *"assistência gratuita aos filhos e dependentes desde o nascimento até* **5** *(cin-*

co) anos de idade em creches e pré-escolas" (artigo 7º, XXV, com a redação da EC nº 53/2006) (incisos XI, XII, XXIV e XXV).

O princípio da **isonomia** foi consagrado, quanto aos direitos sociais, em primeiro lugar com a declaração de igualdade entre trabalhadores urbanos e rurais e de *"igualdade de direitos entre o trabalhador com vínculo empregatício permanente e o trabalhador avulso"*; e, depois, com a *"**proibição de diferença de salários**, de exercício de funções e de critério de admissão por motivo de **sexo, idade, cor ou estado civil**"*; e *"proibição de distinção entre **trabalho manual, técnico e intelectual** ou entre os profissionais respectivos"* (incisos XXXIV, XXX e XXXII).

Aos **empregados domésticos** foi criado **regime diferenciado**, com apenas alguns dos direitos dos trabalhadores urbanos e rurais, como os dos incisos IV, VI, VIII, XV, XVII, XVIII, XIX, XXI e XXIV, além da garantia de integração à previdência social (parágrafo único do artigo 7º, CF).

Finalmente, como regra condizente com o princípio da ampla proteção judicial, a Constituição Federal garantiu o direito de *"ação, quanto aos créditos resultantes das relações de trabalho, com prazo prescricional de **cinco anos** para os trabalhadores urbanos e rurais, até o limite de dois anos após a extinção do contrato de trabalho"* (incisos XXIX).

7.1.2. Direitos Sociais Coletivos

Além dos direitos individuais, a Constituição Federal prevê os sociais coletivos, que se referem à **liberdade de associação profissional ou sindical** (artigo 8º), e aos **direitos de greve** (artigo 9º), **participação** (artigo 10) e **representação** (artigo 11).

Os direitos previstos nos artigos 8º e 11 são **particularizações**, sem prejuízo de sua autonomia normativa, de direitos coletivos gerais, previstos no artigo 5º da Carta Federal, como revelam os incisos XVII a XXI (liberdade de associação e direito de representação). Têm, por certo, determinadas características, próprias da **natureza social do direito-base** envolvido no exercício da liberdade ou direito coletivo, assim é que se compreende, por exemplo, a **liberdade de associação profissional ou sindical** sujeita ao princípio da unicidade territorial por categoria, e o **direito de representação** como destinado, em empresas com mais de duzentos empregados, à *"finalidade exclusiva de promover-lhes o entendimento direto com os empregadores"*.

São, porém, integralmente específicos os **direitos de greve e de participação**.

Em relação ao direito de greve, enquanto exercício de direito coletivo, pressupõe uma **organização sindical**, *"competindo aos trabalhadores decidir sobre a oportunidade de exercê-lo e sobre os interesses que devam por meio dele defender"* (artigo

9º, *caput*, CF). Trata-se de **direito** tipicamente **instrumental**, instituído como meio **excepcional e subsidiário** de garantir a **melhoria da condição social dos trabalhadores**, enquanto categoria específica ou geral, e mesmo na defesa, de **natureza política**, de reivindicações sociais mais amplas, conforme ensina José Afonso da Silva (Curso, 2006, p. 305).

Não se trata de direito absoluto, sem qualquer contrapartida ou limite, prevendo a Carta Política que cabe à lei definir *"os serviços ou atividades essenciais"*, dispor *"sobre o atendimento das necessidades inadiáveis da comunidade"* e, sobretudo, fixar a responsabilidade pelos abusos cometidos no exercício do direito (artigo 9º, §§ 1º e 2º, CF). Cuida-se, pois, de norma constitucional de **eficácia contida** e, por isso mesmo, a intervenção legal deve ater-se a tais limites, pois a Constituição Federal não conferiu ao legislador espaço discricionário para substituir-se aos próprios trabalhadores na escolha da oportunidade ou dos interesses passíveis de defesa com a greve. Qualquer disposição legal restritiva, neste aspecto, colidiria com a liberdade conferida aos trabalhadores através do direito de greve e resultaria, pois, na inconstitucionalidade da restrição.

A **Lei de Greve** (Lei nº 7.783/1989) estabelece, entre outras disposições: o poder decisório dos trabalhadores, em assembléia-geral, para definir a oportunidade e os interesses a defender; o caráter coletivo, temporário, pacífico, total ou integral, excepcional e subsidiário da paralisação; o direito de persuasão e aliciamento pacífico dos trabalhadores para o movimento, e o de arrecadação de fundos e de divulgação da greve, vedado o constrangimento, pelos grevistas ou pelas empresas, de direitos e garantias fundamentais, como o acesso ao trabalho, integridade física, ou propriedade; a suspensão do contrato de trabalho, durante o movimento, vedada a sua rescisão ou contratação de substitutos, salvo se descumprida a obrigação de manter os serviços essenciais e indispensáveis ao atendimento das necessidades inadiáveis da comunidade, conforme definido na própria lei; a comunicação, com antecedência mínima de 72 horas, aos empregadores e usuários, da greve em serviços ou atividades essenciais; a solução da controvérsia pela Justiça do Trabalho; as responsabilidades trabalhistas, civil e penal pelo abuso no exercício do direito; e a vedação da greve por iniciativa do empregador para frustrar negociação ou dificultar o atendimento de reivindicações dos empregados (*lockout*).

O direito previsto no artigo 10 da Constituição Federal, abrangendo empregados e empregadores, tem como fim assegurar a tais categorias a **participação em colegiados de órgãos públicos**, incumbidos de discutir, formular, decidir ou executar políticas públicas, que possam afetar-lhes **interesses profissionais ou previdenciários**. Como direito oponível diretamente ao Estado, e não exclusivo ou circunscrito às relações privadas entre empregadores e empregados, tem evidente **dimensão política**, além de social, revelando-se como uma, dentre as diversas formas, admitidas pela Constituição Federal, de atuação direta e participativa dos interessados na condução das políticas públicas.

Capítulo 8
Direitos de Nacionalidade

8.1. NACIONALIDADE: GENERALIDADES

A nacionalidade é o vínculo **político-jurídico** atribuído, por uma soberania estatal, em função do nascimento, ou adquirido por requerimento do estrangeiro, repercutindo na sua condição e estado, no âmbito do direito tanto interno como internacional. É essencialmente **político o vínculo porque deriva de um poder político soberano**, conferindo ao titular da nacionalidade um **status político** específico e um laço de identidade e pertinência com o corpo político-social. É **jurídico o vínculo porque produz efeitos jurídicos, diante do próprio Estado soberano**, que atribui ou concede a nacionalidade, e dos **compatriotas**, assim como perante **organizações internacionais, potências estrangeiras e seus cidadãos**, desencadeando um complexo sistema de relações e efeitos jurídicos, muito próprios da realidade globalizada do mundo atual.

Como atributo de uma soberania política, a nacionalidade é disciplinada no âmbito de cada Estado, figurando como matéria eminentemente constitucional, por sua própria natureza, como tem sido tradição no Brasil. A Constituição vigente estabeleceu, neste sentido, os requisitos para **atribuição, aquisição e perda** da nacionalidade brasileira, adotando, para efeito de definição da nacionalidade originária, critérios que são consagrados no Direito das Gentes: o **territorial (*jus soli*)**, fundado no local de nascimento; e o **consangüíneo (*jus sanguinis*)**, derivado do vínculo de família, de descendência a partir de nacionais.

Ainda que a matéria seja de natureza eminentemente constitucional, é inequívoca a existência de espaço para **atuação infraconstitucional**. Não apenas o **artigo 12** da Constituição Federal consente com a interposição legislativa, como é expresso, outrossim, o **inciso XIII do artigo 22** em contemplá-la, ao conferir privativamente à União a competência para legislar sobre *"nacionalidade, cidadania e naturalização"*. Na atualidade, o regime legal é complexo, formado, numa parte, pela **Lei nº 818/1949** e, noutra, pela **Lei nº 6.815/1980** (Estatuto do Estrangeiro).

8.2. NACIONALIDADE BRASILEIRA

A nacionalidade brasileira pode ser **atribuída, adquirida, perdida e readquirida**, segundo o regime **misto**, adotado pela Constituição Federal, a partir dos critérios do *jus soli* e do *jus sanguinis*, em **combinação** que se orienta pelo propósito de **ampliar**, e não restringir, as hipóteses de reconhecimento da nacionalidade brasileira. É o que justifica, aliás, que a **perda** da nacionalidade seja matéria de **reserva constitucional**, diferentemente da aquisição, que pode ser disciplinada por lei, ampliando as hipóteses de cabimento já fixadas pela Constituição Federal (artigo 12, II, *a*, 1ª parte).

8.2.1. Hipóteses de Atribuição: Nacionalidade Originária

As hipóteses constitucionais de atribuição referem-se à nacionalidade **originária, primária ou nata**, que decorre do fato *"nascimento"*, embora associado a outros elementos ou circunstâncias relevantes para a configuração da condição de brasileiro nato.

A Carta Federal prevê dois fatos essenciais para atribuição da nacionalidade brasileira originária: o **nascimento em território nacional** (*jus soli*: artigo 12, I, *a*, CF); e o **nascimento, em território estrangeiro, mas de pai ou mãe brasileira** (*jus sanguinis* **impuro ou misto**, em que não se exige que ambos os pais sejam brasileiros: artigo 12, I, *b* e *c*, CF). Nenhuma das causas gera, porém, regra de caráter absoluto para a atribuição da condição de brasileiro nato.

O nascimento em território nacional não produz o efeito de atribuir nacionalidade brasileira, se ambos os pais (ou apenas um deles, desde que o outro esteja no Brasil na condição exclusiva de cônjuge-acompanhante) estiverem a serviço (não apenas diplomático ou consular, desde que em serviço público ou oficial) do respectivo país de origem (norte-americano a serviço dos Estados Unidos da América). Todavia, se a serviço de outro país estrangeiro, que não o de origem (norte-americano a serviço do Canadá) ou de organização internacional, a regra territorial tem aplicação plena para a atribuição de nacionalidade brasileira originária.

É certo, em suma, que o fato dos pais serem estrangeiros não impede, por si e isoladamente, que seja atribuída a nacionalidade brasileira a quem nascido em território nacional, porém se ambos os pais, ou um deles nas condições expostas, estiverem a serviço do respectivo país de origem, preserva-se a nacionalidade estrangeira, em detrimento da brasileira, dentro do que se convencionou denominar de **princípio da territorialidade mitigada**.

Pode ocorrer o inverso, ou seja, o nascimento no exterior de filho de pai ou mãe brasileira. Independentemente da condição jurídica da criança segundo o direito estrangeiro do local do nascimento (se nacional ou estrangeira), a Constituição Federal atribui a nacionalidade brasileira apenas com base no critério da **filiação, descendência ou consangüinidade**, a partir de qualquer **linhagem brasileira**, paterna ou materna (ao contrário de outros Estados, em que se privilegia uma ou outra das linhagens como necessária para a transmissão, por descendência, da nacionalidade), de acordo com duas situações distintas.

Pela **primeira**, se o pai ou mãe brasileira **estiver a serviço do Brasil** na localidade de nascimento no exterior, atribui-se nacionalidade brasileira originária, independentemente de qualquer outra condição (artigo 12, I, *b*, CF). Pela **segunda**, se o pai ou mãe brasileira **não estiver a serviço do Brasil**, a criança, ainda assim, é brasileira nata, porém de forma **provisória**, ficando condicionada a aquisição definitiva da nacionalidade brasileira ao preenchimento de dois requisitos: **residência no Brasil e opção pela nacionalidade brasileira**, em procedimento de jurisdição voluntária, perante a Justiça Federal, **a qualquer tempo** (artigo 12, I, *c*, CF).

Esta última hipótese é denominada de **nacionalidade potestativa** e assim porque a condição de brasileiro nato, **em definitivo**, não é objeto de atribuição automática e unilateral, pois necessário o concurso de um **ato de vontade**, consistente no vir a residir no Brasil e, aqui, optar pela nacionalidade brasileira. É imprescindível um **ato de vontade juridicamente válido**, com o pressuposto da capacidade civil do agente, segundo a lei brasileira, até porque se cuida de **direito personalíssimo**. Isso explica porque não se admite a opção de nacionalidade, em favor de incapaz, com representação ou assistência dos pais ou responsáveis legais. O menor, nascido no exterior de pai ou mãe brasileira, que não esteja a serviço do Brasil, tem nacionalidade brasileira como se nato fosse desde o nascimento, sem qualquer distinção com o nascido em solo nacional, embora seja o seu **registro provisório** (artigo 32, § 2º, da Lei nº 6.015/1973, com as adequações à ECR nº 3/1994).

Tal condição permanece até o advento da capacidade civil plena, quando, a partir de então, deve a pessoa formular a opção pela nacionalidade brasileira, que se torna, no contexto, condição suspensiva da respectiva aquisição definitiva. A qualquer tempo, como previsto a partir da ECR nº 3/1994, pode ser requerida a opção, pelo civilmente capaz e que, se homologada judicialmente, torna definitiva e incondicionada a nacionalidade brasileira, inclusive com efeito *ex tunc* (RE nº 418.096, relator Ministro Carlos Velloso, DJU de 22/04/2005; e RE nº 415.957, relator Ministro Sepúlveda Pertence, DJU de 16/09/2005).

8.2.2. Hipóteses de Aquisição: Naturalização

Além das hipóteses de nacionalidade atribuída, originária, primária ou nata (artigo 12, I, *b* e *c*), a Constituição Federal previu as de nacionalidade **adquirida, derivada, secundária ou por eleição**, em que existe, para efeito do direito brasileiro, **substituição** da nacionalidade anterior pela brasileira. Nestes casos, perante o Estado Brasileiro, o naturalizado é brasileiro, e não mais estrangeiro, pois a naturalização presume a **renúncia à nacionalidade anterior**, ainda que, para a soberania de origem, possa eventualmente subsistir e cumular-se a nacionalidade respectiva com a brasileira, adquirida por naturalização. Trata-se de cumulação que, se existente e admitida, produz efeitos apenas diante do direito estrangeiro, mas não pode ser invocada para, no Brasil, eximir o naturalizado das obrigações e vedações, constitucionais e legais, decorrentes de sua condição de brasileiro.

Segundo a Constituição de 1988, existe a naturalização de estrangeiros oriundos de países de **língua portuguesa**, dos quais se exige *"apenas residência por um ano ininterrupto e idoneidade moral"* (artigo 12, II, *a*, 2ª parte); e a naturalização dos **demais estrangeiros**, que se denomina de **extraordinária**, cujos requisitos são residência *"na República Federativa do Brasil há mais de quinze anos ininterruptos e sem condenação penal"* (artigo 12, II, *b*, CF).

Além disso, a Constituição Federal conferiu à lei a atribuição de instituir **outras formas de naturalização** (artigo 12, II, *a*, 1ª parte), recepcionando, portanto, as **hipóteses legais do Estatuto do Estrangeiro** (Lei nº 6.815/1980).

A primeira delas é a **naturalização ordinária**, regulada a partir do artigo 112, que exige residência contínua no território nacional, pelo mínimo de **quatro anos** (com possibilidade de redução, nas condições do artigo 113), imediatamente anteriores ao pedido, além de outros requisitos (registro como permanente; domínio escrito e verbal da língua; exercício de profissão ou posse de bens suficientes para subsistência própria e familiar; bom procedimento; inexistência de denúncia, pronúncia ou condenação criminal no Brasil ou no exterior por crime doloso, cuja pena mínima seja superior a um ano; e boa saúde).

Outras duas espécies de **naturalização, por radicação precoce ou por conclusão de curso superior**, são previstas no artigo 115, § 2º, e incisos, da Lei nº 6.815/1980, em favor do *"I – estrangeiro admitido no Brasil **até a idade de 5 (cinco) anos, radicado definitivamente** no território nacional, desde que requeira a naturalização **até 2 (dois) anos** após atingir a maioridade"*; e *"II – estrangeiro que tenha vindo residir no Brasil **antes de atingida a maioridade e haja feito curso superior*** *em estabelecimento nacional de ensino, se requerida a naturalização **até 1 (um) ano depois da formatura**".*

Finalmente, foi prevista a **naturalização especial**, em que se dispensa a residência no país, bastando a estada no Brasil por trinta dias, aplicável a *"cônjuge estrangeiro casado há mais de cinco anos com diplomata brasileiro em atividade"* ou *"estrangeiro que, empregado em Missão Diplomática ou em Repartição Consular do Brasil, contar mais de 10 (dez) anos de serviços ininterruptos"* (incisos I e II do artigo 114 do Estatuto do Estrangeiro c/c artigo 14 da Lei 818/1949).

Para cada uma de tais espécies de naturalização existem, por evidente, requisitos complementares, além de procedimentos formais próprios para a formulação do pedido, que são previstos na legislação especial. Dentre os aspectos mais relevantes da legislação especial, para efeito de estudo do Direito Constitucional, temos, primeiramente, o princípio segundo o qual a naturalização **não é um direito subjetivo**, ainda que preenchidos pelo estrangeiro todos os requisitos exigidos, mas ato de **soberania**, sujeito, pois, à **discricionariedade**, tanto política como administrativa (artigo 121 do Estatuto do Estrangeiro), produzindo **efeitos**, se deferido, exclusivamente em relação à **pessoa do requerente**, em face da **natureza personalíssima** do ato e do direito, e do princípio da **incomunicabilidade** da condição (artigo 123).

A naturalização é requerida e decidida em **processo administrativo** no âmbito do Ministério da Justiça, que expede **portaria** e emite **certificado de naturalização**, o qual é solenemente entregue ao naturalizando pelo Juiz Federal da comarca de domicílio (artigo 119). O processo e o ato de naturalização sujeitam-se a **controle de legalidade**, por qualquer do povo (artigo 120), além da tutela própria e inerente à Administração Pública, que tem o poder-dever de anular a naturalização, se presente vício essencial, como no caso de falsidade ideológica ou documental (artigo 112, §§ 2º e 3º).

Não se confunde o **cancelamento judicial** por atividade nociva ao interesse nacional (artigo 12, § 1º, I, CF) com a hipótese legal de **anulação administrativa**, cujos efeitos são **retroativos** (*ex tunc*) ao próprio **ato de naturalização**. Este, porém, enquanto válido, produz efeitos apenas futuros ou prospectivos (*ex nunc*), daí porque a naturalização não afasta a **responsabilidade civil ou penal** a que estava anteriormente sujeito o requerente, segundo o direito estrangeiro (artigo 124), permitindo, por isso mesmo, a extradição do naturalizado, desde que por crimes praticados anteriormente, salvo o caso de **tráfico ilícito de entorpecentes**, em que os delitos, **tanto anteriores como posteriores**, podem gerar extradição, na forma da lei (artigo 5º, LI, CF).

8.2.3. Hipóteses de Perda

Como salientado anteriormente, a perda da nacionalidade é matéria de **reserva constitucional**, não podendo ser ampliada, alterada ou limitada por legislação infraconstitucional, ou por tratado ou convenção internacional (HC-QO nº 83.113, relator Ministro Celso de Mello, DJU de 29/08/2003). Foi prevista em duas hipóteses: **(1) cancelamento da naturalização**, por sentença judicial, em virtude de atividade nociva ao interesse nacional; e **(2) aquisição** de outra nacionalidade, **salvo** nas hipóteses de **(2.1) atribuição (e não aquisição) legal de nacionalidade originária**, ainda que exigida manifestação de vontade do interessado (*"reconhecimento de nacionalidade originária pela lei estrangeira"*); ou **(2.2.) aquisição "impositiva"** (*"imposição de naturalização, pela norma estrangeira, ao brasileiro residente em estado estrangeiro, como **condição para permanência em seu território ou para o exercício de direitos civis**"*), conforme previsto no artigo 12, § 4º, I e II, *a* e *b*, da Constituição Federal.

É certo, por conseqüência, que vigora o princípio da **nacionalidade una**, sendo vedada a dupla ou múltipla nacionalidade. Todavia, o princípio **não é absoluto**, pois a proibição é dirigida apenas à aquisição voluntária e inescusável de uma ou mais nacionalidades estrangeiras por brasileiro. Se a nacionalidade originária é atribuída por lei, ou adquirida por "imposição" do direito estrangeiro, nas condições especificadas, é possível a cumulação de nacionalidades, sem qualquer irregularidade, ou perda da brasileira.

Embora aludamos, com freqüência à hipótese de dupla nacionalidade, é possível a situação de **múltipla nacionalidade**, sem qualquer prejuízo à brasileira, como, por exemplo, no caso de filho de brasileiro, nascido no exterior, em país que confere nacionalidade originária pelo fato do nascimento no respectivo território; e que seja, ainda, neto de avós paternos e maternos estrangeiros, de nacionalidades diferentes entre si, mas de países que reconhecem a nacionalidade originária, por vínculo de consangüinidade, ao neto: em tese, tal situação poderia gerar até quatro nacionalidades diferentes, a brasileira, a do local de nascimento, a dos avós paternos e a dos avós maternos. Note-se que as três outras nacionalidades são, em nosso exemplo, atribuídas por uma condição de nascimento ou consangüinidade, que não coloca o brasileiro em conflito, contradição ou indisposição com a sua própria nacionalidade, e servem à ampliação, legítima e justificada, de sua proteção internacional.

Como se observa, a aquisição de nacionalidade estrangeira somente gera a perda compulsória da brasileira se **inescusável**, ou seja, se não puder ser enquadrada e justificada por uma das situações previstas nas alíneas *a* e *b* do inciso II do § 4º do artigo 12 da Constituição Federal.

Note-se, porém, que é igualmente protegida contra a perda da nacionalidade a **mulher brasileira** que, por força do casamento, goze da nacionalidade estrangeira do marido. A matéria foi objeto da **Convenção sobre a Nacionalidade da Mulher Casada**, adotada pela Resolução da ONU nº 1.040 (XI), de 29/01/1957, aprovada pelo Decreto Legislativo nº 27/1968 e pelo Decreto nº 64.216/1969. A "imunidade" da nacionalidade da mulher casada somente cabe, como recorda o mestre José Francisco Rezek, se o gozo da nacionalidade estrangeira for efeito automático do próprio casamento (Direito, 1989, p. 184). Não merece tratamento distinto a transmissão da nacionalidade estrangeira à criança brasileira, como efeito automático da sua **adoção por estrangeiros**, por evidente falta de ato voluntário do adotado, inclusive por força de sua presumida incapacidade civil.

Sendo expressas e constitucionais as hipóteses, não mais se cogita de possibilidade de imposição de perda de nacionalidade a brasileiro que, sem licença do Presidente da República, aceite comissão, emprego ou pensão de governo estrangeiro (artigo 22, II, da Lei nº 818/1949), preceito não-recepcionado. E, tampouco, por **renúncia** do titular, porque se cuida, neste aspecto, de direito **indisponível** e, por outro lado, a perda de nacionalidade tem **caráter punitivo**, que não se associa à disponibilidade por ato unilateral do indivíduo.

Com efeito, a Constituição Federal, ao punir a aquisição (naturalização) de outra nacionalidade, ressalvadas as hipóteses escusadas, revela que a perda da nacionalidade brasileira decorre, não propriamente da renúncia à condição de brasileiro, mas pela aquisição voluntária de outra, enquanto **infração à vedação constitucional da dupla nacionalidade**. Nosso regime constitucional reprime tanto a dupla nacionalidade, em tais circunstâncias, como a renúncia à nacionalidade conducente à **apatria**, pois ambas produzem efeitos graves: a primeira porque quebra, por mera conveniência pessoal, o vínculo político-jurídico, necessariamente unitário, do indivíduo com o Estado; e a outra porque priva o indivíduo de toda e qualquer proteção soberana, prejudicando o exercício e a defesa dos seus direitos fundamentais.

O cancelamento da naturalização aplica-se, por evidente, apenas aos naturalizados e depende de processo judicial; enquanto a segunda causa de perda da nacionalidade (artigo 12, § 4º, II, CF) pode atingir tanto os brasileiros natos como naturalizados, em processo que corre no âmbito administrativo, perante o Ministério da Justiça (Lei nº 858/1949). É certo, porém, que, em ambos os casos, a perda da nacionalidade tem **caráter punitivo**, o que exige, pois, especialmente no processo administrativo, a observância do direito ao **contraditório e ampla defesa** (artigo 5º, LV, CF).

O processo de **cancelamento judicial da naturalização**, por **atividade nociva ao interesse nacional**, é previsto na Lei nº 818/1949 (artigos 24 a 34), que induz ao entendimento de que a atividade nociva ao interesse nacional deve configurar **infração penal**, inclusive porque exigida a instauração de **inquérito policial**, com possibilidade de **denúncia**.

Na hipótese de **cancelamento judicial** da naturalização (artigo 14, § 4º, *I*, CF), a decisão tem efeitos futuros (*ex nunc*), ao contrário do que ocorre na **anulação administrativa** por falsidade (artigo 112, § 2º, da Lei nº 6.815/1980). Em se tratando, porém, de perda decorrente de **aquisição inescusável** de nacionalidade estrangeira, existe **controvérsia** quanto aos efeitos do ato que decreta a perda da nacionalidade brasileira que, para uns, seriam retroativos à própria aquisição voluntária de outra nacionalidade (Rezek, 1989, p. 191), e, para outros, prospectivos a partir do ato expedido pelo Presidente da República (Guimarães, 2002, p. 115).

8.2.4. Hipótese de Reaquisição

Em contrapartida à perda da nacionalidade brasileira, enquanto norma sob reserva constitucional, existe a hipótese de reaquisição, prevista exclusivamente na legislação ordinária (Lei nº 818/1949, artigos 36 e 37), o que, no entanto, não acarreta qualquer inconstitucionalidade, e assim porque a reserva constitucional refere-se à ampliação, alteração ou restrição à disciplina da perda da nacionalidade, em si e estritamente, sem prejudicar, pois, a possibilidade de que lei confira o direito de nova aquisição, que se veda apenas aos brasileiros cuja naturalização tenha sido judicialmente cancelada, por atividade nociva ao interesse nacional.

A reaquisição, como subsistente na Lei nº 818/1949, refere-se exclusivamente à hipótese em que a perda da nacionalidade tenha ocorrido por aquisição voluntária de outra (artigo 22, I), sendo permitida se não motivada esta pela intenção de eximir-se de deveres impostos pela condição de brasileiro (artigo 36, § 2º). O processo é administrativo, devendo ser comprovado o domicílio no Brasil, sendo o deferimento, ou não, ato discricionário do Estado, no exercício de sua soberania. O deferimento do pedido ocorre com a expedição de decreto pelo Presidente da República, e seus efeitos são prospectivos (*ex nunc*), uma vez que a condição de brasileiro é readquirida, por naturalização, conforme reconhecido em doutrina (Guimarães, 2002, p. 123), embora tenha o Supremo Tribunal Federal decidido, para efeito de extradição, que a reaquisição de nacionalidade, perdida por brasileiro nato, importa em restabelecer a condição originária (EXT. nº 441, relator Ministro Néri da Silveira, DJU de 10/06/1988).

8.3. REGIME JURÍDICO DOS BRASILEIROS NATOS, NATURALIZADOS E PORTUGUESES EQUIPARADOS

No estudo dos Direitos e Garantias Individuais e Coletivos, mais precisamente quando abordado o tema dos destinatários, salientou-se que não existe distinção, neste ponto, entre brasileiros e estrangeiros, residentes ou não no Brasil. Com maior razão, e considerando o princípio da isonomia, não seria possível estabelecer distinção, em termos de direitos e garantias fundamentais, entre brasileiros natos e naturalizados. Todavia, a Constituição Federal, ao mesmo tempo em que instituiu o princípio da igualdade de forma genérica, e mesmo específica (artigo 12, § 2º, da Constituição Federal), previu ressalvas que, por sua natureza, devem ser interpretadas de forma estrita.

Como exceção constitucional à regra da igualdade, temos as seguintes situações: **(1) artigo 5º**, LI, que impede, em caráter absoluto, a extradição de brasileiro, mas permite a do naturalizado, *"em caso de crime comum, praticado antes da naturalização, ou de comprovado envolvimento em tráfico ilícito de entorpecentes e drogas afins, na forma da lei"*; **(2) artigo 12, § 3º**, que reserva aos natos os cargos de Presidente e Vice-Presidente da República, Presidente da Câmara dos Deputados e do Senado Federal, Ministro do Supremo Tribunal Federal, da carreira diplomática, de oficial das Forças Armadas, e de Ministro de Estado da Defesa; **(3) artigo 89, VII**, que limita aos natos as vagas, destinadas aos cidadãos, na composição do Conselho da República; e **(4) artigo 222** que, embora não crie, como nos preceitos anteriores, uma distinção absoluta, entre natos e naturalizados, reconhece a estes últimos os mesmos direitos daqueles, em termos de *"propriedade de empresa jornalística e de radiodifusão sonora e de sons e imagens"*, mas somente, e desde que, sejam naturalizados há mais de dez anos.

Uma situação diferenciada é a dos **portugueses**, com residência permanente no Brasil, aos quais são atribuídos os direitos inerentes ao brasileiro, salvo os de nato, em caso de reciprocidade (artigo 12, § 1º, CF), no que se denomina de **quase-nacionalidade**. Note-se que o denominado **regime de equiparação**, desde que recíproco (concedido igualmente ao brasileiro em Portugal), independe de naturalização, pois se fosse adquirida pelo português a nacionalidade brasileira a condição jurídica envolvida não seria mais a de português equiparado, mas a de brasileiro naturalizado.

A diferença entre português equiparado e estrangeiro naturalizado brasileiro existe e justifica o tratamento próprio de cada espécie. Note-se que o português somente é equiparado ao brasileiro porque continua titular da nacionalidade portuguesa, ao contrário do naturalizado, que perde, para efeito do direito brasileiro, a nacionalidade anterior, deixando, por conseqüência, de ser estrangeiro.

Pelo estatuto vigente (Convenção de Igualdade de Direitos e Deveres entre Brasileiros e Portugueses, de 1971, que foi ratificada pelo Decreto Legislativo nº 82/1971 e promulgada pelo Decreto nº 70.391/1972), a **equiparação não é automática**, pois depende de **requerimento e deferimento**, no Brasil, junto ao Ministério da Justiça, com a comprovação, em especial, da residência pelo prazo mínimo de cinco anos, além de capacidade civil. O regime de igualdade perdura enquanto autorizada a permanência do português no Brasil, e desde que não haja a perda da própria nacionalidade portuguesa.

Sendo excluídos, segundo a Convenção de Igualdade, apenas os direitos próprios do brasileiro nato, e aqueles cujo exercício ofendam a soberania nacional e a ordem pública do Estado de residência (respectivamente, artigos 4º e 3º), resta claro que o português equiparado, no regime de reciprocidade, pode exercer, no Brasil, inclusive **direitos políticos** (salvo em caso de perda originária de tais direitos em Portugal), como se cidadão brasileiro fosse, **votando e sendo votado** (desde que para cargos não privativos: artigo 12, § 3º, CF), mediante requerimento à autoridade competente. Se o português estiver no exercício de direitos políticos no Brasil, não pode exercê-los, concomitantemente, em Portugal, onde ficam suspensos.

Segundo a Convenção de Igualdade de 1971, o português equiparado não pode ser extraditado, salvo para Portugal (artigo 9º) – situação, aliás, mais favorável do que a do próprio brasileiro naturalizado, que pode ser extraditado nas condições do artigo 5º, LI, *fine*, da Carta Federal –, nem pode prestar serviço militar no Brasil (artigo 10) e, no exterior, somente tem direito à proteção diplomática de Portugal (artigo 11).

Capítulo 9
Cidadania e Direitos Políticos

9.1. CIDADANIA E DIREITOS POLÍTICOS

A nacionalidade é um vínculo com o Estado, que permite ao indivíduo o exercício de certos direitos, alguns dos quais próprios e exclusivos de tal condição. Embora seja requisito necessário, a nacionalidade não é suficiente para a titularidade de todo e qualquer direito, perante o próprio Estado, como no caso dos **direitos políticos**. Para o gozo destes, o requisito adicional exigido é a aquisição da **cidadania**, enquanto condição, atributo ou qualidade, exclusiva do nacional, que o habilita à **participação no processo político**, na formação do governo e no controle das atividades estatais.

O regime **democrático** assenta-se sobre um princípio geral de **liberdade, inclusive a política**, que permite aos indivíduos exprimir pensamentos, organizar-se para a defesa de direitos, exigir informações e cobrar deveres do Estado, Governo e Sociedade, e **participar do processo de formação da vontade nacional**, através do exercício dos **direitos políticos**, dentro do **sistema representativo**, como expressão da **soberania popular**, com a designação de representantes, incumbidos de exercer, em nome do povo, a direção dos órgãos fundamentais do Estado (artigo 1º, parágrafo único, CF).

Os direitos políticos, na sua complexidade, são **positivos ou negativos**, conforme sejam **permissivos ou impeditivos** no que se refere ao exercício de direitos próprios da condição de cidadão, atributo conferido diretamente pela Constituição. Ensina **José Afonso da Silva** que a cidadania envolve o exercício de direitos políticos de diversas modalidades, que se congregam num complexo denominado de **direito de sufrágio** (Curso, 2006, p. 348).

O **direito de sufrágio**, relacionado à cidadania política, democracia participativa, regime representativo e soberania popular, garante a participação do cidadão na vida política e mesmo governamental do Estado, através dos seguintes direitos:

(1) de **votar** (alistamento) **e ser votado** (elegibilidade) **nas eleições** (artigo 14, CF);
(2) de votar em **plebiscito** (artigos 14, *III*, 18, § 3º, e 49, XV, CF; e artigo 2º, § 1º, da Lei nº 9.709/1998, que o define como consulta popular convocada *"com anterioridade a ato legislativo ou administrativo, cabendo ao povo, pelo voto, aprovar ou denegar o que lhe tenha sido submetido"*);
(3) de votar em **referendo** (artigo 14, *II*, e 49, XV, CF; e artigo 2º, § 2º, da Lei nº 9.709/1998, que o define como consulta popular convocada *"com posterioridade a ato legislativo ou administrativo, cumprindo ao povo a respectiva ratificação ou rejeição"*);
(4) de subscrever **projeto de lei de iniciativa popular** (artigo 14, *III*, c/c artigo 61, § 2º, CF; e artigo 13 da Lei nº 9.709/1998, sendo a iniciativa popular definida como a *"apresentação de projeto de lei à Câmara dos Deputados, subscrito por, no mínimo, um por cento do eleitorado nacional, distribuído pelo menos por cinco Estados, com não menos de três décimos por cento dos eleitores de cada um deles"*);
(5) de promover **ação popular** em defesa do patrimônio público, moralidade administrativa, meio ambiente e patrimônio histórico e cultural (artigo 5º, LXXIII, CF; e Lei nº 4.717/1965); e
(6) de organizar e filiar-se a **partido político**, e exercer livremente atividade político-partidária (artigo 17, CF; e Lei nº 9.096/1995), ressalvados os casos de proibição expressa (artigos 95, parágrafo único, *III*; e 128, § 5º, *II*, *e*, CF).

Não se confundem, pois, os conceitos de **sufrágio e voto**: aquele é **direito-base que fundamenta as diversas formas de participação política** do cidadão na estrutura de poder do Estado; e este é uma das formas específicas de seu exercício. Também é inconfundível o conceito de **escrutínio**, que consiste no **procedimento** pelo qual se promove o exercício do direito ao voto, segundo inferido da legislação especial (artigo 213 do Código Eleitoral).

9.1.1. Aquisição da Cidadania

Tendo como pressuposto a condição de **nacional**, o indivíduo adquire a cidadania de **forma gradual**, a partir da **idade superior a 16 anos**, mediante **alistamento eleitoral**, que consiste na qualificação e inscrição perante a Justiça Eleitoral para habilitação ao exercício do direito de voto. O alistamento eleitoral é: **obrigatório** aos brasileiros, natos ou naturalizados, com idade entre 18 e 70 anos (artigo 14, § 1º, I e II, *b*, CF); **facultativo** para os analfabetos, maiores de 70 anos, e jovens com idade superior a 16 e inferior a 18 anos (artigo 14, § 1º, II, CF); e **vedado** para os estrangeiros e militares conscritos (provisórios, convocados para o serviço militar obrigatório: artigo 143, CF, e Lei nº 4.375/1964).

Afirma-se que a aquisição da cidadania é **gradual** porque, embora iniciada a partir da idade superior a 16 anos para efeito de direito a voto, somente se implementa, relativamente aos demais direitos políticos, em etapas posteriores da vida, conforme a maturidade decorrente da idade. A partir dos 18 anos adquire-se, além do direito de voto, o direito de ser votado para Vereador; aos 21 anos, o direito de ser votado para Deputado Federal, Deputado Estadual ou Distrital, Prefeito, Vice-Prefeito e Juiz de Paz; aos 30 anos, para Governador e Vice-Governador de Estado e do Distrito Federal; e, finalmente, aos 35 anos, para Presidente, Vice-Presidente e Senador (artigo 14, § 3º, VI, CF).

Todavia, para os analfabetos, o direito reconhecido limita-se ao de votar, excluído o de ser votado (artigo 14, § 4º, CF).

9.1.2. Capacidade Eleitoral Ativa

Como salientado, o direito de sufrágio envolve, quanto ao exercício do voto, o direito de votar e de ser votado. O primeiro, o **direito de votar**, é denominado de **capacidade eleitoral ativa ou cidadania ativa**, que se adquire a partir da idade superior a **16 anos**, mediante **alistamento eleitoral**. Ser **alistável**, na forma da lei, é requisito essencial para a titularidade do direito ao voto, por isso que não podem ter capacidade eleitoral ativa os inalistáveis, entre os quais, estrangeiros e conscritos (artigo 14, § 2º, CF).

O **estrangeiro**, em qualquer idade e independentemente do tempo de residência no país e de eventual constituição de família brasileira, é **inalistável** simplesmente porque, não sendo nacional, falta-lhe a **legitimidade política**, enquanto condição subjetiva essencial exigida pela Constituição Federal, para participação no **processo político de formação da vontade nacional**. Os princípios de **autodeterminação** e **não-intervenção**, inerentes à **soberania**, exigem a capacidade do Estado de orientar-se segundo a vontade legítima de seu povo, sem sujeição a outras soberanias e respectivos nacionais que, enquanto estrangeiros, gozam no Brasil de todos os direitos fundamentais, excluídos os próprios da nacionalidade brasileira, dentre os quais os políticos.

A **única exceção** à inalistabilidade do estrangeiro é a do **português**, residente definitivamente no Brasil, **equiparado** ao brasileiro, pelo regime de reciprocidade, conforme artigo 12, II, § 1º, da Constituição Federal, e Convenção de Igualdade de Direitos e Deveres entre Brasileiros e Portugueses, de 1971, ratificada pelo Decreto Legislativo nº 82/1971 e promulgada pelo Decreto nº 70.391/1972.

O **conscrito é inalistável** enquanto perdurar a sua condição de militar em serviço obrigatório ou provisório que, aliás, pode ser sucessivamente prorrogado, ao máximo de **10 anos**, através de **engajamento ou reengajamento** (artigos 33 da Lei nº 4.375/1964, e 131 do Decreto nº 57.654/1966), período em que prevalece a vedação ao alistamento eleitoral (Resolução TSE nº 15.850, de

03/11/1989, relator Ministro Roberto Rosas). Se existia alistamento eleitoral anterior, este fica suspenso no período de proibição. Os alunos de Medicina, Odontologia, Farmácia e Medicina Veterinária, beneficiados pelo **adiamento da incorporação**, e com direito à prestação do serviço militar somente após a graduação, conforme previsto na Lei nº 5.292/1967, ficam sujeitos, igualmente, à vedação de alistamento eleitoral, no período respectivo. A dispensa do serviço militar provisório ou o ingresso no serviço militar de carreira restabelece ou permite o exercício do direito ao voto.

9.1.3. Capacidade Eleitoral Passiva
Além do direito de votar, o cidadão, no gozo dos direitos políticos, pode participar de forma direta no processo político, habilitando-se a exercer função representativa, lançando-se como candidato a **cargo eletivo**. Para tanto, é necessária, além da capacidade eleitoral ativa (de votar), a **capacidade eleitoral passiva ou cidadania passiva** (de ser votado), que se adquire, de forma positiva, através da aferição da existência das **condições de elegibilidade** e, de forma negativa, com a constatação da inexistência de **causas de inelegibilidade**.

9.1.3.1. Condições de Elegibilidade
As **condições de elegibilidade** são as seguintes, conforme os incisos do § 3º do artigo 14 da Carta Federal: *"I – a nacionalidade brasileira; II – o pleno exercício dos direitos políticos; III – o alistamento eleitoral; IV – o domicílio eleitoral na circunscrição; V – a filiação partidária; e VI – a idade mínima (...)"*, de acordo com a natureza do cargo.

Existe, quanto a tais condições de elegibilidade, **reserva constitucional**, a impedir a sua ampliação, alteração ou restrição por legislação infraconstitucional. Todavia, é possível, como expresso no próprio preceito, que lei, de competência da União (artigo 22, I e XIII), discipline, em específico, sobre o **conteúdo e a extensão** das condições de elegibilidade, desde que respeitados e em conformidade com os limites definidos, genericamente, pela Constituição Federal.

Tratamos da **nacionalidade brasileira** (atribuição, aquisição, perda e reaquisição) no tópico anterior, permitindo a sua compreensão, agora, como condição de elegibilidade. Apenas cabe ressaltar que para certos cargos eletivos, como o de Presidente da República, impõe-se a condição de brasileiro nato (artigo 12, § 3º, I, CF). Outra condição de elegibilidade é o **pleno exercício dos direitos políticos**, cuja **suspensão ou perda (direitos políticos negativos)** apenas são cabíveis nas hipóteses constitucionalmente previstas (artigo 15), configurando penalidades, por ato próprio ou condição, de caráter provisório ou definitivo, que afetam a elegibilidade, conforme adiante examinado.

O **alistamento eleitoral** é o procedimento de qualificação e inscrição do eleitor, com idade superior a 16 anos, perante a Justiça Eleitoral, para o exercício do direito de voto (capacidade eleitoral ativa). O **domicílio eleitoral na circunscrição** é condição de elegibilidade, que busca conferir **legitimidade e representatividade** ao candidato, identificando-o com a base eleitoral do local do registro, ainda que o domicílio civil possa ser outro, mas desde que existente um mínimo de vínculo político, segundo critérios legais (por exemplo, a Lei nº 9.504/1997 exigiu vínculo temporal mínimo de um ano de domicílio eleitoral). A **filiação partidária** revela que o sistema eleitoral brasileiro é organizado a partir da estrutura de partidos políticos, aos quais são vinculados candidaturas e candidatos, constituindo condição de elegibilidade o registro partidário pelo mesmo prazo mínimo exigido para o domicílio eleitoral (artigo 9º da Lei nº 9.504/1997). E, enfim, as **idades mínimas** para a elegibilidade de acordo com os cargos eletivos são fixadas com o objetivo de garantir a necessária **maturidade pessoal e política** ao desempenho das funções de representação, segundo critérios de experiência e tradição do direito constitucional brasileiro.

9.1.3.2. Causas de Inelegibilidade

Além do aspecto positivo da aquisição da capacidade eleitoral passiva, através do preenchimento das condições de elegibilidade, a Constituição Federal exige que o cidadão não se enquadre em qualquer dos **impedimentos** ao exercício de tal direito político específico, previstos como **causas de inelegibilidade**. Tais causas são qualificadas como **constitucionais ou legais** (exigência formal de lei complementar: § 9º do artigo 14, CF), conforme a origem da disposição; e **absolutas ou relativas**, conforme sejam impeditivas ao exercício de **qualquer cargo** ou de **determinado cargo específico**.

São causas **constitucionais** de inelegibilidade as dos §§ 4º a 8º do artigo 14 da Carta Federal, tendo **natureza absoluta** as previstas no § 4º, que se referem aos *"inalistáveis"* e *"analfabetos"*. São inalistáveis os estrangeiros, salvo **portugueses equiparados** a brasileiros, os conscritos, e os menores de até 16 anos. Os que ostentam **direitos políticos negativos**, por **perda ou suspensão**, não têm capacidade eleitoral passiva e, portanto, não podem ser eleitos, mas isso exclusivamente por conta da falta de **condição de elegibilidade** (artigo 14, § 3º, II, CF).

Nos demais parágrafos do artigo 14 da Constituição Federal, as hipóteses são de **inelegibilidades relativas**, aplicáveis, pois, a certos cargos eletivos ou mandatos, por motivos circunstanciais, próprios de uma eleição específica, ainda que fundados em causas relativamente permanentes (como, por exemplo, parentesco).

São inelegibilidades cujo objetivo é, sobretudo, evitar o **uso da máquina pública** em benefício de mandatário, ainda que para outro cargo; e o **nepotismo eleitoral** (Araújo, Curso, 2006, p. 247), em favor de cônjuges, parentes e afins do atual ocupante de cargo eletivo. Por isso, são inelegíveis: a outros cargos, *"o Presidente da República, os Governadores de Estado e do Distrito Federal e os Prefeitos"*, se não renunciarem *"aos respectivos mandatos até seis meses antes do pleito"* (artigo 14, § 6º, CF: inelegibilidade relativa funcional); e *"no território de jurisdição do titular, o cônjuge e os parentes consangüíneos ou afins, até o segundo grau ou por adoção, do Presidente da República, de Governador de Estado ou Território, do Distrito Federal, de Prefeito ou de quem os haja substituído dentro dos seis meses anteriores ao pleito, salvo se já titular de mandato eletivo e candidato à reeleição"* (artigo 14, § 7º, CF: inelegibilidade relativa por casamento, parentesco ou afinidade; ou **reflexa**).

Embora o Presidente da República seja inelegível para **outro cargo**, se não houver renúncia até seis meses antes das novas eleições, o artigo 14, § 5º, da Carta Federal, permitiu uma reeleição para período subseqüente, sem impor **desincompatibilização**, renúncia ou afastamento do cargo ocupado, o que, embora motivado, talvez, pelo princípio da continuidade administrativa, representa um retrocesso lógico do sistema, pela incompatibilidade das obrigações e deveres, e da função de Presidente da República com exercício simultâneo do papel de candidato à reeleição.

A previsão de reeleição *"para um único período subseqüente"*, tornou inelegíveis para um **terceiro mandato sucessivo** o *"Presidente da República, os Governadores de Estado e do Distrito Federal, os Prefeitos e quem os houver sucedido, ou substituído no curso dos mandatos"* (inelegibilidade relativa funcional).

Finalmente, o **militar alistável torna-se inelegível**, se, possuindo menos de dez anos de serviço, não se afastar da atividade, mesmo porque a filiação a partido político, enquanto condição de elegibilidade, é vedada ao militar durante o serviço ativo (artigo 142, § 3º, V, CF); e, no caso de possuir mais de dez anos de serviço, se não for agregado pela autoridade superior e, sendo eleito, não for para a inatividade quando da diplomação (artigo 14, § 8º, CF).

As inelegibilidades não são estritamente constitucionais, pois o § 9º do artigo 14 da Carta Federal permitiu que lei complementar estabeleça, como estabeleceu (LC nº 64/1990), outras hipóteses de inelegibilidade, com os respectivos prazos de cessação, *"a fim de proteger a probidade administrativa, a moralidade para exercí-*

cio de mandato considerada vida pregressa do candidato, e a normalidade e legitimidade das eleições contra a influência do poder econômico ou o abuso do exercício de função, cargo ou emprego na administração direta ou indireta".

Dentre as diversas figuras legais instituídas, destaca-se a da **inelegibilidade**, pelo prazo de **três anos, depois do cumprimento da pena**, dos condenados, com trânsito em julgado, por crimes contra a economia popular, fé pública, administração pública, patrimônio público, mercado financeiro, e de tráfico de entorpecentes ou eleitorais (artigo 1º, I, *e*). Tal hipótese legal – cabe ressaltar – não se confunde com a que impõe, a partir da Constituição Federal, a suspensão provisória dos direitos políticos, como efeito da condenação transitada em julgado (artigo 15, III).

9.1.4. Suspensão, Perda e Reaquisição de Direitos Políticos

O artigo 15 da Constituição Federal dispõe ser *"vedada a cassação de direitos políticos, cuja perda ou suspensão só se dará nos casos de: I – cancelamento da naturalização por sentença transitada em julgado; II – incapacidade civil absoluta; III – condenação criminal transitada em julgado, enquanto durarem seus efeitos; IV – recusa de cumprir obrigação a todos imposta ou prestação alternativa, nos termos do art. 5º, VIII; V – improbidade administrativa, nos termos do art. 37, § 4º".*

As hipóteses de suspensão ou perda de direitos políticos são enumeradas de forma **exaustiva** pela Constituição Federal, tendo **natureza punitiva**, segundo a predominância das hipóteses constitucionais, de modo que a configuração das hipóteses legitimadoras da sanção não pode ser presumida, mas deve, ao contrário, decorrer de uma situação jurídica, como tal prevista e qualificada pelo texto constitucional, e **materialmente comprovada**, à luz do **devido processo legal**.

O **cancelamento da naturalização**, por sentença transitada em julgado, exige a prática pelo naturalizado de **ato nocivo** ao interesse nacional que, segundo doutrina adotada, deve ser legalmente tipificado como **crime** e de uma gravidade tal, que justifique, logicamente, a perda da nacionalidade brasileira como sanção. A perda da condição de nacional, em função do ato nocivo praticado, produz, como conseqüência inevitável, a **perda da cidadania**, enquanto poder-dever de participação na vida política do país, pelo exercício dos direitos políticos.

Também existe **perda de direitos políticos** na hipótese do **inciso IV** do artigo 15 da Constituição Federal. A **escusa de consciência**, embora seja garantia em defesa da liberdade de crença religiosa ou de convicção filosófica ou política (artigo 5º, VIII, CF), exige que o dispensado, por tais motivos, da obrigação legal a todos imposta, cumpra **prestação alternativa fixada em lei**, sob pena de **perda** (e não mera suspensão, como sugere o § 2º do artigo 4º da Lei nº 8.239/1991) de direitos políticos. Não é a recusa de cumprimento da obrigação legal a todos imposta, mas da prestação alternativa que acarreta a sanção política, por revelar a absoluta falta de compromisso do indivíduo com a nacionalidade e a cidadania.

É essencial, porém, que exista previsão legal da prestação alternativa para que, sendo exigível, haja descumprimento pelo cidadão, para fins de aplicação do artigo 15 da Carta Federal. Na atualidade, existe lei, disciplinando a escusa ao dever de prestação de serviço militar obrigatório, em que se prevê como prestação alternativa *"o exercício de atividades de caráter administrativo, assistencial, filantrópico ou mesmo produtivo, em substituição às atividades de caráter essencialmente militar"*, *"em organizações militares da ativa e em órgãos de formação de reservas das Forças Armadas ou em órgãos subordinados aos Ministérios Civis, mediante convênios entre estes e os Ministérios Militares, desde que haja interesse recíproco e, também, sejam atendidas as aptidões do convocado"* (artigo 3º, §§ 2º e 3º da Lei nº 8.239/1991).

A competência para decretar a perda dos direitos políticos, na hipótese descrita, é controvertida na doutrina, que se divide, basicamente, entre reconhecê-la exclusivamente em favor do Poder Judiciário (Silva, Curso, 2006, p. 386), e admitir a possibilidade de que lei venha a definir a autoridade competente para tal efeito (Moraes, Direito, 2006, p. 235).

As demais hipóteses produzem a mera suspensão de direitos políticos, suprimindo, de forma provisória, o exercício das prerrogativas inerentes à cidadania política, perdurando pelo tempo em que subsistirem os efeitos da *"incapacidade civil absoluta"*, da *"condenação criminal transitada em julgado"*, e da condenação por *"improbidade administrativa, nos termos do art. 37, § 4º"*.

Somente quem possui direitos políticos pode tê-los suspensos, o que revela que o artigo 15 da Carta Federal refere-se, na verdade, apenas aos maiores de 16 anos, alistados e no gozo, parcial (capacidade eleitoral ativa) ou pleno (ativa e passiva), da cidadania, que se sujeitam à suspensão dos direitos políticos, na hipótese de **interdição, por decisão judicial**, motivada pela superveniente **incapacidade civil absoluta**, e enquanto perdurar a situação, nos termos do Código Civil (artigo 1.767).

A **condenação criminal com trânsito em julgado**, ainda que por **contravenção penal** (RESPE nº 13.293, relator Ministro Eduardo Ribeiro, publicado em sessão), gera a suspensão dos direitos políticos do condenado, enquanto durarem os seus efeitos. A concessão de **"sursis"** não impede a suspensão dos direitos políticos (RE nº 179.502, relator Ministro Moreira Alves, DJU de 08/09/1995; e

RMS nº 466, relator Ministro Caputo Bastos, DJU de 27/11/2006); diferentemente do que ocorre na mera **suspensão condicional do processo**, com base no artigo 89 da Lei nº 9.099/95, em que os direitos políticos são preservados, uma vez que inexistente condenação criminal e, menos ainda, definitiva (RO nº 546, relator Ministro Sálvio Teixeira, publicado em sessão).

O **cumprimento da pena**, independentemente de reabilitação ou reparação dos danos, faz cessar a suspensão dos direitos políticos (Súmula 9/TSE). Embora seja imediata a inelegibilidade por força de **condenação penal definitiva**, impedindo, assim, o parlamentar de concorrer nas próximas eleições, o **mandato em curso** é preservado até que, sobre a perda, **delibere a Casa** respectiva (artigo 55, § 2º, CF).

A suspensão dos direitos políticos é conseqüência obrigatória da condenação, na esfera cível ou criminal, por ato de improbidade administrativa (artigo 37, § 4º), não gerando, no entanto, tal efeito a decisão proferida na instância administrativa, dada a **reserva de jurisdição**, implícita na Constituição Federal, mas expressa no texto da Lei nº 8.429/1992, ao estipular que a *"perda da função pública e a suspensão dos direitos políticos só se efetivam com o trânsito em julgado da sentença condenatória"* (artigo 20), podendo a condenação, quanto aos direitos políticos, ser fixada, conforme a espécie, entre três e dez anos de suspensão (artigo 12 e incisos).

O decurso do prazo de suspensão restabelece, em regra, o pleno gozo dos direitos políticos, o que não ocorre, porém, nos casos de perda, em que necessária a superação da causa impeditiva, mediante a reaquisição de direitos políticos. Na perda, em virtude do cancelamento judicial da nacionalidade brasileira, por ato nocivo ao interesse nacional, somente a procedência de **ação rescisória** pode reconduzir à titularidade da nacionalidade e, por conseqüência, da cidadania. Todavia, na perda por falta de cumprimento de prestação, alternativa ao serviço militar obrigatório, a Lei nº 8.239/1991 garante o direito à regularização da situação, para efeito de restabelecimento dos direitos políticos (artigo 4º, § 2º).

9.1.5. Sistema Eleitoral e Partidos Políticos

A democracia participativa, o regime representativo e o Estado de Direito exigem a criação de um **sistema eleitoral e partidário**, que viabilize a interação permanente, dinâmica e construtiva, entre Sociedade, Estado e Governo. O **sufrágio universal**, e o **voto periódico, secreto** (individual e livre), **igualitário e direto**, são essenciais na estrutura de formação de um sistema eleitoral **democrático e pluralista**, e na defesa dos direitos e garantias fundamentais, o que explica a sua inserção constitucional como **cláusula pétrea** (artigo 60, § 4º, II, CF).

A Constituição Federal possui um sistema eleitoral complexo, formado a partir do **sistema majoritário e proporcional** de representação política.

O primeiro sistema garante a representação política ao candidato que, considerado o universo dos votos válidos, obtiver a **maioria absoluta** (50% + 1, em até dois turnos, conforme o caso, para os cargos eletivos do Poder Executivo) ou **relativa** (maior percentual individual de votos, em comparação com cada um dos demais candidatos, aplicável à eleição de Senador da República).

O segundo sistema é mais arrojado, permitindo a representação proporcional, em defesa especialmente das **minorias**, aplicável, no nosso regime, às Casas Legislativas, exceto o Senado Federal. Seu funcionamento parte de um conceito matemático de proporcionalidade, que se denomina, legalmente, de **quociente eleitoral**, o qual é apurado com a divisão do número de **votos válidos** (excluídos os nulos e os em brancos, *ex vi* do artigo 5º da Lei nº 9.507/1997, que declara válidos, no regime proporcional, apenas os **votos dados**, sendo, por isso, revogada, pelo artigo 107, a disposição em contrário, prevista no artigo 106, parágrafo único, do Código Eleitoral) pelo **número de vagas** a serem preenchidas, com o descarte da fração igual ou inferior a 0,5, e com majoração para 1 da fração superior a 0,5 (artigo 106 do Código Eleitoral).

Cada partido apura, então, seu **quociente partidário**, que reflete o número de cadeiras que lhe cabe, em proporção ao número de vezes que a sua votação atingiu o quociente eleitoral (artigos 107 e 108 do Código Eleitoral). Se a soma de todas as vagas adquiridas, através de tal cálculo, pelos partidos ou coligações concorrentes não for suficiente para ocupar o total de cargos em disputa, procede-se à **distribuição dos restos**, pelo critério da **maior média**, assim calculada: cada partido divide o seu número de votos pelo número de cargos originariamente alcançados, **acrescido de um** (+1), o que atingir, comparativamente, a maior média tem direito à vaga remanescente em disputa e, se houver mais vagas, renova-se o cálculo a cada vaga ainda existente até que todas tenham sido distribuídas e preenchidas (artigo 109 do Código Eleitoral).

Se houver empate no cálculo da média, é eleito o candidato mais idoso e, se pelo sistema proporcional, nenhum partido alcançar o quociente eleitoral, são eleitos os mais votados em número igual ao de cadeiras disputadas (artigos 110 e 111 do Código Eleitoral).

Exemplo do sistema proporcional: **50** vagas, disputadas por **4** partidos, com o total de **1.000.000** de votos, assim distribuídos: partidos A = **400.000**; B = **280.000**; C = **310.000** votos; e D = **10.000** votos.

O quociente eleitoral é de **20.000** (1.000.000/50), e os quocientes partidários são: A = 20, B = 14, C = 15,5 (**reduzido a 15**, pela fração igual ou inferior a 0,5), e D = 0,5 (**reduzido a zero**, pela fração igual ou inferior a 0,5). Dentre os partidos, o D não teve quociente eleitoral, ficando o resultado da primeira distribuição assim fixado: A = 20, B = 14, e C = 15. Foram preenchidas, pois, **49 das 50** vagas disponíveis. Há **resto a distribuir**, pelo critério da maior média, assim calculada: A = 19.048 (400.000/20+1), B = 18.667 (280.000/14+1) e C = 19.375 (310.000/15+1).

A vaga remanescente é destinada ao partido C, por ter alcançado a maior média comparada, e o **resultado final** das **eleições proporcionais** é este: Partido A = 20 cadeiras, Partido B = 14 cadeiras, Partido C = 16 cadeiras e Partido D = sem cadeiras.

Como se observa, o sistema eleitoral é indissociável do sistema partidário, mesmo porque é constitucionalmente vedada a **candidatura avulsa**, do candidato sem partido (artigo 14, § 3º, V). Os partidos políticos exercem função político-institucional, pois servem de instrumento à realização da **soberania popular**, mediante o **direito universal de sufrágio**, com a eleição de candidatos, cuja indicação cabe exclusivamente a tais entidades, e por meios dos quais se busca a conquista e o exercício, segundo o **programa partidário**, do poder político em cargos executivos ou parlamentares.

Certo que existem outras funções, considerando que a **legitimidade funcional** dos partidos políticos envolve a **formação de quadros**, difusão de idéias e pensamentos (**educação política**), crítica e controle da atividade social e estatal, entre tantas outras atribuições. Mesmo fora do Parlamento, sem cargos eletivos, os partidos políticos desempenham atividade essencial no processo democrático e pluralista, que exige e justifica o tratamento constitucional que lhes foi conferido.

Embora sejam entidades de direito privado, sujeitas ao registro perante a Justiça Eleitoral (artigo 17, § 2º, CF), a sua **natureza jurídica é especial** em função das atribuições que lhe são conferidas pela Constituição Federal, por isso que gozam de prerrogativas próprias, como o *"direito a recursos do fundo partidário e acesso gratuito ao rádio e à televisão, na forma da lei"* (artigo 17, § 3º, CF).

A liberdade de associação, prevista genericamente no inciso XVII do artigo 5º da Carta Federal, não se aplica aos partidos políticos, o que explica a existência de regra específica, em que a própria liberdade de criação, fusão, incorporação e extinção, somente existe se houver o resguardo, enquanto **conteúdo ideológico das organizações partidárias**, dos princípios relativos à **soberania nacional**, regime democrático, pluripartidarismo e defesa dos direitos fundamentais da pessoa humana (artigo 17, *caput*, CF).

Além disso, não pode existir partido político estadual ou regional, como possível em relação a qualquer outro tipo de associação, sendo obrigatório o caráter **nacional**. Mais ainda: **proíbe-se**, por sua especial natureza, objetivos e funções, o **financiamento ou subordinação** a **entidades e governos estrangeiros;** e o uso de **organizações paramilitares** ou mesmo a adoção de métodos ou estrutura de tal natureza; assim como é exigida a **prestação de contas** à Justiça Eleitoral, e o **funcionamento parlamentar** de acordo com a **lei** (artigo 17, *caput*, incisos I a IV, e § 4º, CF).

A Lei nº 9.096/1995 define que o caráter nacional do partido político decorre de seu desempenho eleitoral, que deve corresponder, para tanto, à aquisição de, pelo menos, *"meio por cento dos votos dados na última eleição geral para a Câmara dos Deputados, não computados os votos em branco e os nulos, distribuídos por um terço, ou mais, dos Estados, com um mínimo de um décimo por cento do eleitorado que haja votado em cada um deles"* (artigo 7º, § 1º).

Em contrapartida a tantas restrições, o § 1º do artigo 17 da Carta Federal assegura aos partidos políticos a autonomia estatutária *"para definir sua estrutura interna, organização e funcionamento e para adotar os critérios de escolha e o regime de suas coligações eleitorais, sem obrigatoriedade de vinculação entre as candidaturas em âmbito nacional, estadual, distrital ou municipal, devendo seus estatutos estabelecer normas de disciplina e fidelidade partidária"* (redação dada pela EC nº 52/2006).

A EC nº 52/2006 pretendeu garantir ampla liberdade de coligação aos partidos nas diferentes esferas federativas, mesmo que de forma não-uniforme, como fora vedado, em recente ocasião, com a obrigatoriedade da vinculação vertical, agora superada.

No mais, como na redação anterior, a atual ressaltou a liberdade estatutária para definir estrutura interna, organização e funcionamento, e fixar normas de **disciplina e fidelidade partidária**. A lei não deve interferir no espaço normativo de liberdade estatutária, salvo de forma facultativa e para suprir omissão da iniciativa estatutária. O **caráter programático** dos partidos políticos, dificilmente presente na realidade brasileira, resulta da pouca, senão nenhuma, eficácia das normas de disciplina e fidelidade partidária.

O permissivo constitucional não supera o drama de tal situação, uma vez que o estatuto partidário, embora possa e deva cuidar da disciplina e fidelidade, não pode ir além da fixação e aplicação, ao transgressor, da pena de **exclusão do quadro**. O mandato eletivo do infrator é, contudo, intangível, uma vez que as

hipóteses de perda são **exaustivamente** fixadas pelo artigo 55 da Carta Federal, não existindo previsão de sanção de tal ordem, aplicável por conta de indisciplina ou infidelidade partidária.

Certo que o artigo 26 da Lei nº 9.096/1995 dispõe que *"Perde automaticamente a função ou cargo que exerça, na respectiva Casa Legislativa, em virtude da proporção partidária, o parlamentar que deixar o partido sob cuja legenda tenha sido eleito"*. Trata-se, no entanto, não de perda do mandato eletivo, mas tão-somente da função ou cargo, pertencente à representação partidária, nos órgãos internos da Casa Legislativa (Mesa, Comissões etc.), daí porque adequado o preceito, sem risco de inconstitucionalidade diante da interpretação firmada quanto ao caráter exaustivo das hipóteses do artigo 55 da Constituição Federal.

Bibliografia

AGRA, Walber de Moura. *Curso de Direito Constitucional*. 1ª ed. Rio de Janeiro: Forense, 2006.
ALVIM, J.E. *Carreira, Habeas Data*. 1ª ed. Rio de Janeiro: Forense, 2001.
ARAÚJO, Luiz Alberto David e Nunes Júnior, Vidal Serrano. *Curso de Direito Constitucional*. 10ª ed. São Paulo: Saraiva, 2006.
BACHOF, Otto. *Normas Constitucionais Inconstitucionais?*. Coimbra: Livraria Almedina, 1994.
BARACHO, José Alfredo de Oliveira. *Processo Constitucional*. 1ª ed. Rio de Janeiro: Forense, 1984.
BARROS, Gilda Naécia Maciel de. *Platão, Rousseau e o Estado Total*. São Paulo: T.A. Queiroz, Editor, 1996.
BARROSO, Luiz Roberto. *Interpretação e Aplicação da Constituição*. São Paulo: Saraiva, 1996.
_____. *O Direito Constitucional e a Efetividade de Suas Normas*. 3ª ed. Rio de Janeiro: Renovar, 1996.
BATALHA, Wilson de Souza Campos. *Direito Intertemporal*. 1ª ed. Rio de Janeiro: LTR, 1980.
BASTOS, Celso Ribeiro. Curso de Direito *Constitucional*. São Paulo: Celso Bastos Editor, 2002.
_____. *Hermenêutica e Interpretação Constitucional*. São Paulo: Celso Bastos Editor, 1997.
BOBBIO, Norberto. *A Era dos Direitos*. 7ª reimpressão. Rio de Janeiro: Campus/Elsevier, 1992.
_____. *A Teoria das Formas de Governo*. 4ª ed. Brasília: Universidade de Brasília, 1985.
_____. *Direito e Estado no Pensamento de Emanuel Kant*. Brasília: Universidade de Brasília, 1984.
_____. *Locke e o Direito Natural*. Brasília: Universidade de Brasília, 1997.
_____. *Thomas Hobbes*. 2ª ed., 1ª reimpressão. Cidade do México: Fondo de Cultura Econômica, 1995.
BONAVIDES, Paulo. *A Constituição Aberta*. Belo Horizonte: Livraria Del Rey Editora, 1993.
_____. *Ciência Política*. 13ª ed. São Paulo: Malheiros Editores, 2006.
_____. *Curso de Direito Constitucional*. 18ª ed. São Paulo: Malheiros Editores, 2006.
_____. *Do Estado Liberal ao Estado Social*. 6ª ed. São Paulo: Malheiros Editores, 1996.
_____. *História Constitucional do Brasil*. 3ª ed. São Paulo: Paz e Terra, 1991.

CAETANO, Marcello. *Manual de Ciência Política e Direito Constitucional*. Tomo I. Coimbra: Livraria Almedina, 1996.
CAPPELLETTI, Mauro. *O Controle Judicial de Constitucionalidade das Leis no Direito Comparado*. Porto Alegre: Sergio Antonio Fabris Editor, 1984.
CARVALHO, Kildare Gonçalves. *Direito Constitucional*. 12ª ed. Belo Horizonte: Del Rey, 2006.
CASTRO, Carlos Roberto Siqueira. *A Constituição Aberta e os Direitos Fundamentais*. 1ª ed. Rio de Janeiro: Forense, 2003.
_____. *O Devido Processo Legal e a Razoabilidade das Leis na Nova Constituição do Brasil*. 2ª ed. Rio de Janeiro: Forense, 1989.
CANOTILHO, J.J. Gomes. *Direito Constitucional*. Coimbra: Livraria Almedina, 1991.
_____ e Moreira, Vital. *Fundamentos da Constituição*. Coimbra: Coimbra Editora, 1991.
CENEVIVA, Walter. *Direito Constitucional Brasileiro*. 3ª ed. São Paulo: Saraiva, 2003.
CHEVALLIER, Jean-Jacques. *As Grandes Obras Políticas de Maquiavel a Nossos Dias*. 3ª ed., 5ª tiragem. São Paulo: Livraria Agir Editora, 1986.
CHIMENTI, Ricardo Cunha et al. *Curso de Direito Constitucional*. 2ª ed. São Paulo: Saraiva, 2005.
CHIMENTI, Ricardo Cunha. *Apontamentos de Direito Constitucional*. 4ª ed. São Paulo: Damásio de Jesus, 2005.
CLÈVE, Clèmerson Merlin. *A Fiscalização Abstrata de Constitucionalidade no Direito Brasileiro*. São Paulo: Revista dos Tribunais, 1995.
COELHO, Inocêncio Mártires. *Interpretação Constitucional*. Porto Alegre: Sergio Antonio Fabris Editor, 1997.
DALLARI, Dalmo de Abreu. Elementos de Teoria Geral do *Estado*. 25ª ed. São Paulo: Saraiva, 2006.
DAVID, René. *Os Grandes Sistemas do Direito Contemporâneo*. 1ª ed. São Paulo: Martins Fontes, 1986.
DINIZ, Maria Helena. *Norma Constitucional e seus Efeitos*. 7ª ed. São Paulo: Saraiva, 2006.
FERRAZ, Anna Cândida da Cunha. *Processos Informais de Mudança da Constituição*. 1ª ed. São Paulo: Max Limonad Ltda, 1986.
FERRAZ JÚNIOR, Tércio Sampaio. *Introdução ao Estudo do Direito*. 2ª ed. São Paulo: Atlas, 1995.
FERRAZ, Sérgio. *Mandado de Segurança*. 4ª ed. São Paulo: Malheiros Editores, 2006.
FERREIRA, Pinto. *Curso de Direito Constitucional*. 10ª ed. São Paulo: Saraiva, 1999.
FERREIRA FILHO, Manoel Gonçalves. *Comentários à Constituição Brasileira de 1988*. 3ª ed. São Paulo: Saraiva, 2000, 2v.
_____. *Curso de Direito Constitucional*. 33ª ed. São Paulo: Saraiva, 2006.
_____. *Direitos Humanos Fundamentais*. 2ª ed. São Paulo: Saraiva, 1998.
FIGUEIREDO, Marcelo. *Teoria Geral do Estado*. 2ª ed. São Paulo: Editora Atlas, 2001.
FITZGERALD, Ross (org.). *Pensadores Políticos Comparado*. Brasília: Universidade de Brasília, 1983.

FRANÇA, R. Limongi. *A Irretroatividade das Leis e o Direito Adquirido*. 4ª ed. São Paulo: Revista dos Tribunais, 1994.

GOMES, Joaquim B. Barbosa. *Ação Afirmativa & Princípio Constitucional da Igualdade*. Rio de Janeiro: Renovar, 2001.

GRAU, Eros Roberto. *Ensaio e Discurso sobre a Interpretação/Aplicação do Direito*. São Paulo: Malheiros Editores, 2002.

_____. *O Direito Posto e o Direito Pressuposto*. São Paulo: Malheiros Editores, 1996.

GUIMARÃES, Francisco Xavier da Silva. *Nacionalidade – Aquisição, Perda e Reaquisição*. 2ª ed. Rio de Janeiro: Editora Forense, 2002.

HESSE, Konrad. *A Força Normativa da Constituição*. Porto Alegre: Sergio Antonio Fabris Editor, 1991.

HORTA, Raul Machado. *Estudos de Direito Constitucional*. Belo Horizonte: Livraria Del Rey Editora, 1995.

KELSEN, Hans. *Teoria Pura do Direito*. 2ª ed. São Paulo: Martins Fontes, 1987.

_____. *Jurisdição Constitucional*. 1ª ed. São Paulo: Martins Fontes, 2003.

LARENZ, Karl. *Metodologia da Ciência do Direito*. 2ª ed. Lisboa: Fundação Calouste Gulbenkian, 2005.

LASSALLE, Ferdinand. *A Essência da Constituição*. 2ª ed. Rio de Janeiro: Líber Juris, 1988.

MARINHO, Josaphat. *Estudos Constitucionais – Da Constituição de 1946 à de 1988*. Salvador: Universidade Federal da Bahia, Centro de Estudos Baianos, 1989.

MELLO, Celso Antônio Bandeira de. *Conteúdo Jurídico do Princípio da Igualdade*. 3ª ed. São Paulo: Malheiros Editores, 2006.

MELLO FILHO, José Celso de. *Constituição Federal Anotada*. São Paulo: 2ª ed. São Paulo: Saraiva, 1986.

MENDES, Gilmar Ferreira et al. *Hermenêutica Constitucional e Direitos Fundamentais*. Brasília: Brasília Jurídica, 2000.

_____. *Jurisdição Constitucional*. 5ª ed. São Paulo: Saraiva, 2005.

_____. *Moreira Alves e o Controle de Constitucionalidade no Brasil*. São Paulo: Celso Bastos Editor, 2000.

MILL, John Stuart. *Considerações sobre o Governo Representativo*. Brasília: Universidade de Brasília, 1981.

MIRANDA, Jorge. *Manual de Direito Constitucional*. Tomos I (4ª edição, 1990), II e II (2ª edição, 1988) e IV (2ª edição, 1993). Coimbra: Coimbra Editora Limitada, 2003.

MIRANDA, Pontes de. *Comentários à Constituição de 1967 com a Emenda nº 1 de 1969*. Tomos I a VI. 3ª ed. Rio de Janeiro: Forense, 1987.

MONTESQUIEU. *O Espírito das Leis*. 2ª ed. Brasília: Universidade de Brasília, 1995.

MORAES, Alexandre de. *Constituição do Brasil Interpretada e Legislação Constitucional*. 2ª ed. São Paulo: Atlas, 2003.

_____. *Direito Constitucional*. 19ª ed. São Paulo: Atlas, 2006.

_____. *Direitos Humanos Fundamentais*. 2ª ed. São Paulo: Atlas, 1998.

_____. *Jurisdição Constitucional e Tribunais Constitucionais*. 1ª ed. São Paulo: Atlas, 2000.

MULLER, Friedrich. *Fragmentos (sobre) o Poder Constituinte do Povo*. São Paulo: Revista dos Tribunais, 2004.
GUILHERME Braga Peña de. *Dos Direitos Fundamentais – Contribuição para uma Teoria*. São Paulo: LTr, 1997.
NEGRI, Antonio. *O Poder Constituinte – ensaio sobre as alternativas da modernidade*. Rio de Janeiro: DP&A editora, 2002.
PALU, Oswaldo Luiz. *Controle de Constitucionalidade – Conceitos, sistemas e efeitos*. 2ª ed. São Paulo: Revista dos Tribunais, 2001.
PACHECO, Cláudio. *Novo Tratado das Constituições Brasileiras*. São Paulo: Saraiva, 1990, v. 1.
POLETTI, Ronaldo. *Controle de Constitucionalidade das Leis*. 2ª ed. Rio de Janeiro: Forense, 1998.
RÁO, Vicente. *O Direito e a Vida dos Direitos*. 4ª ed. São Paulo: Revista dos Tribunais, 1997, 2v.
REALE, Miguel. *Lições Preliminares de Direito*. 13ª ed. São Paulo: Saraiva, 1986.
REALE, Giovanni e Antiseri, Dario. *História da Filosofia*. Vol. I (6ª ed., 1990), II e III (5ª ed., 1990). São Paulo: Paulus.
REZEK, José Francisco. *Direito Internacional Público*. São Paulo: Saraiva, 1989.
ROMANO, Santi. *Princípios de Direito Constitucional Geral*. São Paulo: Revista dos Tribunais, 1977.
ROUSSEAU, J.J. *O Contrato Social*. 4ª ed. São Paulo: Martins Fontes, 2006.
SALDANHA, Nelson. *Formação da Teoria Constitucional*. 2ª ed. Rio de Janeiro: Renovar, 2000.
SAMPAIO, José Adércio Leite. *A Constituição Reinventada pela Jurisdição Constitucional*. Belo Horizonte: Del Rey, 2002.
_____. *Direitos Fundamentais*. Belo Horizonte: Del Rey, 2004.
SCHMITT, Carl. *Teoría de la Constitución*. Madrid: Alianza Editorial, 2003.
_____. *O Guardião da Constituição*. Belo Horizonte: Del Rey Editora, 2007.
SIEYÈS, Emmanuel Joseph. *A Constituição Burguesa – Que'est-ce que le Tiers État?*. 3ª ed. Rio de Janeiro: Lúmen Júris, 1997.
SILVA, José Afonso da. *Aplicabilidade das Normas Constitucionais*. 3ª ed. São Paulo: Malheiros Editores, 1998.
_____. *Comentário Contextual à Constituição*. 2ª ed. São Paulo: Malheiros Editores, 2006.
_____. *Curso de Direito Constitucional Positivo*. 27ª ed. São Paulo: Malheiros Editores, 2006.
_____. *Poder Constituinte e Poder Popular*. 1ª ed., 3ª tiragem. São Paulo: Malheiros Editores, 2006.
SILVA, Paulo Napoleão Nogueira da. *Curso de Direito Constitucional*. 3ª ed. Rio de Janeiro: Forense, 2003.
_____. *O Controle da Constitucionalidade e o Senado*. 2ª ed. Rio de Janeiro: Forense, 2000.
SKINNER, Quentin. *As Fundações do Pensamento Político Moderno*. São Paulo: Companhia das Letras, 1996.
STONE, Lawrence. *Causas da Revolução Inglesa - 1529-1642*. Bauru: EDUSC, 2000.
STRECK, Lenio Luiz. *Jurisdição Constitucional e Hermenêutica*. 2ª ed. Rio de Janeiro: Forense, 2004.

TAVARES, André Ramos. *Curso de Direito Constitucional*. 1ª ed. São Paulo: Saraiva, 2002.

_____. *Reforma do Judiciário no Brasil Pós-88*. São Paulo: Saraiva, 2005.

_____. *Tribunal e Jurisdição Constitucional*. São Paulo: Celso Bastos Editor, 1998.

TOLEDO, Cláudia. *Direito Adquirido & Estado Democrático de Direito*. São Paulo: Landy Editora, 2003.

TREVELYAN, George MacCaulay. *A Revolução Inglesa*. Brasília: Universidade de Brasília, 1982.

VELLOSO, Carlos Mário da Silva. *Temas de Direito Público*. Belo Horizonte: Livraria Del Rey, 1994.

ZIMMERMANN, Augusto. *Curso de Direito Constitucional*. 4ª ed. Rio de Janeiro: Lumen Juris, 2006.

Cadastre-se e receba informações sobre nossos lançamentos, novidades e promoções.

Para obter informações sobre lançamentos e novidades da Campus/Elsevier, dentro dos assuntos do seu interesse, basta cadastrar-se no nosso site. É rápido e fácil. Além do catálogo completo on-line, nosso site possui avançado sistema de buscas para consultas, por autor, título ou assunto. Você vai ter acesso às mais importantes publicações sobre Profissional Negócios, Profissional Tecnologia, Universitários, Educação/Referência e Desenvolvimento Pessoal.

Nosso site conta com módulo de segurança de última geração para suas compras.
Tudo ao seu alcance, 24 horas por dia.
Clique www.campus.com.br e fique sempre bem informado.

www.campus.com.br
É rápido e fácil. Cadastre-se agora.

Outras maneiras fáceis de receber informações
sobre nossos lançamentos e ficar atualizado.

- ligue grátis: **0800-265340** (2ª a 6ª feira, das 8:00 h às 18:30 h)
- preencha o cupom e envie pelos correios (o selo será pago pela editora)
- ou mande um e-mail para: **info@elsevier.com.br**

Nome: _____
Escolaridade: _____ ☐ Masc ☐ Fem   Nasc: __/__/__
Endereço residencial:_____
Bairro:_____ Cidade:_____ Estado:_____
CEP: _____ Tel.: _____ Fax: _____
Empresa:_____
CPF/CNPJ: _____ e-mail:_____
Costuma comprar livros através de: ☐ Livrarias ☐ Feiras e eventos ☐ Mala direta
☐ Internet

Sua área de interesse é:

☐ **UNIVERSITÁRIOS**
☐ Administração
☐ Computação
☐ Economia
☐ Comunicação
☐ Engenharia
☐ Estatística
☐ Física
☐ Turismo
☐ Psicologia

☐ **EDUCAÇÃO/ REFERÊNCIA**
☐ Idiomas
☐ Dicionários
☐ Gramáticas
☐ Soc. e Política
☐ Div. Científica

☐ **PROFISSIONAL**
☐ Tecnologia
☐ Negócios

☐ **DESENVOLVIMENTO PESSOAL**
☐ Educação Familiar
☐ Finanças Pessoais
☐ Qualidade de Vida
☐ Comportamento
☐ Motivação

20299-999 - Rio de Janeiro - RJ

O SELO SERÁ PAGO POR
Elsevier Editora Ltda

CARTÃO RESPOSTA
Não é necessário selar

Cartão Resposta
0501200048-7/2003-DR/RJ
Elsevier Editora Ltda
CORREIOS

Sistema CTcP,
impressão e acabamento
executados no parque gráfico da
Editora Santuário
www.editorasantuario.com.br - Aparecida-SP